하마터면 남들처럼 살 뻔했다

하마터면 남들처럼 살 뻔했다

세상에 휘둘리지 않고
자신만의 가치로 우뚝 선
23인의 성공법

송혜진 · 지음

비즈니스북스

하마터면 남들처럼 살 뻔했다

1판 1쇄 발행   2018년 8월 15일
1판 3쇄 발행   2018년 9월 20일

지은이 | 송혜진
발행인 | 홍영태
발행처 | (주)비즈니스북스
등 록 | 제2000-000225호(2000년 2월 28일)
주 소 | 03991 서울시 마포구 월드컵북로6길 3 이노베이스빌딩 7층
전 화 | (02)338-9449
팩 스 | (02)338-6543
e-Mail | bb@businessbooks.co.kr
홈페이지 | http://www.businessbooks.co.kr
블로그 | http://blog.naver.com/biz_books
페이스북 | thebizbooks
ISBN 979-11-6254-032-9   03190

명문대 졸업장도, 화려한 스펙도 없는
그들만의 성공 법칙

이 책을 쓰기 시작할 무렵 내 삶은 엉망이었다. 누구보다 잘 살고 있다고 생각했는데, 착각이었다. 회사 생활도 결혼 생활도 워킹맘으로서의 삶도 이 정도면 괜찮다고 여기고 있었건만 뜻밖의 일이 닥치자 모든 것이 흔들렸다. 톡 건드리기만 해도 부서지는 설탕 과자처럼 일상이 무너지기 시작했다. 아무것도 할 수 없을 것만 같았다. 그저 주저앉고 싶었다. 누구에게 제대로 말도 못 하고 그렇게 오랫동안 홀로 끙끙댔다.

밑바닥에서 우린 종종 의외의 우물을 발견한다. 이 무렵 만난 사람들 덕분에 뜻밖에도 막힌 숨통이 트이기 시작했다. 돌아보면 마침 그때 어떻게 이토록 놀랍고 대단한 사람들을 한꺼번에 만날 수 있었나 싶다. 이해할 수 없을 만큼 우직했고 믿어지지 않을 만큼 무모한 사람들이었다.

돈도 '빽'도 없이 맨주먹으로 일어선 20대 디자이너 문승지가 그랬고, 다리뼈가 으스러진 채로 무작정 공부하고 작업한 미디어 아티스트 강이연이 그랬다. 수년간 빵을 빚고 버리기를 반복한 오월의 종 제빵사 정웅이 그랬고, 어떻게 하면 더 많이 나눌 수 있을지 계속 고민한다는 대전 성심당 가족들이 그랬다. 파비카스텔, 록시땅, 시슬리, 토즈, 탐스의 경영자들은 또 어떤가. 그들은 약속이라도 한 듯 하나같이 말했다. 눈앞의 이익만 따져가며 달려서는 결코 제대로 된 미래를 설계할 수 없다고, 내가 잘 살려면 남도 잘 살아야 한다고.

스마트하고 트렌디한 전략이 넘쳐나는 세상에 이런 사람들이 존재한다는 사실에 경악했고 전율했다. 이들은 애써 세상을 읽으려고 하지 않았다. 다만 '나는 누구이고 지금 무엇을 해야 하는가' 곱씹을 뿐이었다. 본질적이었다. 아니, 어쩌면 어리석었다. 그러나 그랬기에 끝내 성공했다. 대책이 없고 전략이 부재한 덕분에 탁월한 결과를 손에 쥐었다. 혼자만 알고 지내기엔 참으로 아까운 이야기였다.

만남엔 자력이 있는 모양이다. 이런 사람들만 골라 만나려고 애쓴 것도 아니었다. 한 명을 만나자 또 다른 사람을 만나게 됐고, 그 만남은 새로운 인연을 견인했다. 그렇게 2015년 말부터 2년 반 남짓 인터뷰를 이어가면서 내 마음에도 새살이 돋는 것을 느꼈다. 나를 쥐고 흔들었던 태풍이 고맙기까지 했다. 누구나 위기를 겪는다. 살면서 벼락처럼 아픈 일 한 번 겪지 않는 사람은 어디에도 없다. 그 시기를 돌파하는 방식이 결국 그 사람을 만든다. 복음과도 같은 교훈이었다.

이들이 나를 일으켜 세웠듯 다른 누군가도 이들의 이야기를 통해 놓치고 있던 삶의 고삐를 다시 바싹 쥘 수 있기를 바랐다. 지금 이 길이 맞을까 고민하는 사람들이 이들처럼 본질만을 놓고 답을 찾았으면, 당장은 답답해 보여도 결국 멀리 보면 그게 맞는 길임을 알았으면 했다. 이즈음 고맙게도 비즈니스북스가 손을 내밀었고, 내가 만난 스물세 명의 이야기가 이렇게 한데 묶일 수 있었다.

이 책에 나오는 사람들은 세상이 말하는 성공 사례와는 많이 어긋난다. 굳이 남이 정해놓은 뻔한 트랙을 돌면서 앞서나가겠다고 기쓰지 않았고 돈을 더 많이 벌겠다고 버둥거리지도 않았다. 눈앞의 이익이 빤히 보여도 필요할 땐 과감히 포기했다. 그래서 돋보였고 남다른 오늘을 손에 넣었다. 말이 쉽지 실천은 어려운 법이다. 그렇지만 그래서 더 마음을 울린다. 이들과 인터뷰하면서 민망하게 눈시울을 붉힌 순간이 한두 번이 아니었다. 이 감응을 이젠 당신과도 나누고 싶다.

책 속 인물을 솎아낼 땐 한 가지 원칙만 생각했다. '내 아이가 훗날 닮았으면 하는 모습을 지닌 사람인가.' 단순해지면 답도 명확해진다. 자기계발서는 모래알만큼 흔하고 성공을 귀띔하는 글은 강물처럼 넘쳐나지만, 가능하다면 그 흐름을 거스르는 책을 완성하고 싶었다. 이 책의 제목 '하마터면 남들처럼 살 뻔했다'도 이런 선상에서 읽혔으면 한다. 책 속 인물들과 인터뷰하면서 가졌던 나만의 반성이 투영된 제목이기도 해서 그렇다. 돌아보면 나 역시 남들처럼 살려고 애쓰다가 넘어졌던 순간이 한두 번이 아니었다. 남과 비교하고 남과 경쟁하는 순간부터 우리는 어쩌면 예고된 실패를 향해 내달리고 있는 것일지도 모른다. SNS에 올라온 누군가의 화려한 포스팅을 보면서 울적했다면, 괜스레 내 모습이 남들에게 초라해 보이지 않을까 걱정됐다면, 아이를 키우면서 다른 사람들은 대체 어떻게 키우나 주변을 힐끗거린 적이 있다면 이 책은 분명 뜻밖의 도움이 될 수도 있겠다. 모든 것이 쉽게 퇴색되지만 이들이 하루하루 살아낸 방식만은 시간이 흘러도 존중받아 마땅하다고 확신한다.

인터뷰가 무엇인지 말없이 일러주고 가르쳐준 한현우 선배, 멘토이자 워킹맘 선배이면서 며느리가 글 열심히 쓰도록 기꺼이 아이를 거둬주고 돌봐준 시어머니, 여러모로 부족한 글을 인내하고 기다려준 출판사와 편집자에게 감사를 전한다. 날 지금껏 붙드신 그분께 또한 부끄러운 마음으로 책을 드린다. 여름이 짙어간다. 시간은 누구에게나 공평하게 흐른다. 생각해보면 이보다 고마운 일도 없다.

2018년 8월
송혜진

혼자만의 성공은 싫다
제1장 어떻게 살 것인가를 생각하다

핑계 따윈 필요 없다
악조건을 자산으로 만든 사람들

제3장 **돈만 벌려고 일하지 않는다**

회사란 무엇인가

손익만 따지는 계산기를 버려라

제4장

확신의 기적

하마터면 남들처럼 살 뻔했다

혼자만의
성공은 싫다

어떻게 살 것인가를 생각하다

이나가키 에미코 稲垣 えみ子

●

2017년 한국과 일본에 퇴사 신드롬을 일으킨 전 〈아사히신문〉 기자 이나가키 에미코는 회사나 일이 인생의 전부가 아님을 깨닫고 퇴사 이후 소유와 물질로부터 자유로워지는 삶을 살아가고 있다. 인기 칼럼니스트이자 편집위원이었다가 30년 가까이 잘 다니는 회사를 그만두고 자신과의 관계를 재정립하는 데 힘쓴 그녀의 일상은 〈조선일보〉 주말 섹션 '와이'Why와 SBS 스페셜 '퇴사하겠습니다'에 다뤄지면서 큰 반향을 일으켰다.

01

퇴사 선언으로 회사의 노예에서
인생의 주인이 되다

일본 〈아사히신문〉 기자였던 이나가키 에미코는 마흔 살이 됐을 때 사표를 쓰기로 결심했다. 누구나 한번 들어가면 좀처럼 나오지 않는다는 최고의 직장으로 꼽히는 아사히신문사를 당장 그만두려는 건 아니었다. 10년 후, 그러니까 쉰 살이 됐을 때쯤 회사를 관두기로 마음 먹었다.

"월급날만 쳐다보고 사는 내 모습이 싫었어요. 인사철만 되면 일희일비하는 것에도 지쳐갔고요. 월급을 받으려고 열심히 일했지만 돈은 늘 모자랐고, 갖고 싶은 건 끝이 없었어요. 집에 옷과 물건이 넘쳐났지만 결코 행복하지도 않았고요. 언제까지 이렇게 살 수 있을까 싶은 생각이 드니까, 사는 방식과 가치관을 완전히 바꾸지 않고서는 은퇴 후에도 답이 없겠다는 생각이 들었습니다."

에미코는 그때부터 소비를 줄였다. 도시락을 싸서 다녔고 집에 있던 TV와 냉장고도 없앴다. 저축이 차곡차곡 쌓였다. 이쯤 되니 월급 없이도 살 자신이 생겼다. 회사 생활도 뜻밖에 즐거워졌다. 월급과 인사고과에 목맬 필요가 없어졌기 때문이다. 그렇게 10년 동안 아사히신문사 오사카 지국 사회부 데스크, 논설위원으로 일하다가 2016년 1월 사표를 냈다. 1965년생인 에미코가 꼭 쉰 살이 된 해였다. 그해 6월엔《혼의 퇴사》魂の退社라는 책을 냈다. '힘써 퇴사를 준비했다'는 뜻이다. 이듬해 1월에 한국에도《퇴사하겠습니다》라는 제목으로 출간됐다. 에미코는 왜 이토록 열심히 퇴사를 준비했을까. 그리고 회사를 나오고 나서 그의 삶은 어떻게 달라졌을까.

일본 도쿄에 있는 어느 출판사에서 에미코를 만났다. 복슬복슬하고 둥근 아프리칸 스타일 파마머리(아프로헤어)를 하고 짧은 치마를 입은 여성이 성큼 들어섰다. 쉰한 살로는 보이지 않는 경쾌하고 귀여운 외모다. 에미코는 "기자 생활을 28년 했지만 외국에서 온 기자와 인터뷰를 하게 될 거라는 생각은 한번도 못 해봤다."라면서 배시시 웃음을 머금었다. 그런 그에게 회사를 그만두고 나면 인생이 정말 환해지느냐는 질문부터 던져봤다. 에미코는 웃으며 답했다. "아뇨."

퇴사 후 찾아온 진짜 내 인생

그가 아니라고 대답한 이유는 이렇다. 첫째, 사표를 쓴다고 고민이 사라지진 않는다. 에미코는 이렇게 표현했다. "나도 회사를 그만두면 모든 복잡한 고민이 다 사라질 줄 알았지만, 고민은 그게 마치 자기 자리인 양 늘 같은 자리에 있었어요." 둘째, 사표를 내고 얼마 지나지 않았을 때는 월급날만 되면 어딘지 모르게 허전하다. 꼬박꼬박 들어오던 돈이 들어오지 않기 시작하기 때문이다. 셋째, 더는 남 탓을 할 수 없다. 회사 다닐 땐 일이 풀리지 않으면 항상 남을 탓했다. '이게 다 이놈의 회사 때문이야', '내가 상사를 잘못 만나서 이래' 하는 식으로. 그러나 회사를 그만두고 나면 그럴 수가 없다. 모든 일은 결국 '내 탓'이다.

그렇다면 퇴사하지 말았어야 했다는 얘기일까. 《퇴사하겠습니다》라는 책까지 쓴 작가가 지금 내 앞에서 사표 낸 것을 후회한다고 이야기하고 있는 걸까. 에미코는 다시 배시시 웃으며 그렇지는 않다고 했다. 사표를 낸 것에 대해선 한 점 후회도 없다면서.

"이제야 내 인생을 사는 것 같아요." 에미코는 이 한마디로 답을 정리했다. 매달 꼬박꼬박 입금되던 월급이라는 돈은 퇴사와 동시에 사라졌지만 대신 자유가 늘었고, 남 탓을 못 하는 대신 이젠 스스로 인생을 온전히 책임질 수 있게 됐다는 것이다. 회사를 그만두고 나니 놀라운 일도 많이 생겼다. 가령 자기와 마주친 주변 사람들이 돈도 없는데 집에서 자고 가라고 한다는 것이다. 일본 사람들은 본래 남의 사생활에 간섭하는 것이 큰 폐가 될 수 있다고 생각해서 웬만해선 이런 말을 건네지 않는

데 말이다. 덕분에 에미코는 일본 열도 곳곳에 '별장'이 생긴 기분을 누릴 수 있게 됐다. 에미코는 이렇게 덧붙였다. "빈틈없이 살 때는 사람들이 나한테 관심이 없다고 생각했는데, 반대로 내게 빈틈이 많이 생기자 사람들이 저절로 다가와 마음을 열더라고요. 사람은 근본적으로 선한 존재라는 생각이 들었어요."

회사 다닐 때보다 회사를 그만두고서 더 다양하고 많은 사람을 만나게 된 것도 놀라운 점이다. 에미코는 본래 기자였고, 기자로 일하는 동안 세상 누구보다 많은 사람을 만나왔다고 생각했다. 그러나 막상 사표를 내고 나니 생각지도 못한 분야의 사람들을 훨씬 더 많이 만나게 됐다. 퇴사 후 자기 이름과 이메일 주소를 새긴 개인 명함을 가지고 다니는 에미코는 "정말이지 요즘 명함이 팍팍 없어진다."라면서 웃었다. 회사를 통해야만 얻을 수 있는 것이 있다고 생각했는데 나와 보니 꼭 그렇지만은 않다는 것이다.

회사의 노예가 된 나를 보았다

에미코는 일본 명문 국립대 히토쓰바시 대학 사회학부를 졸업하고 1987년 아사히신문사에 입사했다. 일본에서 '남녀고용 균등기회법'이 시행된 첫해다. 기자 직군을 포함한 입사 동기 70여 명 중 여성은 열 명 정도였다. 입사하면 지방 근무부터 시작하는 아사히신문사 전통에 따라 시코쿠에 있는 다카마쓰 지국과 교토 지국 등을 거친 후 오사카 지국 사회부 기자, 사회부 데스크를 지냈다. 퇴사 직전까지는 논설위원으로 활동했다. 에미코는 회사가 싫어서 떠난 것은 아니라고 했다.

"회사가 내게 준 많은 것에 감사했고, 그만큼 열심히 일했어요. 최선을 다해 일했고, 은혜를 갚을 만큼 다 갚았다고 느껴졌을 때 그리고 이곳에선 내가 더는 할 일이 없다고 느껴졌을 때 비로소 사표를 낸 것뿐이에요."

그렇다면 왜 10년 동안이나 퇴사를 준비해온 걸까? 에미코는 기왕이면 회사를 더 잘 다녀보고 싶었기 때문이라고 답했다. 이야기는 그가 서른여덟 살이던 무렵으로 돌아간다.

30대 후반이면 조직에서 중견 대접을 받기 시작하는 나이다. 그도 예외는 아니었다. 회사에서 팀장직을 거쳐 데스크급을 향하고 있었다. 단순히 기자로서 활동하는 것을 넘어 조직을 관리해야 하는 관리자의 위치에 접어든 것이다. 슬슬 회사에서 권력을 잡을 수 있는 시기, 즉 그만큼 처신과 정치가 필요해지는 시기이기도 했다. 일만 열심히 하던 '젊은 기자' 시절과는 또 다른 길이 그를 기다리고 있었다.

누군가는 이를 또 다른 기회로 여길 수도 있을 것이다. 그러나 에미코는 그 무렵 거울 속 자신의 얼굴을 들여다보며 이런 생각이 들었다고 한다. '처량하다.' 어느덧 조직이라는 틈바구니 속에서 부속품처럼 생각 없이 시키는 대로만 일하고 있음을 깨닫게 됐기 때문이다.

자신도 모르게 변해가고 있었다. 회사에서의 평가에 일희일비하기 시작했다. 어떻게 하면 밀려나지 않고 버틸 수 있는지 고민하는 동안 눈동자는 생기를 잃었고 얼굴도 푸석해졌다. 창조적으로 일하는 기쁨, 무엇을 스스로 해낼까 고민하던 젊은 날은 온데간데없이 사라진 듯했다.

"이건 아냐." 에미코는 혼잣말을 했다. 그리고 바로 그 순간부터 다시 마음을 다잡았다. 월급의 노예가 되지 말자고, 회사의 노예가 되지 말자고, 가능한 한 자발적으로 즐겁고 행복하게 일하다 떠나자고. 그러려면 역설적이게도 언제든 내킬 때 사표를 쓸 수 있어야 했다. 회사가 날 언제 자를까 전전긍긍하면서는 결코 마음껏 즐겁게 일할 수 없고, 원하는 삶을 살 수도 없겠다는 답이 나왔다. 에미코는 바로 그때부터 언제든지 사표를 낼 수 있는 힘을 기르는 준비를 시작했다.

문제는 실천이었다. 월급만 쳐다보며 살아온 세월이 10년이 훌쩍 넘었다. 그때 에미코는 소비의 노예이기도 했다. 매달 월급을 받자마자 옷이며 화장품이며 구두를 사야만 스트레스가 풀렸다. 쌓아놓은 쇼핑백을 풀지도 않고 다시 쇼핑에 나설 때도 있었다. 집에는 늘 온갖 물건이 들어차 있었다. 맛집 탐방도 빼놓을 수 없다. 야근을 마치고 나면 도쿄 구석구석 맛집을 찾아다니며 값비싼 한 끼 식사를 즐겼고 그렇게 월급을 탕진했다. 그게 이 도시에서 자신이 사는 방식이라고 믿었다.

그러나 막상 언제든 사표를 쓸 수 있도록 준비하자고 마음먹고 나니 이런 소비가 다 부질없게 느껴졌다. 가구부터 싹 정리했다. 둘 데가 없어진 옷들은 남들에게 다 나눠줬다. 엄청나게 쌓여 있던 화장품, 갖은 장신구도 모두 치웠다. 매일 즐기던 외식도 싹 끊었다. 어느새 화장은 안 하게 됐다. 밥은 손수 지어 먹게 됐다. TV, 에어컨, 냉장고도 없앴다. 전기요금이 1,500원 정도로 줄었다. 삶이 완전히 달라진 것이다. 에미코는 이때를 돌아보며 이렇게 말했다.

"전엔 퇴근하고 집에 가면 TV부터 켰는데, 이 무렵의 나는 퇴근하고 나서 어두컴컴한 집에 가만히 앉아 창밖의 별을 보고 있더라고요. 그때 깨달은 것 같아요. '아, 나 지금 뜻밖에도 참 행복하구나.'(웃음)"

에미코는 결혼을 하지 않았다. 배우자가 있고 부양해야 할 아이가 있는 사람이 과연 이런 삶을 실천할 수 있을까. 에미코는 독신이건 아니건 쉽지 않은 일이라고 했다. 삶을 획기적으로 바꾸지 않고서는 불가능하다는 것이다.

"너무 거창하게 생각할 필요는 없어요. 월급에 의존하는 삶을 벗어나려는 시도를 하는 것만으로 의미가 있거든요. 그것만으로도 상당히 달라질 거예요. 소비 생활을 한번 찬찬히 들여다보세요. 죽어도 없애지 못할 지출이란 건 없을지도 몰라요. 그리고 그 과정을 통해 가장의 월급에만 기대어 사는 삶, 모든 가족이 경제적인 부담과 의무로 얽매여 있는 인생, 그것을 바꿔놓을 수도 있어요. 왜 아빠만, 엄마만, 누군가만 그렇게 계속 허덕여야 하나요. 왜 월급은 그렇게 늘 고정적으로 쓰는 돈이어야 하나요. 어쩌면 우리는 당연하게 돈을 쓰는 건지도 몰라요."

죽어라 앞만 보고 뛰면서 놓쳤던 것들

에미코는 1964년 도쿄 올림픽이 치러진 직후 태어났다. 일본 경제가 가파르게 성장한 시기다. 회사원이었던 아버지는 야근에 치여 살았고 가정주부였던 어머니는 아이 교육에 매달렸다. 에미코는 이렇게 말했다. "엄마는 밥 먹듯 '공부해라', '출세해라' 하셨어요. 저는 그런 기대에 어긋나지 않으려고 애쓰는 모범생이었고요." 일본이나 한국이나 경제성장이 급속했던 만큼, 1970~80년대 한국과 크게 다르지 않은 풍경이다.

그에겐 지금도 어린 시절을 생각하면 떠오르는 풍경이 있다. 매달 엄마가 새 가전제품을 들여놓던 모습이다. 어떤 날엔 세탁기를, 어떤 날엔 텔레비전을, 또 다른 날엔 디지털 전축을 들여놓았다. 그렇게 살림이 하나둘 늘어가는 걸 보면서 에미코의 부모님은 흐뭇해했다. 그런 모습을 보고 자라면서 에미코 역시 은연중에 성장과 소비가 미덕이라고 믿었다. 부모님이 사지 못했던 물건을 자신이 번 돈으로 사들일 때면 스스로 도취되기도 했다. '그래, 나도 이만하면 성공한 거야.'

대학 졸업 후 에미코는 손꼽히는 대기업, 신문사, 방송사, 광고회사에 모두 지원해 그중에서도 경쟁이 치열한 아사히신문사에 합격했다. 특별한 의식이 있거나 기자가 꼭 되고 싶다는 목표가 있어서 신문사 시험을 본 것은 아니었다. 아사히신문사가 워낙 인기 있는 회사여서 시험을 쳤을 뿐이다.

"합격하고 나서는 이 회사를 평생 다녀야겠다고 생각했어요. 누구나 들어가고 싶어 하는 회사에 들어온 게 쉬운 일은 아닐 테니까요.(웃음)"

입사 후에는 다들 그렇듯 눈코 뜰 새 없이 바쁜 삶을 살았다. 처음 입사했을 때만 해도 그렇게 허덕이진 않았다. 그래도 점심 저녁은 챙겨 먹고 일했다. 언제부터였을까. 신문사끼리 속보 경쟁이 치열해졌다. 지면도 늘었다. 마감 시간을 늦춰가면서까지 속보를 하나라도 더 찍어내는 경쟁이 시작됐다. 기자들은 편의점 도시락으로 끼니를 때우면서 밤늦게까지 일해야만 했다. 야근을 마치고 나면 그제야 그날의 스트레스를 풀기 위해 늦게까지 술을 마시고, 노동의 고단함을 잊기 위해 여기저기 돈을 써댔다. 삶이 피폐해질 수밖에 없었다. 악순환이었다. 에미코는 이렇게 덧붙였다.

"그렇게 일하다가 몸이 망가지면 다들 운동이라도 해야 한다면서 헬스클럽에 등록했고, 그럼에도 바빠서 제대로 다니질 못했어요. 그게 괴로워서 또 술을 마셨고요. 그렇게 우리는 한동안 벗어날 수 없는 격무와 스트레스, 소비의 사이클을 뛰고 또 뛴 거죠."

시골 살이를 하며 인생의 전환점을 맞다

서른여덟 살이 된 해에 에미코는 처음 입사했을 때 근무했던 다카마츠 지국으로 재발령 받았다. 남들은 '좌천'됐다고 놀렸고 그녀 자신도 유쾌하지 않은 기분으로 책상을 옮겼다. 그런데 그곳에서 에미코는 인생의 전환점을 찾았다. 다카마츠 지국이 워낙 시골에 있어 뭘 사고 싶어도 살 만한 곳을 찾을 수가 없었다. 난생 처음 통장에 돈이 꽉꽉 쌓이기 시작했다.

"살 수 있는 거라곤 시장에 막 나온 무 같은 채소뿐이었어요." 시장통에서 산 무 하나가 에미코를 흔들어놓을 줄은 몰랐다. 무 하나를 사서 집으로 돌아와 국을 끓이고 반찬으로 볶아 먹다가 에미코는 문득 깨닫는다. '아, 무 하나만 있어도 이렇게 풍요롭구나!' 그때부터 모든 것이 새롭게 보이기 시작했다. 봄엔 산마다 벚꽃이 지천이었다. 벚꽃 길을 한참 걷다가 에미코는 또 알게 된다. '돈을 쓰지 않고도 이렇게 충만할 수가 있구나!' 바로 그 무렵부터 에미코가 퇴사를 생각하기 시작했다. '이

렇게 돈을 많이 쓰지 않고 행복을 찾을 수 있다면, 퇴사를 해도 분명 나만의 방식으로 살아갈 수 있겠다.'

에미코는 이 무렵 '아사히신문을 바꾸는 모임'이라는 1인 프로젝트도 계획한다. 누가 시킨 것도 아닌데 전국의 지역판 기사를 읽고 재미있는 기사를 발굴해 칭찬하는 리포트를 써서 회사에 돌리고, 새로운 형식의 기사를 소개해 사원들에게 메일로 보내는 식이었다. 그건 10년 뒤엔 퇴사를 하자고 결심하면서 비로소 시작할 수 있었던 일이기도 했다.

퇴사를 결심하자 오히려 즐거워진 회사 생활

그러니까 사표의 역설이다. 마음 내킬 때 주저 없이 사표를 내겠다고 결심하자, 스스로 회사에 기여할 수 있는 일이 눈에 들어오기 시작했다. 더는 월급이 오르지 않아도, 인사고과가 잘 나오지 않아도 괜찮았다. 사람들이 '재밌다', '잘했다', '멋지다' 칭찬해주면 그것만으로 행복했다.

"모든 사람에게 저처럼 회사를 그만두라고 하는 게 아니에요. 다만 회사를 다니면서도 '회사 의존도'를 조금씩 낮춰보라고 말하는 거죠." 에미코는 그동안 회사를 다니면서 본 많은 선배의 모습을 덧붙였다.

"할 일도 없다면서 일요일에 집에 있기 싫다고 회사에 나와 있는 선배들을 많이 봤어요. 일에 중독되니 회사를 벗어나선 살 수 없게 된 거죠. 회사 밖에서도 내가 설 곳을 찾아야 해요. 그래야 회사가 하루아침에 나를 내쫓아도 견딜 수 있어요. 회사에만 기대어 사는 삶을 끊어야 비로소 회사와도 건강한 관계를 맺을 수 있는 거죠."

사표를 낼 자유. 이건 뜻밖에도 회사에도 좋은 쪽으로 작용한다. 회사 조직원들이 회사에 기대지 않고 자신만의 삶을 찾을 때 비로소 회사가 시키는 대로만 일하지 않고 자발적으로 일할 수 있게 되기 때문이다. 생산성이 높아지고, 회사 분위기도 좋아진다. 사원들은 개인의 삶, 개인의 시간을 찾게 된다. 에미코는 이렇게 표현했다.

"그게 바로 '회사 사회'에서 '인간 사회'로 바뀌는 길이죠."

사람을 위한 진짜 성장

에미코에게 이렇게 물었다. 그렇게 모두 사표를 가슴에 품고 산다면, 다들 '미니멀리스트로서의 삶'을 지향하고 '작은 소비'를 찾아나선다면 한 나라와 도시의 성장 동력도 결국 떨어지게 되는 것 아니냐, 성장 동력이 떨어지면 다같이 '축소 지향의 삶'의 터널로 들어서게 될 수도 있는데 그게 과연 긍정적인 변화겠냐고 말이다.

에미코는 잠시 생각을 가다듬고는 천천히 단어를 골라 답했다. "제 대답이 명확하지 않을 수도 있겠지만, 성장이라는 키워드는 사실은 돈을 기준으로 바라보는 개념이라고 생각해요."

흔히 '성장'이라는 단어를 들으면 월급이 오르는 것, 기업의 수익이 늘어나는 것, 국민총생산이 늘어나는 것을 먼저 떠올린다. 그러나 에미코는 "세상에서 흐르고 도는 것이 꼭 돈만은 아니다."라고 했다. 그는 마케팅의 개념을 예로 들었다. 이를테면 우리는 물건을 이미 잔뜩 가지고 있다. 물건을 더 가지게 된다고 더 행복한가? 꼭 그렇지는 않다. 그러나 기업 입장에선 바로 이 '성장'을 위해서 물건을 계속 팔아야만 한다. 결국 기업은 당장 이 물건을 더 사지 않으면 큰일 날 것 같은 '불안감', '걱정'을 광고로 흘려보낸다. 마케팅이라는 것도 그렇게 나온다. "알고 보면 이건 어쩌면 사기나 협박일 수도 있어요."

회사는 이익을 올리려고 마케팅을 거듭하고, 사람을 뽑을 때는 비정규직으로 고용한다. 손님을 속여서라도 물건을 팔고, 사원은 사원대로 착취한다. 그렇게 회사가 성장하는 동안 사람들도 행복해지는가. 숫자가 불어날수록 우리도 더불어 성장하는가. 에미코는 이렇게 정리했다.

"결국 회사만 성장할 뿐 사람은 성장하지 못하는 것 아닌가요? 돈만 쳐다보는 성장, 돈이 가져다주는 성장은 굉장히 허망한 것일 수도 있어요. 결국 생각을 바꾸지 않으면 안 돼요. 돈이 곧 성장이고 돈이 많아지면 우리가 충만해진다는 공식을 이제는 깰 때가 된 거죠."

돈, 그 묘한 존재와의 관계

에미코는 10년 동안 퇴사를 준비하면서 아주 열심히 돈을 모았다. 그 덕에 사실 죽을 때까지 먹고살 걱정은 없다고 했다. 그래도 월급이 끊겼으니 아무래도 불안하지 않을까. 에미코의 생활 패턴을 들여다보면 그가 돈을 모은 비결을 단박에 알 수 있다.

일단 에미코는 퇴사하고 나서 발품을 팔아 도쿄 도심에서도 아주 싸고 작은 집을 찾아냈다. 33제곱미터짜리 낡은 집이다. 집이 워낙 좁으니 뭘 들여놓으려야 들여놓을 수가 없다. 결국 어떤 가구도 들이지 않았다. 그의 집에는 전등, 라디오, 노트북, 휴대전화밖에 없다. 도시가스도 연결하지 않았다. 필요하면 휴대용 버너로 요리한다. 옷은 열 벌쯤밖에 없고 화장품도 거의 없다. 책도 다 읽고 나면 근처 북카페에 가져다준다. 집이 워낙 작아 욕조가 없어 목욕은 집 근처 공중목욕탕에서 한다. 그곳에서 동네 할머니들과 만나 수다를 떤다. 운동은 동네 공원에서 한다. TV도 라디오도 없는 집. 밤에 불을 끄고 작은 집에 홀로 누우면 멀리서 풀벌레 우는 소리가 들린다. 그의 집은 그야말로 여백이 가득하다.

에미코는 돈이란 게 참 묘하다고 말한다. 남녀관계와도 비슷하다는 것이다. "집착할 때는 손에 쥐어지가 않아요. 쓰고 싶은 곳이 많고 벌어들이고 싶을수록 돈은 잘 안 모이거든요. 반대로 돈에 관심이 없어지면 돈이 슬슬 모여요. 제 옆에 차곡차곡 쌓이는 거죠."

이웃에게 돈을 쓰는 미니 빌 게이츠

그렇다고 에미코가 각박하게 산다고 생각하면 오산이다. 에미코는 웃으며 말했다. "매일 아주 열심히 돈을 쓰려고 노력해요. 그런데 아무리 열심히 돈을 써도 돈이 좀처럼 줄어들지 않으니 오히려 걱정이에요."

돈은 어디에 쓸까. 에미코는 '이웃'에 쓴다고 했다. 그의 집 근처에는 일본에서 찾아보기 힘든 오래된 손두부 가게가 있다. 아주 맛있는 빵 가게도 있고 아주 정성스럽게 커피를 내놓는 작은 카페도 있다. 에미코는 매일매일 자전거를 타고 그런 곳들을 들러서 두부나 빵을 많이 산 다음 친구들에게 나눠주고 부쳐주곤 한다. 그러면 친구들도 정말 맛있다면서 그 가게에 찾아온다.

카페에 들러 글을 쓰고 일할 때면 커피는 꼭 두 잔 이상을 시킨다. 스타벅스 같은 체인점에는 너무 추워서 도저히 견딜 수가 없을 때가 아니라면 웬만하면 들어가질 않는다. 노인이나 젊은이가 자신의 인생을 걸고 운영하는 작은 가게들, 그들을 응원하기 위해 에미코는 매일매일 돈을 쓴다. 에미코는 이를 두고 일종의 풀뿌리 운동, 들불 운동 같은 것이라고 했다. "일본 총리는 아베 신조지만, 저는 내 이웃과 우리 동네의 총리가 나라고 생각하고 살거든요. 내가 내 이웃의 주인이고 대장인 거죠. 신나지 않나요?"

에미코는 그렇게 평생 모으고 번 돈을 이웃에게 아낌없이 투자해 그들이 잘살 수 있도록 노력하면서 살고 싶어 한다. "내가 가진 걸 그들을 위해 다 쓰다가 죽는 것이 꿈"이라면서 스스로를 '우리 이웃의 미니 빌 게이츠'라고도 했다. 빌 게이츠처럼 돈이 엄청나게 많지는 않지만, 이웃들을 위해 소소하게 투자할 정도의 돈은 자기에게도 있으니 '미니 빌 게이츠'라고 불러주면 좋겠다는 것이다. "이렇게 돈을 쓰고 살다 보면 언젠가는 죽기 전에 이웃을 위해 '이나가키 재단' 같은 것을 만들 수 있을지도 몰라요."

죽을 때까지 내 몫의 인생을 제대로 살 것

에미코는 인도 사람들은 은퇴 후의 삶을 '임주기'林住期(숲에 머무른다는 뜻)라고 부른다고 책에 썼다. 그렇다면 에미코도 지금 숲에 있는 것일까. "퇴사한 지 이제 1년밖에 안 됐으니, 봄 숲에 머무르고 있는 셈이에요. 기왕이면 이 나무에서 저 나무로 옮겨 다니며 이야기를 많이 나누는 새로 살고 싶어요."

봄 숲의 새. 아름다운 대답이다. 현실은 그러나 때때로 그렇게 아름답거나 자유롭지만은 못하지 않은가. 그는 정녕 10년, 20년 후를 걱정하고 있지 않을까. 그땐 뭘 하고 있을지 생각해본 적은 없을까. 에미코는 빙그레 웃었고, 그에 대한 답은 조만간 이메일로 써서 보내주겠다고 했다. 며칠 뒤 이메일이 왔다.

'찬찬히 생각해봤는데, 여전히 저의 10년 후가 어떨지는 잘 모르겠어요. 그런데 그걸로 됐다고 생각해요. 사람이 '뭔가'이지 않으면 안 된다는 강박관념에서 벗어났거든요. 그저 이렇게 살아 있는 것만으로도 의미가 있다고 생각해요. 앞으로도 기왕이면 더 가볍게, 더 자유롭게 주위 사람들을 도우며 살다 가고 싶어요. 그렇게 주거니 받거니 하면서 죽을 때까지 제 몫의 인생을 살아낼 거예요.'

김형수

●

장애와 비장애의 경계를 무너뜨려 누구나 사용할 수 있는 시계를 만든
이원 타임피스의 대표이다. 2012년 시작된 이원 타임피스는 시각장애
인을 위한 '브래들리 타임피스'란 독특한 시계로 미국 크라우드펀딩 회
사 킥스타터에서 펀딩 금액 60만 달러를 모으며 전 세계에서 큰 관심을
모았다. 2020년까지 서로 다른 이야기를 담은 세 가지 디자인을 선보
인다는 목표를 가지고 매진하고 있다.

02

누구나 사용할 수 있는 시계로
장애와 비장애를 뛰어넘다

"지금 몇 시야?"

2011년 미국 MIT 대학원 MBA 과정에 있던 김형수는 종종 시각장애인 친구가 수업 중에 작은 목소리로 이렇게 물을 때마다 의아했다. 그 친구는 단추를 누르면 음성으로 시간을 알려주는 디지털 손목시계를 차고 있었기 때문이다. 시각장애인들이 흔히 차는 시계다. 수업이 끝나고 김형수는 이 친구에게 물었다. "디지털시계가 있는데 왜 나한테 굳이 시간을 물어보는 거야?" 친구는 약간 불쾌한 어조로 대답했다. "내가 음성 버튼을 눌러서 큰 소리가 나면 수업에 방해가 되잖아. 게다가 시계에서 그런 소리가 나면 교실에 있는 사람 모두가 내가 앞을 못 본다는 사실을 알게 될 거 아냐." 김형수는 그날 친구의 대답을 듣고 한 대 얻어 맞은 기분이었다고 했다.

최근 미국, 유럽, 일본 등지에서 팔려나가고 있는 시계 브래들리 타 임피스Bradley Timepiece 는 김형수가 겪은 이런 일상의 작은 경험에서 시작 됐다. 미국의 유명 가수 스티비 원더가 2014년 그래미 상 시상식 무대 에 차고 나와 화제를 모은 시계다. 2013년 미국 크라우드펀딩 매체 킥 스타터에서 여섯 시간 만에 4만 달러를 모았고 최종 60만 달러를 모으 는 데 성공한 제품이기도 하다.

런던 디자인박물관은 2014년 이 시계를 시각장애인의 일상과 그들 에 대한 대중의 인식을 바꾼 제품이라고 평가하면서 '올해의 제품'으로 선정했고, 대영박물관 또한 이 시계의 전시 가치를 높이 평가해 영구 전 시품으로 채택했다. "브래들리 시계는 새로운 발명품이라고 해도 좋을 만큼 특별하다." 이 박물관의 큐레이터 올리버 쿡의 말이다. 2015년 3 월 미국 〈뉴욕타임스〉는 브래들리 타임피스를 지면에 이렇게 소개했 다. "한국 출신 벤처 기업인이 시계는 눈으로 보는 것이라는 고정관념 을 깬 혁신적인 제품을 내놓았다."

디지털로 더 불편해진 시각장애인

김형수는 미국 교포 출신 사업가가 아니다. 한국에서 고등학교까지 졸업했다. 1998년 서울 세화고를 졸업하고, 심리학 박사가 되고 싶어 미국 유학을 결심했다. 미국 알래스카주 웨슬리안 대학, 러시 병원센터

등을 거치며 심리학 학사·석사, 수면심리학·신경계학 박사 과정을 마쳤다. 2005~2007년에는 한국에서 군 복무를 마쳤다. 2006년에는 이라크전에 파병되기도 했다. 이후 컨설팅회사 등에서 일하다가 2010년 다시 미국 MIT 대학원으로 건너가 MBA를 했다. 처음 시작할 때만 해도 시각장애인 친구와 나눈 대화가 자신의 커리어를 완전히 바꿀 것이라고는 생각하지 못했다. 2016년 여름 서울 성수동에서 만난 김형수는 그때 대학원 수업에서 시각장애인 친구와 이야기를 나누면서 충격을 받았던 기억이 여전히 생생하다고 했다.

첫 번째 충격은 부끄러움에서 왔다. 대학원 수업을 들을 정도로 사회참여와 교육에 적극적인 시각장애인이라면 자기 신체의 문제를 드러내는 데도 큰 거리낌이 없을 것이라고 생각했었다. 그렇게 뚜렷한 신체 장애를 지녔다면 수업을 드나드는 동안 동급생들이 어차피 다 알아차리지 않겠는가. 오래지 않아 김형수는 자신의 생각이 틀렸음을 깨달았다. 미국이라는 나라에서 대개의 사람들은 다른 이의 신체 결함이나 장애에 큰 관심이 없다. 장애인을 편견 없이 대하는 사회 분위기 덕이다. 장애를 그만큼 큰 문제로 인식하지 않는다. 그런데 바로 그 점 때문에 오히려 시각장애인이 자신이 장애인임을 드러낼 필요도 없다. 그들에게 장애는 여드름이나 매니큐어를 칠하지 않은 손톱처럼 부끄러울 것도 없지만 굳이 남에게 '이것 봐' 하고 알릴 필요가 없는 것일 수도 있다. 김형수는 뒤늦게 무릎을 쳤다.

두 번째 충격은 기술의 발전이 때로는 어느 한쪽에는 그늘이 될 수도 있다는 깨달음에서 왔다. 그때까지 그는 디지털 기술이란 대개 불가능한 것을 가능하게 하는 놀라운 영역이라고만 생각하고 있었다. 그런데 친구의 이야기에 따르면 시각장애인들은 디지털이 발달할수록 오히려 남모를 불편을 겪고 있었다.

"아날로그 제품들이 디지털로 옮겨가면서 버튼이 사라지고 대신 터치패널이 보편화됐잖아요. 전화기는 스마트폰으로 변했고, 시계는 디지털이 됐죠. 그런 발전이 시각장애인에겐 오히려 더 불편한 거예요. 손가락으로 더듬어서는 숫자나 글을 읽을 수도, 무언가를 돌리거나 누를 수도 없게 됐으니까요."

실제로 미국의 많은 시각장애인이 버튼과 손잡이가 있고, 숫자나 글씨가 돋을새김으로 만들어진 구형 가전제품을 구하려고 중고 상점을 뒤진다고 한다. 시간이 흐를수록 이런 중고 물품마저 구하기 어려워지고 나면 더 큰 고통을 받는 것은 물론이다. 기술이 이토록 발전했는데 정작 이들이 편하게 쓸 수 있는 제대로 된 시계 하나가 없다니! 김형수는 거기까지 이야기를 듣고 나니 가만 있을 수만은 없겠다는 생각이 들었다고 했다.

점자 시계로 실패를 경험하다

김형수는 로드아일랜드 디자인스쿨 출신 두 명, 하버드 대학원을 졸업한 친구 한 명과 의기투합해 시각장애인을 위한 시계를 만드는 프로젝트에 돌입한다. 앞이 보이지 않는 사람들을 위한 시계니까 당연히 점자 시계를 만들어야 한다고 생각했다. 손가락으로 점자 숫자를 읽을 수 있는 시계를 완성했다. 시계 이름도 '프로젝트 닷츠'Project Dots였다.

완성된 시계를 들고 시각장애인 단체를 몇 군데 돌며 제품에 대한 반응을 살폈다. 뜻밖에도 반응이 싸늘했다. 가장 많이 들은 대답은 시계 부피가 너무 크다는 것이었다. 점자를 깨알 같이 박다 보니 시계 덩치가 제법 불어난 탓이다. 그리고 시계에 점자가 새겨져 있어 싫다는 대답을 그다음으로 많이 들었다. 전혀 예상하지 못한 반응에 김형수는 움찔했다. 누군가가 말했다. "점자가 새겨진 시계를 차고 다니면, 다들 내가 시각장애인인 걸 알게 되는 것 아닌가요? 그런 시계를 우리가 굳이 차고 싶어 할 것 같소?"

또다시 뒤통수를 세게 얻어맞은 기분이었다. 어느 시각장애인 단체에서는 이렇게 지적하기도 했다. "미스터 김, 시각장애인 중에서 점자를 아는 사람이 몇이나 될 것 같아요?" 김형수는 고개를 갸웃했다. 이역시 전혀 예상치 못했기 때문이다. 시각장애인이라면 대부분은 점자를 읽을 거라 생각했다. 그는 더듬거리면서 대답한다. "그, 글쎄요…, 열명 중 여덟아홉 명?"

돌아온 답은 이랬다. "저기요, 시각장애인 중에서 점자를 읽을 줄 아는 사람은 10퍼센트도 안 돼요. 열 명 중 여덟아홉 명이 점자를 읽을 줄 아는 게 아니라, 여덟아홉 명이 점자를 못 읽어요. 시각장애인을 위한 시계를 만들고 싶으세요? 시각장애인에 대한 조사부터 제대로 다시 하셔야 될 것 같아요."

세계보건기구WHO에 따르면 미국, 영국에 거주하는 시각장애인 가운데 82퍼센트는 태어날 때부터 앞을 못 보는 것이 아니라 50세 즈음부터 시력이 차츰차츰 약해져 결국 앞을 못 보게 되는 '노년 시력 상실자'old blind다. 이들 대부분이 나이 들고 몸이 약해져 오감이 둔해진 상태에서 시력 상실을 경험하게 된다. 뒤늦게 점자를 배우기가 쉽지 않다. 점자 보급률이 10퍼센트에 불과한 이유다.

우리도 멋지게 보이고 싶다

김형수는 다시 시각장애인들을 만나기 시작했다. 그들에게 어떤 시계를 갖고 싶은지 물었다. 갖가지 요구사항이 쏟아졌다. 김형수는 또다시 깜짝 놀란다. 시간을 편하게 읽는 방식이나 알람 같은 기능에 대한 주문만 넘쳐날 줄 알았다. 그런데 정작 그들은 전혀 다른 이야기를 들려줬다.

"무슨 색깔이야?"

"시계 자판은 얼마나 크지? 너무 크고 우악스럽게 생긴 건 싫은데."

"어떤 옷에도 어울리는 스타일인가? 항상 차고 다녀도 어색하지 않았으면 좋겠어. 너무 캐주얼하지도 너무 드레시하지도 않은 세련된 스타일을 원해요."

"남자나 여자나 다 어울리는 그런 시계는 없나요?"

시각장애인은 어차피 앞을 못 보니 디자인이나 패션에 대한 요구는 없을 거라고 생각했건만 정반대였다. 김형수는 마지막으로 결정적인 질문을 듣는다.

"미스터 김, 혹시 이 시계를 시각장애인 전용 시계로 만들 생각이야?" 김형수는 자신 있는 미소를 보이며 그렇다고 답했다. 그의 대답을 들은 사람들의 얼굴이 순간 흐려졌다. 그리고 그러면 안 차겠다고 했다. 당황한 김형수가 시각장애인을 위한 특별한 시계를 원하지 않으냐고 물었더니 그들은 이렇게 대답했다.

"아니, 우리는 시각장애인 전용 시계 같은 걸 원하는 게 아니야. 그런 건 아무래도 좋아. 우리도 그저 누구나 한번쯤 손목에 차보고 싶어 하는 그런 멋진 시계를 차고 싶을 뿐이야. 그 시계가 기왕이면 우리 같은 사람이 이용해도 불편하지 않으면 좋겠어. 그뿐이라고!"

김형수는 다시금 시각장애인에 대한 자신의 오랜 편견이 그렇게 산산이 부서지는 경험을 한다. "저는 그동안 스스로를 편견 없이 살아온 사람이라고 생각했어요. 새삼 알게 됐죠. 은연중에 내가 얼마나 많은 편견을 당연하게 받아들이며 살아왔는지를 말이에요."

보는 시계에서 보고 만지는 타임피스로

알고 이해하면 모든 것이 쉽고 빨라진다. 디자인을 새로 시작했다. 처음에는 종이로, 그다음에는 레고로, 그다음에는 3D프린터로 수많은 프로토타입(견본)을 제작했다. 각 견본은 역시 시각장애인 단체를 돌며 시각장애인들이 직접 써보고 체험하도록 했고, 이들의 불만을 받아들여 수정하고 다시 제작하는 기간을 6~7개월 거쳤다. 완성된 2차 견본을 내놨을 때 그동안 친구가 된 시각장애인들은 비로소 미소를 지으며 이렇게 말했다. "미스터 김, 이거야!"

완성된 시계는 촉각시계다. 시침도 분침도 없다. 작은 구슬 두 개가 각각 시침과 분침을 대신해 손목시계 정면과 측면을 돌며 시간을 표시한다. 두 쇠구슬은 자석으로 연결돼 시간에 따라 일정하게 이동한다. 티타늄으로 완성해 물과 충격에도 강하다. 시계 눈금이 볼록하게 새겨져 점자를 몰라도 손가락으로 더듬으면 누구나 시간을 읽을 수 있다. 시각장애가 없는 사람은 눈으로, 시각장애가 있는 사람은 손끝으로 시간을 확인할 수 있다. 단순히 '보는 시계'에서 '보고 만지는 시계'로 시계의 개념을 확장시킨 것이다. 김형수는 이 시계를 본다는 뜻의 '워치'watch라고 부르지 않고, 시간을 알려주는 제품, 즉 '타임피스'timepiece라고 이름 붙였다.

회사 이름은 '이원'이라고 지었다. 에브리원everyone의 줄임말로 모두를 위한 회사라는 뜻을 담았다. 편견을 깨는 제품, 모두에게 영감을 주는 제품을 만들어가겠다는 의지가 담겼다.

상품을 뛰어넘어 희망의 메시지를 담다

제품이 완성되자 이번엔 또 다른 고민이 시작됐다. 이 제품을 어떻게 널리 알릴 것인가. 김형수는 이 시계가 단순히 잘 팔리는 신상품이 되길 바라지 않았다. 그보다는 이 제품으로 시각장애인들이 자신감을 회복하고 또 영감을 얻기를 바랐다. 이것이 어떻게 가능할까. 생각 끝에 그는 2012년 런던 패럴림픽 수영 종목에서 금메달 두 개, 은메달 한 개를 딴 미국 시각장애인 수영선수 브래들리 스나이더를 찾아간다.

브래들리 스나이더는 미국에서 '브래드 스나이더'라고 불린다. 대학을 졸업하고 자원 입대해 해군 중위로 근무하던 스나이더는 2011년 9월 아프가니스탄에서 폭탄 제거 임무를 수행하다가 폭발 사고를 당한다. 폭탄은 두 눈과 얼굴, 고막에 돌이킬 수 없는 상흔을 남겼다. 곧바로 병원으로 옮겨져 수술을 받고, 미국 플로리다에서 5주간 집중치료를 받았지만 그는 끝내 시력을 잃고 만다. 언론 인터뷰에서 스나이더는 당시 상황을 이렇게 설명했다.

"삶을 다시 이어 붙이는 과정, 하루아침에 시각장애인이 되어버린 나의 몸에 적응하는 과정은 말 그대로 고통 그 자체였다. 제대로 할 수 있는 것이 하나도 없었다. 걷는 것, 요리하는 것, 옷을 입는 것조차 매순간 장애물을 통과하는 것과 다를 바 없었다. 칫솔 위에 치약을 제대로 짜서 얹기까지 얼마나 괴로운 나날을 보냈는지…. 앞을 볼 수 없다는 건 그런 것이었다."

그러나 그는 본래 주저앉아만 있는 사람이 아니었다. 일상과 사투를 벌이며 앞을 못 보는 하루하루에 어느 정도 적응이 되자 그가 가족들에게 맨 먼저 한 말은 이랬다.

"자, 그럼 이제 무엇을 하면 될까?"

스나이더는 다시 도전을 찾아 나선다. 제일 먼저 한 일은 2012년 5월 미국 국방부가 콜로라도주 스프링스에서 주최한 참전우 대회Warrior Games에 참가하는 것이었다. 그의 드라마도 이때부터 시작됐다. 그는 이 대회 수영 종목에서 무려 금메달 네 개를, 육상 종목에선 금메달 세 개를 땄다. 자신감을 회복한 그는 이번엔 2012년 런던 패럴림픽에 출전해

수영에서 금메달 두 개, 은메달 한 개를 목에 건다. 2016년 여름에는 리우 패럴림픽에서도 금메달 세 개, 은메달 한 개를 거머쥐었다. 스나이더는 자유형 400미터와 100미터에서 시각장애인 수영 선수 세계 최고 기록을 보유하고 있다. 2016년에는 《파이어 인 마이 아이즈》Fire in My Eyes 라는 회고록을 출간했다.

2012년 당시 미국의 영부인 미셸 오바마는 오리건 주립대학교 졸업 축하 연설에서 스나이더의 말을 인용한 적이 있다.

"눈이 보이지 않는다고 그저 아무것도 하지 않고 두려움에만 갇혀 있지는 않겠다. 비록 두 눈을 잃었지만 과거를 후회하지는 않는다. 앞으로도 의미 있는 일을 할 수 있다면, 나는 기꺼이 수백 번 나의 두 눈을 포기할 각오가 돼 있다."

김형수가 이런 스나이더를 만난 건 2013년이다. "시각장애인이라고 기죽거나 의기소침해하지 않고 자신만의 인생을 개척할 줄 아는 사람, 포기하지 않고 도전하는 사람, 그런 사람의 이름을 우리 시계에 붙이고 싶었습니다. 제일 먼저 브래들리 스나이더를 떠올린 건 어쩌면 당연한 일이었어요."

우여곡절 끝에 스나이더에게 연락이 닿았다. 그는 김형수를 집으로 흔쾌히 초대했다. 다섯 시간을 운전해서 볼티모어에 있는 스나이더의 자택에 도착하자 그가 현관에서 기다리고 있었다. 만남은 감동 이상이었다. 그는 기대를 뛰어넘는 사람이었다.

스나이더는 그렇지 않아도 이 시계를 우연히 발견하고 몹시 맘에 들었다고 했다. 그도 그동안 음성 알림 기능이 있는 디지털시계를 쓰고 있었는데 종종 빠르게 달리는 열차에선 시계 소리가 잘 안 들려 애를 먹은 경험이 있다고 했다. 스나이더는 자신처럼 활발하게 활동하는 시각장애인일수록 비시각장애인과 똑같이 보이고 싶어 한다며 이 시계를 차고 있으면 그들과 그다지 달라 보이지 않을 것 같다고 만족해했다. 그리고 자신의 이름을 상표로 쓰도록 흔쾌히 허락했다. 그렇게 김형수가 만든 시계는 '브래들리 타임피스'가 되었다.

모두와 함께 만들다

시제품을 완성하고 이름까지 붙였으니 이제 제작과 유통을 시작할 차례다. 김형수는 몇몇 시각장애인용 제품을 파는 가게에서 들어온 입점 요구를 모두 거절했다. 시각장애인만을 위한 제품을 원치 않는다는 시각장애인들의 이야기를 기억했기 때문이다.

돈이 많이 부족했지만 김형수는 걱정만 하고 있지는 않았다. 브래들리 타임피스만이 가진 이야기의 힘을 믿었다. 미국 크라우드펀딩 매체 킥스타터에 제품 스토리와 디자인에 대한 설명을 올렸다. 아니나 다를까, 뜨거운 반응이 밀물처럼 밀려들었다. 여섯 시간 만에 65개국에서 후원자 3,861명이 몰렸고, 순식간에 59만 4,602달러가 모였다. 애초 김형수가 목표한 금액은 4만 달러였다. 주문도 밀려들었다. 온라인에서만 1,000여 건의 선주문이 접수됐다. 김형수는 수많은 사람이 감응해주고, 그 덕에 모은 돈으로 첫 생산을 하게 됐다는 점에서 무척이나 뿌듯했다고 했다.

이익을 다시 되돌려주는 나눔

브래들리 타임피스는 이제 미국·프랑스·이탈리아·일본 등 전 세계 18개국에서 판매중이다. 최근엔 우리나라에서도 판매를 시작했다. 재미있는 점은 시계 구매자의 98퍼센트가 비시각장애인이라는 사실이다. 눈이 보이는 사람에게도 매력적인 시계이기 때문이다. 회의, 인터뷰, 데이트 중에 시간을 확인하고 싶을 때, 어두운 극장 안에 있거나 어려운 식사를 하는 도중에 슬쩍 몇 시인지 알고 싶을 때도 브래들리 타임피스는 꽤 유용하다. 2015년 레드닷 디자인어워드, 2016년 IF 디자인어워드에서도 상을 받았다. 김형수는 비장애인에게도 장애인에게도 유용할 뿐 아니라 멋져 보이는 시계라는 점에서 브래들리 타임피스에 자부심을 느낀다고 했다.

그는 브래들리 타임피스가 성공하면서 회사가 얻은 이익을 다시 시각장애인들에게 돌려주는 프로그램도 시작했다. 이른바 '유 기브, 위 기브'You Give, We Give 행사다. 매년 추수감사절과 블랙프라이데이에 얻은 판매 수익 전액은 시각장애인 단체, 장애인협회 같은 사회단체에 기부한다. 이렇게 기부를 지속한 지 3년차를 맞은 2016년 11월 23일 추수감사절, 이원 측은 그해부터는 수익금 전액을 미국 뉴저지에 있는 시각장애인 안내견 훈련 학교 '더 시잉 아이'The Seeing Eye에 후원하기로 결정한다. 매년 11월 24~25일에 브래들리 타임피스를 구매하면, 그 돈이 전액 시각장애인 안내견을 훈련시키는 자금으로 쓰이는 것이다. 또 이 기간 동안은 미주 대륙 소비자들도 15퍼센트 가량 할인된 가격으로 시계를 구매할 수 있다. 이원 홈페이지에는 '더 시잉 아이'에 대한 보고서가 올라온다. 2016년도 보고서 내용은 이렇다.

> 올해 시각장애인 안내견 훈련 학교 '더 시잉 아이'에서는 289마리가 안내견으로 훈련을 받았습니다. 4개월간 훈련을 마치고 이 강아지를 기다리는 시각장애인에게 보내기까지 드는 비용은 대략 6만 5,000달러입니다. 우리는 추수감사절과 블랙프라이데이에 판매한 수익으로 이 모든 비용을 지원할 수 있기를 희망합니다. 당신이 주신다면, 그만큼 우리도 드리겠습니다.

이원의 디자인 모토는 이제 이렇게 정리된다. '좋은 디자인은 배제하지 않습니다. 포용합니다.'

마지막으로 김형수에게 더 큰 계획이 있느냐고 물었다. 그는 단 세 어절로 대답했다. "나란히 사는 거죠."

그건, 이미 이뤄진 것도 같았다.

블레이크 마이코스키

●

신발 한 켤레가 팔릴 때마다 전 세계에서 신발이 필요한 아이들에게 한 켤레씩 기부하는 방식으로 세계를 놀라게 한 기업인이다. 단 250켤레 신발로 사업을 시작한 그는 모두가 더 나은 삶을 살도록 돕는다는 탐스의 사명을 위해 신발뿐 아니라 눈 치료와 안경 기부도 하고 있다. 2014년에는 커피 판매회사인 탐스로스팅컴퍼니를 세워 고객이 커피를 구입할 때마다 낙후 지역에 깨끗한 식수를 지원하고, 2015년부터는 가방 브랜드로 확장해 안전한 출산을 돕는 서비스와 교육을 제공하고 있다.

03

작은 아이디어로
누구나 기부자가 되는
착한 세상을 만들다

'지난 10년 동안 우리는 전 세계 가난한 아이들에게 7,000만 켤레의 신발을 나눠줬고, 44만 5,000명의 눈을 치료했으며, 산모 7만 명의 순산을 도왔습니다.'

2016년 12월 30일, 탐스TOMS의 창립자 블레이크 마이코스키가 내 게 송년 인사로 보내온 이메일의 첫 줄이다.

탐스는 어느덧 신화가 된 회사다. 널리 알려진 대로 블레이크 마이코 스키는 스물아홉 살이던 2006년, 미국 로스앤젤레스에 있는 자신의 아 파트에서 인턴사원 두 명과 탐스를 시작했다. 처음엔 조금 남다른 신발 가게였을 뿐이었다. 고객이 신발 한 켤레를 사면, 신발 살 돈이 없어 맨발로 다니는 지구 어딘가에 있는 아이에게 한 켤레를 전해주겠다, 이것이 이 회사가 내건 구호 'One for One'이었다. 소비로 기부를 할 수 있다는 아이디어. 마이코스키가 내놓은 이 획기적인 발상은 마치 복음처럼 빠르게 번져나갔고, 어느덧 탐스를 신발뿐 아니라 안경, 커피, 가방까지 파는 기업으로 성장시켰다. 단독 매장 하나 없이 출발한 회사는 지난 10년 동안 매장 수를 전 세계 1,000여 곳으로 늘리는 데 성공했으며, 상장기업이 아니라서 경영 실적을 따로 공표하지는 않지만 2013년도 매출이 3억 8,500만 달러를 상회한 것으로 알려져 있다.

회사가 커지면서 탐스라는 회사를 세운 마이코스키라는 인물도 덩달아 유명해졌다. 마이코스키는 이제 전 세계를 돌며 강연을 하고, TV 광고에 나오고, 전 세계 언론에서 밀려드는 인터뷰 일정을 소화하기 바쁘다. 인기도 바쁜 정도도 웬만한 연예인 못지않다. 제안서를 몇 달 전부터 준비해서 보내야 만남이 가능할 정도다.

마이코스키와 마주한 건 2016년, 탐스가 창립 10주년을 맞은 해의 봄이었다. 마침 한국을 찾은 마이코스키는 서울 성수동 서울숲에서 인터뷰를 하자고 제안했다. 봄바람이 나부끼는 한낮이었다. 그는 벚나무 꽃그늘에 놓인 캠핑 의자에 맨발로 앉은 채로 명함을 건넸다. 명함엔 '신발 퍼주기 대장'Chief Shoe Giver이라고 적혀 있었다. 사장, CEO 같은 직함은 없었다. 그럼 사장이 아니냐고 묻자 마이코스키는 고개를 저었다. "지금 회사엔 전문 경영인이 따로 있어요. 나는 회사를 이끄는 사람이긴 하지만 사장이 아닙니다. 내가 지금껏 해온 가장 중요한 일이 신발을 나눠주는 일이었으니, 내 직함은 신발 퍼주기 대장 하나면 족하죠."

아르헨티나에서 만난 맨발의 아이들

블레이크 마이코스키는 미국 텍사스주 알링턴 출신이다. 열 살 때부터 테니스 선수로 활동한 그는 체육특기생으로 서던메소디스트 대학교에 입학해 철학과 경영학을 전공했지만, 2학년이 되던 해에 아킬레스건을 다치면서 선수 생활을 포기해야 했다. 대학도 결국 중퇴하고 그때부터 사업을 시작했다.

제일 처음 한 일은 대학 캠퍼스에 거주하는 학생들을 상대로 드라이클리닝 서비스를 해주는 세탁소 사업이었다. 사업은 생각보다 잘되어 직원이 40여 명으로 불어났고, 세 개 대학을 상대로 서비스할 정도로 규모도 커졌다. 사업 시작 2년 만인 1999년에 이 사업체를 파트너에게 팔아넘기고 마이코스키는 다른 일에 도전한다. 항상 왕성하게 독서를 하고 호기심이 많은 성격 덕에 아이디어는 늘 넘쳐났다. 케이블방송국을 차린 적도 있고, 온라인 자동차 운전 강습 학원에도 손을 댔다. 실외 광고업체도 해봤다. 이 사업들은 대부분 처음에는 잘되는 듯 했으나 이내 투자금을 여기저기서 너무 많이 끌어들이거나 사업을 필요 이상으로 확장하는 실수를 저지르면서 결국 모두 실패로 끝났다.

마이코스키는 스물아홉 살이 되던 해에 복잡해진 마음을 안고 아르헨티나로 여행을 떠난다. 그곳에서 마이코스키는 현지 사람들이 즐겨 신는 '알파르가타'라는 신발을 발견한다. 캔버스 천으로 발을 감싼 신발이었는데 디자인이 심플하면서도 세련된 맛이 있었다. 몇 군데 손을 봐 내놓으면 어디서도 잘 팔릴 것 같았다. 또 하나, 그곳에서 그는 맨발로 돌아다니는 아이들을 보게 됐다. 신발 살 돈이 없어 맨발로 걷는 아이들 발은 상처투성이였다. 피가 나고 물집이 잡혔다. 감염이 돼서 발이 단단하고 두꺼워지는 상피병(코끼리 피부병)이나 파상풍에도 잘 걸린다고 했다. 마침 아이들에게 신발을 나눠주는 미국인 자원봉사자를 만났다. 이 자원봉사자 여성은 기부 받는 신발이 일정하게 들어오지 않아 부족할 때가 많다고 했다.

마이코스키는 그때 이런 생각을 한다. '신발 한 켤레를 팔 때마다 가난한 아이에게 신발 한 켤레를 기부하면 어떨까. 안정적이고 지속적으로 기부를 실천할 수 있지 않을까.' 그렇게 그가 만든 것이 '내일의 신발' Tomorrow's Shoes이라는 뜻을 담은 회사 '탐스'다.

마이코스키는 아르헨티나에서 제작한 신발 250켤레를 더플백 세 개에 담아 LA로 돌아온다. 시작은 단출할 수밖에 없었다. 살고 있던 아파트에 사무실을 꾸렸고, 아메리칸 랙American Rag이라는 가게 주인을 찾아가 몇 시간을 설득한 끝에 겨우 한구석에 물건을 놓고 팔기 시작했다. 그러던 어느 날 〈LA타임스〉의 패션 전문 기자가 탐스 이야기를 알게 됐고 이를 문화면 커버스토리로 게재했다. 신문이 나온 당일, 2,200여 켤레의 주문이 밀려들었다. 재고가 겨우 120켤레밖에 없을 때였다. 마이코스키는 황급히 자기 대신 사무실을 지킬 인턴사원을 뽑고, 신문 기사를 오려 아르헨티나로 날아간다. 아르헨티나 신발 장인을 보자마자 그가 외친 말은 이것이었다고 한다.

"Muchos zappatos, rapido!"(신발 많이, 빨리!)

누구나 기부할 수 있는 세상, 나눔의 희열을 팔다

한 켤레를 사면 다른 한 켤레가 지구 어딘가 맨발의 아이에게 전해진 다는 일대일 기부, 이른바 원포원One for One은 그렇게 금세 전파됐다. 탐 스 신발은 사실 그렇게 싼 편은 못 된다. 가장 저렴한 제품군이 40~60 달러, 가장 비싼 제품은 150~200달러다. 한 켤레 신발을 사면서 지구 어떤 곳에 있는 맨발의 아이가 신을 또 다른 한 켤레의 신발값까지, 즉 두 켤레 값을 치러야 하기 때문이다. 대신 탐스는 회사가 가져가는 이익 을 최소화하고 나머지 이익을 최대로 사회와 나누겠다고 홈페이지와 블로그, 트위터 등에 공표하면서 소비자들에게 믿음을 심었다. 이 방식 은 뜻밖에도 수백만 달러짜리 광고나 그 어떤 마케팅 행사보다 효과적 이었다. 입에서 입으로 퍼져가는 '입소문' 효과를 냈기 때문이다. 사람 들은 탐스의 스토리를 두고 '탐스의 복음'Toms's Gospel이라고 불렀고, 마 이코스키는 덩달아 이런 이야기를 전하려고 전 세계를 다니는 전도사 evangelist처럼 비치기도 했다.

미디어가 이런 탐스의 행보에 즉각 반응한 것은 어찌 보면 당연하다. 《보그》 같은 패션 전문지가 앞 다퉈 탐스를 소개했고 메이시스, 노드스 톰 같은 미국 백화점에서도 신발을 보내달라는 요청이 이어졌다. 마이 코스키가 송년 인사 이메일에 '전 세계 가난한 아이들에게 7,000만 켤 레의 신발을 나눠줬다'고 썼다는 건 지난 10년 동안 7,000만 켤레를 팔 았다는 뜻도 된다. 미국 LA에서 인턴 두 명과 함께 시작한 회사 탐스가 그렇게 10년을 넘기며 성공한 기업으로 성장한 것이다.

이젠 신발만 파는 회사가 아니다. 2011년엔 탐스 아이웨어를 론칭했다. 안경 하나를 팔 때마다 앞이 잘 안 보이지만 돈이 없어 치료를 받지 못하는 이들의 눈을 고쳐준다. 또 2014년에 시작한 탐스 커피를 통해선 커피 한 봉지를 팔 때마다 식수가 부족한 나라에 사는 누군가에게 일주일 동안 쓸 수 있는 깨끗한 물 140리터를 공급한다. 지금까지 콜롬비아·과테말라·온두라스·인도·말라위·페루·르완다 같은 주요 커피 생산국에 한 사람이 400만 주 동안 쓸 수 있는 분량의 물을 공급했다. 2015년엔 탐스 가방도 내놨다. 가방 하나가 팔릴 때마다 도움의 손길이 필요한 가난한 산모의 출산을 돕는다.

탐스가 성공하면서 창립자인 마이코스키의 인기도 급상승했다. 그는 이제 세계 곳곳을 돌며 1년 중 200일가량 강연을 다닌다. 미국 통신회사 AT&T의 모델로도 활동한다. 그의 인스타그램 팔로어는 2016년 12월 기준으로 54만 명을 넘었다. 연예인이나 다름없다. 미국의 전 대통령 빌 클린턴은 마이코스키를 두고 '지금까지 내가 만나본 기업가들 중 가장 흥미로운 사람'이라고 했다.

성공 신화 뒤엔 대개 그림자도 따라붙는다. 회사가 성장하면서 한편에선 탐스를 비판하는 목소리도 커져갔다. '기부를 이용해 장사를 한다', '개발도상국의 아이들을 스스로 일어서게 하지 않고 무조건 물질을 나눠주는 일차원적인 기부만 전파한다' 같은 내용이다.

마이코스키를 만났을 때도 회사가 기부를 한다고 빈곤이 해결되는 건 아니지 않냐고 묻지 않을 수 없었다. 그는 이런 질문을 이미 예상이라도 한 듯 싱긋 웃어 보였다.

가난한 아이가 무릎을 털고 다시 일어설 때

마이코스키는 탐스 창사 10주년을 맞아 보스턴컨설팅그룹에 의뢰한 전수조사 이야기를 먼저 꺼냈다. 이 회사와 함께 그동안 신발을 나눠준 아이들의 삶이 어떻게 달라졌는지를 조사했더니, 아이들은 무엇보다 신발을 받아든 첫 순간을 가장 인상적으로 기억했다는 것이다. 그때가 바로 이 아이들이 처음으로 새것 something brand new 인 무언가를 두 손에 받아든 순간이기 때문이다. 지금껏 한번도 가져보지 못한 나만을 위한 것을 손에 직접 쥐어본 경험이란 예상보다 더 강렬하고 날카로운 것이었다. 아이들은 자존감이 높아졌고, 그 후 스스로를 더 높게 평가하게 됐다고 보스턴컨설팅그룹은 분석했다. 탐스조차 예상치 못한 결과였다. 신발 덕에 발을 덜 다치고 질병에 덜 걸리는 단순한 변화를 넘어서는 결과이기도 했다. 마이코스키는 되물었다. "이런 경험이 인생에서 한번도 없는 아이와 있는 아이, 다른 삶을 걷게 되지 않을까요? 아이들의 미래가 그렇게 달라지는 것은 아닐까요?"

마이코스키도 안다. 기부만이 능사가 아니라는 것을. 빈곤이 해결되려면 일회성 기부보다는 교육과 일자리가 필요하다는 주장도 당연히 맞는 말이라고 했다. 그럼에도 그는 일대일 기부의 힘을 낮춰 보진 않는다. 마이코스키는 일대일 기부는 일단 아이들의 삶이 달라질 첫 계기를 마련한다는 점에서 중요하다고 강조했다. 누구에게나 인생을 바꿔놓을 '사건', 희망과 기쁨을 얻는 순간이 필요하기 때문이다. 탐스가 건네는 신발 한 켤레는 결국 바로 그런 희망과 기쁨의 순간, 삶의 지침이 달라

지는 계기 그 자체가 된다. 마이코스키는 손과 발을 모두 써가며 열정적
으로 물었다.

"몸이 아파서, 신발이 없어서 학교에 갈 수 없는 아이들에게 학교에
가는 것이 더 중요하다고 말하는 것이 의미가 있겠어요? 일단은 신발을
신겨놓고 그다음에 해결책을 제시해야 하는 것 아닐까요? 일단은 아이
들에게 무릎을 털고 일어설 계기부터 만들어줘야 하는 것 아닐까요? 아
이들이 신발을 받아들 때 그 표정과 눈빛을 보면 제 말이 무슨 얘기인
지 알 거예요."

그 작은 맨발에 신발을 신겨주던 날

2006년 10월 마이코스키는 첫 기부 여행을 떠났다. 6개월 만에 1만
켤레의 신발을 팔고 나서 계획한 여행이었다. 맨 처음 마이코스키가
'200켤레만 아이들에게 나눠줄 수 있으면 좋겠다'라고 생각했던 것에
비춰보면 그사이 엄청난 성공을 거두었다.

첫 여행지는 당연히 그가 맨 처음 맨발의 아이들을 보았던 아르헨티
나였다. 미리 현지 담당자를 섭외해 그곳 아이들의 발 사이즈를 파악해
거기에 맞춰 제작한 1만 켤레를 가지고 떠났다. 마이코스키는 마을에
버스가 서자마자 기다리고 있던 아이들이 몰려오면서 다 같이 박수 치
는 풍경을 보게 된다. 아이들이 어디선가 미리 '누가 우리 발에 꼭 맞는
신발을 가지고 온다더라'라는 이야기를 들었기 때문이다. 버스 밖에서
마이코스키를 보며 환호하는 아이들의 표정과 맞닥뜨리자마자 마이코

스키는 그만 눈물이 솟구쳐 고개를 돌리고 만다. 아이들은 그런 마이코스키 앞에 차례차례 섰고, 그는 아이들의 이름을 하나하나 불러가며 신발을 신겨주었다. 눈물이 흘러 눈앞이 자꾸 흐려져 신발을 제대로 신겨주기도 힘들었다며 마이코스키는 이렇게 덧붙였다.

"그날 제 인생도 바뀌었죠."

마이코스키는 여행에서 돌아오면서 탐스를 시작하기 전에 했던 여러 사업들이 왜 다 그저 그랬거나 망했는지 돌아봤다. 그리고 그가 내린 결론은 이것이었다.

'모두 그저 돈을 벌려고 일했기 때문이다.'

마이코스키가 탐스를 통해 돈을 벌겠다는 생각을 하는 대신, 무엇을 어떻게 나눌 것인지 비전을 세우겠다는 다짐을 굳히게 된 것도 이 무렵이다. 이 첫 기부 여행 이후로 탐스는 역설적으로 더 성장했다. 이 신발 기부 여행에서 벌어진 일들을 동영상으로 찍어 인터넷에 올렸기 때문이다. 영상은 SNS로 빠르게 퍼져나갔다. 감동은 전염됐고, '나 역시 저 나눔의 대열에 동참했다'라는 소비자들의 환희 역시 삽시간에 곳곳으로 퍼져나갔다. 신발은 더욱 빠르게 팔려나갔다. 탐스의 원포원 기부 스토리를 줄줄이 외우는 고객들이 생겨났다. 그건 단순한 '히트'를 넘어선 것이었다. 일종의 팬덤과도 같았다.

한번은 마이코스키가 공항에서 어느 여성을 만난 적이 있다. 그 여성은 탐스의 빨간 신발을 신고 있었다. 마이코스키가 반가워서 어디서 신발을 샀느냐고 말을 걸었더니, 여성이 이 신발을 하나 사면 아르헨티나나 아프리카에 있는 아이들에게 신발을 하나 줄 수 있는 걸 혹시 아느냐고 대답했다. 그녀는 마이코스키가 '내가 블레이크 마이코스키이고 이 신발을 만든 사람'이라는 걸 이야기할 시간조차 주지 않고 속사포처럼 이야기를 쏟아냈다. 마이코스키는 "바로 그 순간 '어떤 광고보다 이런 사람들의 간증testimony이 강력하고 뜨거운 효과를 줄 수 있다'는 것을 깨달았다."고 했다.

마이코스키는 이 사건 이후로 탐스는 제품을 판매하기 위한 광고를 하지 않는다는 원칙을 세웠다. 대신 공식 홈페이지와 개인 블로그, 트위터, 페이스북, 유튜브, 핀터레스트, 마이스페이스 등 다양한 SNS 사이트로 제품을 알리기로 했다. 고객들은 뜨거운 반응으로 화답했다. 탐스 페이스북 계정에서는 매달 팬들이 보낸 사진 중 몇 장을 뽑아 게시한다. 매일 지구 곳곳에서 탐스 신발을 신고 활보하는 이들의 사진이 실시간으로 전송되는 것을 볼 수 있다. 수많은 전문가가 광고 없이 성공한 기업 중 첫째로 탐스를 꼽는다. 2013년 〈USA투데이〉는 마이코스키를 세계 5대 커뮤니케이터로 꼽았다.

탐스는 이후로도 계속된 신발 기부 활동을 '슈드롭'Shoe Drop 캠페인이라고 부르기 시작했다. 2008년부터는 캠페인을 보다 제대로 운영하기 위해 프렌즈오브탐스Friends of TOMS라는 비영리단체를 설립했다. 이 단체는 세계의 NGO, 인권·사회단체와 손잡고 신발 기부 지역과 파트너를 선정해 기부하고 있다. 아르헨티나에서 시작된 기부 여행은 아프리카, 아메리카, 아시아 20여 개 나라로 이어졌다. 선글라스, 커피, 가방까지 론칭하면서 프렌즈오브탐스의 역할은 점점 더 많아지고 있다. 시력을 고쳐줄 사람과 지역, 물이 필요한 지역, 출산 도움이 필요한 산모가 있는 지역을 찾아 나서는 게 이들의 할 일이다. 탐스 공식 홈페이지에는 주기적으로 이들의 활동기가 업데이트된다. 마이코스키는 요즘도 1년에 네 번 정도 기부 여행을 간다. 하지만 그의 가슴에 가장 뜨겁게 남아 있는 여행은 여전히 아르헨티나로 떠났던 첫 번째 기부 여행이라고 한다.

아주 단순하고 명확하게 목표를 찾는 법

탐스를 비판하는 목소리가 그럼에도 완전히 사라진 것은 아니다. 탐스의 감동 스토리, 탐스를 향한 뜨거운 팬덤이 너무 많은 사실을 단순화하는 것은 아닌가 하는 우려도 여전히 있다. 기업은 결국 이윤을 내고 매출을 늘리고 덩치를 키워야 하는 존재다. 기부를 아무리 많이 한다고 해도 기업은 결국 기업이다. 기업의 본질을 탐스는 감동이라는 눈가리개로 감추고 있는 것은 아닐까.

가령 사업을 하다 보면 경제적 압박에 시달리게 되는 것도 사실이고, 대출을 갚아야 하고 공장을 돌려야 하는 것도 사실이다. 직원들 임금도 줘야 한다. 어느 순간 자금이 모자라게 되면 '기부 때문에 회사가 어려워졌나', '이윤을 더 많이 가져갔어야 하는 건가', '구조조정을 해야 하나', '생산시설을 축소해야 하나' 같은 고민이 들 수도 있다. 마이코스키는 바로 그런 순간이 찾아올 때마다 '만약'이라는 시나리오를 짜본다고 했다.

회사를 경영하면서 마음속에 자잘한 갈등이 생길 때마다 '만약에 회사가 지금 싹 망한다면 내겐 뭐가 남을까' 같은 생각을 한다는 것이다. 마이코스키는 이런 시나리오를 떠올리면 뜻밖에도 아주 단순하고도 명확하게 가장 좋은 답을 얻어낼 수 있다고 설명한다.

가령 '망해도 괜찮아. 난 기부로 사업하는 법을 배웠어. 그걸로 충분해!' 이런 식의 답이 떠오르게 된다는 것이다. 이런 답을 얻고 나면 나머지는 복잡할 게 없다. 하나하나 차근차근 풀면 그만이다.

'감동이 모든 것을 단순화한다'는 이야기는 좋은 지적이고 동감하지만 그는 여전히 확신한다고 했다. 결국 탐스라는 회사의 본질이 이미 '단순한 감동'에 있다는 점을 말이다.

바로 이 지점 때문에 마이코스키는 탐스가 값싼 감동과 눈물 덕에 성공했다는 식의 비난에도 아랑곳하지 않는다. 그는 애초에 세상이 하루아침에 달라질 수 있다는 순진한 기대를 갖고 이 일을 시작하지 않았다. 그렇다고 회의론자가 될 생각도 없었다. 마이코스키는 감동하는 사람이 많아질수록, 그래서 세상을 더 낫게 만들고자 노력하는 사람이 많아질수록 세상이 좋아진다고 믿는 확신론자이자 긍정론자다. 그는 감동은 생각보다 힘이 세다고 믿는다. 마음이 움직이면 몸이 따라가고, 사람들의 몸이 움직이면 제도와 시스템이 바뀐다고 믿는다. 그래서 그는 지금 탐스가 하나의 회사에 불과하지만 언젠가는 사회의 공기를 바꿀 수 있을지도 모른다는 희망을 여전히 품고 있다.

그래서일까. 탐스는 어느덧 더 큰 비전과 사회적 책무를 발언하고 전파하는 회사로 진화하는 중이다. 탐스의 홈페이지와 페이스북에는 탐스의 기부 활동으로 바뀌어가는 사람들, 지역의 이야기가 계속 올라온다. 가령 2014년 12월에는 네팔에 사는 여성 바스마티 미시라 이야기가 소개됐다. 이 여성은 네팔 지역 공동체에서 건강 프로그램을 운영하는 자원봉사자다. 많은 여성과 아이에게 전염병을 예방하는 백신을 맞도록 권하고, 비타민을 나눠주고, 출산이 임박한 여성들을 찾아다니며 병원의 무료 서비스를 받도록 돕는 일을 한다. 이 여성이 시력이 점차 나빠져 앞을 못 보게 되자 탐스는 아이웨어 기부를 통해 이 여성이 수술을 받을 수 있도록 도왔다. 이 사실을 소개하는 웹페이지의 끝부분엔 이런 말이 쓰여 있다.

"전 세계에 앞을 못 보는 사람 중 3분의 2는 여성입니다. 탐스의 시력 회복 서비스를 받은 이들의 절반 이상도 여성, 여자아이입니다. 따라서 우리의 이 시력 회복 캠페인은 지구의 성평등을 돕는 일이기도 합니다. 이들이 읽고 쓰고 일할 수 있도록 돕는 것이 우리의 목표입니다.'

스펙은 무의미하다, 열정만 보고 채용한다

탐스는 직원을 채용할 때 학력이나 경력을 거의 보지 않는 회사로도 널리 알려져 있다. 왜일까? 마이코스키는 탐스의 초창기 실패담을 들려줬다.

한창 회사가 덩치를 키워갈 때 마이코스키는 외부에서 다양한 전문가들을 영입했다. 그는 신발회사를 차려본 적도 없고, 패션을 아는 사람도 아닌데다, 심지어 기부 전문가도 아니었기 때문에 자기보다 더 전문 경험과 지식이 있는 사람이 필요한 때라고 판단했다. 그런데 뜻밖에도 이 전문가 몇몇을 회사에 들여놓고 보니 오히려 회사가 잘 굴러가지 않았다. 이들은 자신의 경험을 더 중시했고, 마이코스키의 직감과 비전을 믿지 않았다. 회사가 한뜻으로 움직이지 않기 시작했다. 불협화음이 생겼다. 결국 마이코스키는 이들과 결별하고 경험과 학력을 따지는 대신 '탐스에서 꼭 일하고 싶다'는 열정을 보여주는 사람을 골라 채용했다. 놀랍게도 이때부터 회사가 더 잘 돌아가기 시작했다.

탐스는 일하는 것만큼 쉬는 것도 중요하게 생각하는 회사이기도 하다. 창립자인 마이코스키부터가 에너지를 충전하는 것이 때로는 많이 일하는 것보다 더 중요하다고 믿기 때문이다. 탐스 직원들은 매년 겨울마다 다 같이 시에라네바다 산맥으로 스키 여행을 간다. 또 직원이 몸이 피곤하거나 지쳤을 땐 인사부서에 뭘 제출할 필요 없이 간단한 연락만 하고 쉬어도 되도록 휴가 제도를 간결하게 개선했다. 넷플릭스 같은 회사에 따로 휴가나 병가 제도가 없는 것을 보고 벤치마킹했다고 한다. 병가나 휴가 관련 내용을 일일이 기록하고 서류를 관리하는 비용이 더 드는데다, 휴가 제도를 따로 만들지 않고 내킬 때마다 편하게 부담 없이 쉬게 할 때 직원들이 더 창의적으로 결과물을 쏟아낸다는 사실을 마이코스키는 경험으로 확신한다.

탐스 직원들은 실제로 지금껏 다양한 분야에서 놀라운 창의력을 발휘해왔다. 2008년부터 시작된 행사인 '신발 없는 하루'One Day Without Shoes가 그 대표적인 예다. 가난해서 신발을 살 수 없어 맨발로 지내야만 하는 전 세계 수백만 아이들의 고통을 직접 느껴보자는 취지에서 시작된 행사다. 참가자들은 이날 하루 동안 줄곧 신발을 벗고 지내야 한다.

신발을 벗고 거리를 걷는 동안 참가자들은 신발 한 켤레가 얼마나 소중한지, 신발 한 켤레가 아이들 삶에 얼마나 큰 변화를 일으킬 수 있는지 저절로 알게 된다. 미국에서 처음 시작한 이 행사는 AOL_{America On Line}, 플리커, 디스커버리채널 등 온라인과 방송으로 보도되어 널리 알려졌고, 곧 세계 각지에서 열리게 됐다. 2010년에는 전 세계 사회단체, 대학교, 회사에서 자발적으로 '신발 없는 하루' 행사를 열었는데, 모임 수는 1,600여 개, 참가자 수는 25만 명에 달했다. 우리나라에서도 2013년 4월 16일 '신발 없는 하루' 캠페인이 서울광장에서 열렸다.

더 많은 회사가 더 널리 나눌 때까지

성장을 거듭하면서 탐스는 생산공장도 더 많이 필요해졌다. 첫 생산공장을 2006년 아르헨티나에 세웠고, 2008년에는 중국에, 2014년에는 아이티에 세웠다. 마이코스키는 공장을 설립할 때 기준이 되는 몇 가지 원칙을 만들었다.

첫째, 공장을 소유하지 않는다. 현지 제조사와 파트너십을 맺고 지분을 나눠 공장을 운영한다. 공장은 탐스의 것만이 아니라 그 지역 사람들의 일자리를 위한 것이라고 믿기 때문이다. 둘째, 남녀 성비를 동등하게 한다. 제조업일수록 여성 인력이 차별받기 쉬워서다. 가난한 미혼모가 일할 수 있는 곳은 어디서나 필요하다고 봤다. 셋째, 단순히 일을 시키는 것을 넘어 기술을 가르친다. 기술을 익힌 직원은 어디에서나 재취업이 쉽다. 마이코스키는 사람들이 탐스만을 위해서 일하는 것이 아닌, 자기 자신과 자신이 살고 있는 곳, 자신이 키워낼 다음 세대를 위해 일하는 게 더 중요하다고 믿는다고 했다.

탐스는 본래 상장회사가 아니다. 마이코스키가 100퍼센트 지분을 소유하고 있었다. 2014년 마이코스키는 지분의 50퍼센트를 사모펀드 회사와 손잡고 다른 신생 기부회사에 투자하겠다고 밝혔고, 2016년 탐스 소셜기업펀드TOMS Social Entrepreneurship Fund를 설립했다. 더 많이 나누는 것, 그것을 현실화하고자 새로운 회사를 만들었다.

나중에 마이코스키가 추가로 보내온 이메일에는 이 펀드에 대한 보다 구체적인 희망이 적혀 있었다.

"사람들이 의미 있는 일을 하며 살 수 있었으면 합니다. 전 세계 곳곳에서 세상을 더 나은 곳으로 만들기 위해 노력하는 기업에 적극적으로 투자할 생각입니다. 이들과 다 같이 힘을 합친다면 탐스 혼자만의 노력보다 더 큰 꽃을 피울 수 있겠죠. 탐스의 힘은 이제 차세대 소셜 벤처의 물결을 더 강하고 거세게 응집하는 데 쓰일지도 모르겠습니다."

집을 버리고 보트 위에서 지낸 이유

마이코스키는 2007년부터 2010년까지 탐스 본사가 있는 LA의 마리나델레이 항구에 정박해놓은 보트에서 산 적이 있다. 집과 가구, 물품을 모두 처분하고 배에서 지낸 것이다. 당시 그는 한 미국 매체에 이런 글을 기고했다. '아침 여덟 시 반쯤 보트에서 깨어나 에너지바 하나로 아침을 때운다. 배 위에서 미팅도 하고 책도 읽는다. 인생이 가끔 장애물

투성이로 느껴질 때, 스트레스가 많을 때면 일기를 쓴다. 써놓고 한 달 쯤 뒤에 읽어보면 다 별것이 아니다. 문제란 언제나 그런 것이다.'

이 무렵 마이코스키는 복잡하고 머리 아픈 일들은 모두 오전 열한 시 전에 해치웠고, 짧게 압축적으로 열심히 일하고 나서 오후 네 시쯤이 되면 주저 없이 서핑을 하러 나가는 일상을 살았다. 마이코스키는 '내면을 키우는 것'이 얼마나 중요한지 이 무렵에 절실하게 깨달았다고 했다.

이런 그가 몇 년 전 선상 생활을 끝낸 이유는 가족이 생겼기 때문이다. 2012년 아내 헤더 마이코스키와 결혼하고서 이제 아내와 아들 서밋과 함께 LA 자택에서 지낸다. 아들의 이름 서밋Summit은 '산의 정상'이란 뜻이다. 가족이 생기긴 했지만 그의 삶이 심플하고 조용한 시간을 추구하는 것 자체는 크게 달라지지 않았다. 웬만하면 아이가 깨어나기 전에 일어나 아침에 혼자 운동하고 명상하는 시간을 꼭 가진다. 마이코스키는 이 인터뷰를 위해서도 일찍 일어나 20분 정도 명상을 먼저 하고 왔다고 했다. 그는 명상과 내면의 평화에 이토록 공을 들이는 이유를 이렇게 설명했다.

"제겐 훌륭한 아내, 완벽한 아이, 따뜻한 친구가 있지만 그럼에도 나를 챙길 수 있는 건 나 자신밖에 없거든요. 남을 행복하게 하려면 무엇보다 내가 먼저 행복하고 평화로워야 해요. 갈수록 그 사실을 절실하게 깨닫고 있죠."

많이 줄수록 더 충만하게 살리라

마이코스키는 열렬한 독서가이기도 하다. 그는 한 달에 20~30권씩 책을 읽고 마음에 드는 문구는 주저 없이 베껴놓았다가 모든 직원에게 이메일로 보낸다. 그중에서도 마이코스키가 가장 좋아하는 문구는 언제나 카르페 디엠Carpe diem, 지금 이 순간을 즐기라는 뜻의 라틴어다. 탐스 신발에도, 커피 봉지에도 이 문구가 빠지지 않고 새겨져 있을 정도다. 인터뷰가 끝나고 추가로 보내온 이메일에 마이코스키는 최근 다시금 읽었다며 미국 신화학자 조지프 캠벨이 쓴《신화와 인생》Reflections on the Art of Living이라는 책 이야기를 언급했다.

그는 '때때로 인생은 그저 받아들이기에 너무 쓰라리고 아플 때가 많지만, 이 책의 한 구절을 생각하면 힘이 또 난다'면서 이런 구절을 인용했다. '오래된 피부를 벗겨내야 새살이 돋는다. 낡은 것에 집착하면 그 안에 갇혀버린다. 달걀을 깨지 않고서는 오믈렛을 만들 수 없다. 창조를 하려면 파괴를 해야 한다.'

마지막으로 그에게 성공이란 무엇이라고 생각하는지 물었다. 마이코스키는 싱긋 웃으며 이렇게 대답했다. "돈을 벌고, 남을 돕고, 건강하게 아이를 키우고, 많이 웃는 것이죠."

먼 훗날 세상을 떠나 흙으로 돌아가게 된다면 그는 어떤 묘비명을 쓰고 싶을까. 마이코스키는 한참을 골똘히 생각하더니 써서 보내주겠다고 했고, 이틀 뒤 이런 이메일 한 줄을 보내왔다.

'많이 줄수록 더 충만하게 살리라.'

하마터면 남들처럼 살 뻔했다

파스칼 뮈사르Pascale Mussar

●

버려진 소재에 새 생명을 불어넣는 에르메스 '쁘띠 아쉬' 작업을 이끌어온 크리에이티브 디렉터. 그녀는 '더 이상 필요하지 않은 것이란 없다'는 믿음을 가지고 '지속 가능'이라는 목표를 지켜나가는 인물이다. 에르메스 6대손인 그녀는 제2차 세계대전 이후 모든 물건이 부족했던 시기를 살아온 증조할머니의 영향을 받았다. 재단하고 남은 가죽, 한 귀퉁이가 깨진 주전자, 조각조각 남은 실크 스카프에 아티스트와 장인의 창의적이고 숙련된 손이 닿으면 완벽하게 새롭고 사랑스러운 오브제로 탄생한다.

04

버려지는 자투리로
새로운 예술을 창조하다

어떻게 이런 작업을 하게 됐느냐고 묻자 63세의 에르메스 크리에이티브 디렉터는 뜻밖에도 눈물부터 보였다. 그 주인공은 에르메스 가문 6대손이자 현재 에르메스 수장 악셀 뒤마와 외사촌지간인 파스칼 뮈사르다. 그의 둥글고 큰 초록빛 눈동자가 금세 글썽이는 눈물로 가득찼다. "당신 질문이 내 어린 시절을 떠올리게 해서 그래요. 어린 시절 추억과 이야기가 차곡차곡 쌓여 지금의 내가 됐으니까요. 그 추억이 지금 나를 울게 했어요."

뮈사르는 오랫동안 '미쳤다'는 소리를 들어왔다. 에르메스에서도 특이한 일을 해왔기 때문이다. 2009년부터 공방에서 쓰고 버리는 자투리

가죽이나 실크, 크리스털이나 도자기 재료를 활용해 새로운 형태의 작품으로 만드는 이른바 '쁘띠 아쉬'Petit h 작업을 이끌어왔다. 이 작업을 '재활용' 정도로 생각하면 곤란하다. 버려진 재료를 상상할 수 없는 형태로 교직交織한다. 처음부터 환영받은 건 아니었다. 누군가는 그를 두고 이상한 일을 한다고 했고, 다른 누군가는 에르메스와 어울리지 않는다고 했다. 그럼에도 그는 이 일을 8년간 지속했다. 2011년부터는 1년에 두 차례 전 세계를 돌며 쁘띠 아쉬 컬렉션을 전시했다. 2017년 3월엔 이 컬렉션을 로마에서 전시했고, 그해 11월엔 서울 신사동 메종에르메스 도산파크에서도 선보였다.

파스칼 뮈사르는 네댓 살이었던 1950년대 말 이야기부터 시작했다. "당시 프랑스는 전쟁 후유증에서 채 벗어나지 못한 상태였습니다. 물자가 많이 부족했죠. 증조할머니는 청빈하면서도 창의적인 사람이었어요. 남들이 생각지 못한 방식으로 부족한 부분을 메울 줄 아셨습니다. 나는 그런 증조할머니를 보며 자랐고 그 결과 아주 자연스럽게 남들이 버리는 자투리에 천착하게 된 거죠." 그의 초록빛 눈동자 아래 다시 눈물이 괴었다. 증조할머니와의 추억을 더듬는 눈빛이었다.

세상엔 버릴 게 없다던 증조할머니의 말

파스칼 뮈사르의 삶은 '보고 배운 게 제일 무섭다'는 말을 그대로 보여준다. 그가 눈물로 기억하는 증조할머니는 1837년 마구馬具 가게를 열어 지금의 에르메스를 시작한 티에리 에르메스(1801~1878)의 손자

에밀 모리스 에르메스(1871~1951)의 아내다.

2차 대전 직후였다. 물건을 펑펑 쓸 수 있는 때가 아니었다. 사업에 성공한 에르메스 가문 사람이라고 예외는 아니었다. 증조할머니는 특히나 검소했다. 어느 것 하나 예사로 쓰고 허투루 버리는 일이 없었다. 우편물이 오면 봉투를 모아두었다가 가위로 잘라 뒷면을 메모지로 썼다. 그의 방 창문엔 늘 어디선가 주워온 자투리 천이 그림처럼 걸려 있었다. 누군가는 새로 유행하는 커튼이냐고 물었다. 가끔은 새 옷이 필요했다. 뮈사르가 열다섯 살쯤, 증조할머니는 오페라 공연에 초대 받았다. 옷자락이 긴 드레스가 필요했던 증조할머니는 옷을 사는 대신 본래 있던 옷에 어디선가 주워온 긴 가죽조각을 덧대 새로운 옷으로 만들었다. 남들은 대체 그런 멋진 옷을 어디서 샀느냐고 했다.

증조할머니는 증손녀와 놀아줄 때도 남달랐다. 그의 방엔 언제나 대개 주워온 물건이 가득했다. 그 물건들을 깁고 꿰어 때론 장난감을 만들고 또 때론 아이 방 장식을 만들었다. 어린 뮈사르 눈에 그건 단순한 만들기가 아니었다. 죽은 물건에 생명에 불어넣는 작업이었다. 남들이 돌보지 않는 것에 온기를 부여하고, 사람들이 외면하는 것을 무대에 올리는 작업과도 같았다. 증조할머니가 종종 마법사처럼 보였다.

뮈사르가 할머니처럼 물건을 모으는 취미를 갖게 된 것도 당연했다. 어릴 때부터 에르메스 공방에서 놀며 자란 아이였다. 장인들이 가방이나 장신구를 만들고 버리는 자투리 가죽 하나하나가 아이 눈엔 예쁘고 귀했다. 방 한가득 모아놓고 놀았다. 훗날 법학도가 됐을 때도 마찬가지였다. 버려진 실크 조각, 오려낸 가죽, 금속과 나무까지 모았다. 사람들은 병적으로 물건을 모은다고 놀려댔다. 때론 속상했고 의기소침해질 때도 있었지만 뮈사르는 공방에서 작업 후 버려지는 갖가지 재료를 주워 모으는 일을 멈추지 않았다. 그는 누가 뭐래도 그 재료들이 그냥 버려지게 내버려둘 순 없었다고, 그건 운명 같은 일이었다고 했다.

이 재료가 언제 동날지 모르잖아요

뮈사르는 1978년 에르메스 직원으로 입사한다. 에르메스 기업 문화는 수평적이다. 이 가문 사람이 회사에 들어와도 다른 직원과 똑같이 여러 부서를 돌며 훈련한다. 뮈사르도 예외는 아니었다. 여러 부서를 두루 거치며 일했다. 여성복과 액세서리 자재 담당을 할 때도 있었고 광고 홍보를 할 때도 있었다. 그는 상상력과 아이디어가 필요한 일에 특히 탁월한 재능을 보였다. 가령 그가 쇼윈도 디스플레이를 맡았을 때 사람들은 '에르메스는 쇼윈도에 옷을 걸어놓는 것부터가 예술적이다'라고 했다. 그렇게 여러 곳에서 일하면서 뮈사르는 에르메스 내에서도 뛰어나다고 소문난 장인을 두루 사귀었다. 그리고 2009년 드디어 용기를 냈다. 자신이 그동안 모아둔 자투리 재료를 활용한 '쁘띠 아쉬' 컬렉션을 시작한 것이다. 뮈사르는 이렇게 말했다. "뭐든지 무르익으려면 시간이 꽤 걸리니까요. 물건을 모으며 살아온 건 오래됐지만 그게 어떤 컬렉션으로 탄생하기까진 내 안에서도 숙성과 완성의 시간이 필요했던 것 같습니다."

계기도 있었다. 회사에서는 종종 직원들을 모아 미래를 의논하는 세미나를 열었다. 그중 '에르메스, 향후 20년'이라는 주제도 있었다. 럭셔리 제품을 만드는 회사가 대개 그렇듯 에르메스 역시 재료 수급이 여러모로 고민이었다. 실크만 해도 그랬다. 사람이 손으로 짜낸 질 좋은 실크를 구하는 게 이미 쉽지 않은 상황이다. 천연 가죽도 마찬가지다. 지금이야 천연 가죽을 구하는 게 그다지 어렵지 않지만, 앞날은 알 수 없는 노릇이다. 어느 여성 장인은 내일 당장 어떤 재료가 모자라게 되면 지금 같은 방식으로 작업을 할 수 없게 될 수도 있으니 회사가 대비책을 세워야 한다고 했다. 뮈사르는 얻어맞은 것 같은 충격을 받았다. 순간 그가 오랫동안 모아둔 자투리 재료도 생각났다. '이젠 내가 남들이 쓸모없다고 하는 잠든 재료를 깨워야겠구나. 내가 모아온 그 쓰레기가 결국 미래가 될 수도 있겠구나. 한시바삐 새로운 작업을 시작해야겠구나!'

이상한 일에 매달리는 에르메스 사람

그러나 뮈사르의 결정이 처음부터 환영받지는 못했다. 초창기엔 '괜히 이상한 일을 벌인다'는 식의 얘기도 자주 들어야 했다. 몇몇 사람들은 이렇게 수군거리기도 했다. "저런 작업이란 게 결국 재활용 아냐?" "저런 게 과연 에르메스에 어울리겠어?" 파스칼 뮈사르는 그때마다 심호흡을 했다. 다행히 그에겐 장인 친구들이 있었다. 뮈사르는 회사 각 파트에서 어떤 이가 가장 유능한지 속속들이 알았다. 그는 때론 망가진 실크를 들고 장인을 찾아가 세상에 없는 장신구를 만들어달라고 했고, 때론 가죽 조각을 들고 다니며 한번도 본 적 없는 놀라운 가구를 만들어보자고 했다. 아이디어는 모두 뮈사르 머릿속에 있었다. 메리 포핀스처럼 상상의 나래를 끝도 없이 펼쳤다. 그의 꿈속에서 버려진 가죽은 살아 움직이는 코끼리가 되고 기린이 됐다. 낡은 실크가 갓 피어난 꽃송이가 되어 정원에서 이슬을 머금었고 때론 새가 되어 하늘을 날았다. 남들은 공방을 헤매는 뮈사르를 보며 말도 안 되는 일에 시간을 쓴다고 했지만 그는 묵묵히 일에 매진했다. 그리고 2009년 1월 첫 쁘띠 아쉬 작업을 발표했다. 첫 컬렉션은 그해 11월 파리 세브르 매장에 전시됐다. 분홍빛 스타킹을 신은 큼직한 낙타 인형, 쓰고 남은 실크와 가죽으로 만든 돛단배 장식 같은 것들이었다.

그러나 세브르 매장의 몇몇 직원은 여전히 뮈사르의 작품을 이해하지 못했다. 뮈사르는 분홍빛 스타킹을 신은 낙타 인형을 전시할 때 기억을 떠올렸다. "어떤 직원이 다가와서 '그 인형을 꼭 여기 두어야 하느냐'고 물었어요. 에르메스 매장에 어울리지 않는다는 뜻이었겠죠. 옮겨달라고도 했죠. 저는 잠자코 매장 문이 열리기를 기다렸습니다."

뮈사르의 예감은 빈틈없이 들어맞았다. 매장 문이 열리고 고객들이 들어서자마자 다들 쁘띠 아쉬 작품을 보며 탄성을 질렀다. "세상에, 이 근사한 건 뭐죠?" 다들 보자마자 홀린 듯 그의 작품을 샀다. 첫 번째 컬렉션 대부분이 내놓자마자 팔려나갔다. 쁘띠 아쉬 컬렉션은 이제 적게는 몇십만 원, 많게는 몇억 원에 팔려나간다. 그때부터 사람들이 뮈사르와 그의 작품을 다르게 보기 시작했다.

자투리로 빚어낸 환상

2017년 11월 서울에서 열린 전시는 뮈사르가 빚어낸 상상의 세계가 얼마나 놀라운지 엿볼 수 있는 자리였다. 뮈사르는 전시 기간 동안 서울 도산공원 앞 에르메스 매장을 말 그대로 숲으로 바꿔놓았다. 한국의 미디어 아티스트 정연두와 손을 잡고 완성한 공간이었다. 문을 열고 들어서면 곳곳에서 풀벌레 소리와 나뭇잎이 사각거리는 소리가 들렸다. 여기저기 휘어진 나뭇가지엔 그가 오랜 기간 장인들과 함께 의논해 만든 목걸이 같은 장신구가 열매처럼 주렁주렁 매달렸다. 덩치 좋은 우리나라 호랑이는 위풍당당하게 고개를 한껏 빼고 사람들을 맞았다. 팔다리를 흔들며 춤추는 원숭이, 머리 위를 날아다니는 듯한 새 장식도 곳곳에 있었다. 뮈사르는 특히 이 호랑이에 애착이 많았다. 그가 한국의 전통과 민화, 오래된 이야기에 열광했기에 나온 작품이었다. 자투리 가죽을 깁고 비틀고 조각해 220여 시간을 들여 완성했다는 호랑이 작품은 약 1억 원. '미노'라고 불리는 상상 속 동물을 어마어마한 크기로 구현한 인형은 5억 원이었다. 관객은 먼저 전시 비주얼에 압도됐고 소리와 촉각에 빠져들었고 갖가지 작품 디테일에 열광했다. 그러나 뮈사르는 여전히 아쉬운 게 많은 듯했다.

"마음 같아선 진짜 숨 쉬는 야생의 숲을 그대로 보여주고 싶었어요. 벌레도 놔두고 싶고 진짜 달팽이도 여기저기 놓아두고 싶었죠. 하지만 어떤 건 어쩔 수 없이 양보해야 했어요. 아쉽고 속상한 일이죠. 어떤 건 그래도 절대 양보할 수 없었어요. 무슨 일이 있어도 반드시 실현해야 했어요. 호랑이가 그랬죠. 서울에서 하는 전시니 꼭 호랑이를 놓고 싶었는데, 가죽에 단순히 호랑이 줄무늬를 찍어내는 것만으로는 느낌이 살아나질 않았어요. 장인들과 계속 씨름을 했습니다. 가죽을 꼬고 겹치고 그걸 마치 조각하듯 움직여봤죠. 189개 가죽 조각을 모아 222시간 동안 작업했어요. 쉽지 않은 싸움이었지만 그래도 결국 근사하고 잘생긴 호랑이가 나와줬으니 다행이죠."

가죽가방에 다는 장식도 있었다. 한복, 남대문, 기왓장 같은 무늬를 찍어냈다. 실크와 캐시미어로 만든 탈, 버려진 도자기를 활용한 귀고리도 있었다. 자투리 재료로 만든 흔적은 어디에도 보이지 않았다. 뮈사르는 이렇게 말했다. "이건 재활용이 아닙니다. 업사이클링upcycling(재활용)보다는 오뜨 꾸뛰르Haute Couture(맞춤 물건)라는 단어가 더 어울릴 겁니다."

많은 사람은 여전히 쁘띠 아쉬 컬렉션 가격에 의아해한다. 자투리 재료로 만들었는데 왜 이토록 비싸냐는 것이다. 뮈사르는 한 작품을 완성하기까지 걸리는 무수한 시간과 시행착오의 노력을 생각해달라고 했다.

"상상한 그대로 구현하고 완성하는 데는 재료뿐 아니라 정말 오랜 시간이 든다는 걸 말씀드리고 싶어요. 기존 에르메스 장신구나 가방은 완벽하게 그 용도에 맞도록 손질된 가죽을 자르고 기워서 완성하면 되는 거지만 이 작업은 그렇지가 않아요. 원하는 물건을 만들 때까지 갖가지 재료를 써보고 여러 가지 방법을 동원해보죠. 일종의 실험이기도 하고 발명이기도 해요. 숙련된 장인들도 쁘띠 아쉬 작업은 어려워서 고개를 절래절래 저어요. 가령 호랑이 작업할 때 프레더릭이라는 장인은 한 달간 잠도 제대로 못 잤어요. 그래서 저는 장인들에게 저와 오래 일해달라고 말 못해요. '1년 일해보고 너무 힘들면 다른 데서 좀 쉬다가 다시 오세요' 하죠. 그런데도 끝까지 일하는 사람들이 있어요. 나도 못 말리지만, 그들도 참 지독하죠."

그래도 지독하게 일하는 이유

파스칼 뮈사르는 인터뷰 당시 63세였다. 그 나이가 되도록 세 아이를 키우면서 일해온 워킹맘이기도 하다. 일과 가정 사이를 오가며 발을 동동거리는 여느 워킹맘과 다를 바 없이 살았다. 회사 일에 쫓겨 아이들이 학교에서 상을 받거나 공연을 해도 제때 보러 가지 못했고, 시험 끝나고 집에 오는 아이들을 맞아준 적도 없다. 큰아들 드미트리는 이제 서른살이 훌쩍 넘은 청년이다. 뮈사르는 다 자란 아이들이 최근에야 '어릴 때 엄마가 집에 없을 때마다 사실 힘들었다'고 털어놓았을 때 눈물이 났다고 했다.

그래서 뮈사르는 2017년 12월 전시를 위해 가족과 한국을 찾았을 때 난생처음 며칠간 일을 잊고 큰아들과 서울, 부산, 전북 정읍을 돌아다녔다. 북촌과 부암동, 삼청동, 방산시장과 광장시장을 쏘다녔다. 부산 국제시장도 가봤다. 한참 걷다가 아들과 포장마차에 들어가 빈대떡도 먹어봤다. 뮈사르는 주홍빛의 포장마차라는 공간이 아름다워서 한참을 두리번거리다 나왔다고 했다. 여행을 마치고 아들 드미트리는 엄마 뮈사르에게 편지를 썼다. 편지 내용은 이랬다. '엄마가 그렇게 엄마를 위한 시간을 보내는 걸 보니 기분이 좋았어요.' 뮈사르는 그 편지를 읽고 이런 생각을 했다. '아, 한국에서 전시 일만 하다 가지 않기를 참 잘했구나.' 40여 년 일한 워킹맘의 외마디 탄식이었다.

천성은 그래도 천성이다. 일벌레 엄마에겐 여행도 결국 일의 일부다. 서울 곳곳 미술관은 다 다녔고 아들을 떼어놓고 혼자 다닐 땐 젊은 한국 작가를 쉬지 않고 만났다. 유약을 특이하게 쓰는 정유리라는 도자기 작가를 만나선 그 독특한 표면과 빛깔에 취해 한참이나 작품을 보다 왔다. 이슬기라는 작가와도 교류했다. 그가 누비이불로 해외에서 종종 전시를 하는 걸 이미 보아왔기 때문이다. 뮈사르는 그의 밀라노 전시를 후원했고 협업도 했다. 서울 전시에 내놓은 캐시미어 소재 탈은 최지원이라는 학생과 함께 작업한 것이다. 뮈사르는 한국 그리고 한국 작가가 자신의 작업에 새로운 영감을 가득 부어줬다며 한국에 다시 오고 싶다고 했다. 결국 일 얘기로 돌아온 것이다.

꿈은 인생의 필수품이다

여전히 열정 넘치는 뮈사르라지만 이젠 어느덧 은퇴를 생각할 나이다. 그러나 주위 사람들은 여전히 그를 두고 '지독하게 일하는 사람'이라고 말한다. 뮈사르에게 그렇게까지 지독하게 일해야 하는 이유가 있느냐고 물었다. 파스칼 뮈사르는 가슴에 손을 얹었다. "내일이 있으니까요. 전 어쩌면 정원사의 마음으로 이 일을 하고 있는지도 몰라요. 지금 심은 풀이 작고 약하다고 놔둘 순 없죠. 계속 물 주고 돌봐줘야 해요. 그래야 결국 아름드리나무가 될 거예요."

뮈사르를 여전히 움직이는 또 다른 동력은 증조할아버지의 말이다. 그는 뮈사르에게 이런 말을 해준 적이 있다고 했다. "가격은 한번 느끼지만 품질은 평생 느끼는 것이다. 좋은 물건을 사들인 그날엔 값이 비싸다고 느낄 수 있지만, 평생 쓰면서 만족하다 보면 그 가격을 잊게 되는 거지. 우린 그런 물건을 만들어야 하는 거야." 뮈사르는 쁘띠 아쉬가 바로 그런 물건이라고 믿는다고 했다.

한때 뮈사르와 일하기 싫어했던 장인도 있었다. 그녀를 어떻게 믿고 일하느냐고 하던 사람도 있었다. 이젠 상황이 달라졌다. 뮈사르와 친한 장인 미카엘은 요즘 '파스칼에게 물어서 내게도 쁘띠 아쉬 일을 줄 순 없냐'는 질문을 동료에게서 많이 받고 있다고 했다. 뮈사르는 이 얘기에 싱긋 웃었다. "맞아요. 이런 이야기를 들으면 그런 생각을 해요. '아, 풀이 자라고 있구나. 나의 정원 일은 이제 비로소 시작이구나.'"

그래도 힘들 때면 2010년 세상을 떠난 에르메스 5세손 장 루이 뒤마를 생각한다. 살아생전 그는 뮈사르에게 '꿈은 인생의 필수품'이라고 말한 적이 있다고 한다. 그 순간을 생각하면 여전히 가슴이 뛴다. 꿈이야말로 뮈사르를 지금껏 일으켜 세운 힘이었기 때문이다. 뮈사르는 이렇게 말했다.

"무모한 꿈, 답이 없는 꿈, 남들이 한심하다고 손가락질하는 꿈. 그래도 그 꿈이 있었기에 40년을 일할 수 있었겠죠. 답 안 나오는 수학 문제를 그래도 풀 수 있는 이유는, 아직 답이 숨어 있다는 걸 알기 때문이죠. 저는 그래서 지금껏 일했고 지금도 일하고 있어요. 내일도 일할 테고요." 뮈사르의 초록빛 눈동자에 다시금 눈물이 차올랐다.

제2장

핑계 따윈
필요 없다

악조건을 자산으로 만든 사람들

문승지

●

글로벌 패션회사 코스의 광고 캠페인에 한국인 최초로 참여한 제주 출신 디자이너 문승지는 현재 세계 디자인 업계가 가장 러브콜을 많이 보내는 인물이다. 아버지의 사업 실패로 제주도 할머니 집에서 어렵게 자랐고 병으로 운동을 그만두는 등 삶의 굴곡이 많았지만 불굴의 의지로 삶을 개척해나갔다. 디자이너 이상봉과 협업했고, 코오롱의 '래;코드', 팀버랜드, 서울시, 코스 등과 작업하며 자신의 이름을 각인시키고 있다.

내 청춘에 핑계는 없다,
디자인 이단아가 날리는 열정 펀치

열다섯 살, 중학교 2학년이던 2006년 겨울, 문승지는 병원에 누워 있었다. 중증 혈소판감소증이었다. 피가 묽어지는 병이다. 의사는 지라(비장)를 떼어내야 살 수 있는데, 수술 성공 확률은 30퍼센트 정도라고 했다. 아버지가 사업에 실패한 뒤로 문승지는 제주 한림 할머니네 초가집에 얹혀살고 있던 처지였다. 궁핍한 환경에 수술비가 있을 리 없었다.

며칠 뒤 소년은 수술을 받고 입원실에서 깨어났다. 할머니와 어머니가 작은 목소리로 이야기를 나누고 있었다. "수술비는 어찌했는고?" 할머니가 묻자 어머니가 대답했다. "남편 주변 사람들, 동네 이웃들이 한

푼 두푼 모아줬어요…." 승지는 얼른 다시 눈을 감았다. 심장이 방망이질 쳤다. 살았다는 안도감, 수술비도 내지 못하는 형편에 대한 부끄러움까지 갖가지 감정이 소용돌이가 돼 밀려왔다. 뜨거운 눈물이 귓바퀴로 떨어졌다. '꼭 성공해야지. 언젠가는 내가 우리 집을 꼭 일으켜 세워야지.' 어린 승지는 그렇게 눈을 감고 스스로 속삭였다.

11년이 흐른 2017년 4월, 간송재단은 서울 동대문디자인플라자DDP에서 '훈민정음과 난중일기-다시 바라보다' 전시를 열었다. 울퉁불퉁하고 흰 기둥 벽이 전시장에 빽빽했다. 관람객들은 그저 벽인 줄 알고 지나치다 무심코 천장에 달린 볼록거울을 바라보고는 놀랐다. 이 기둥 벽 윗면이 이어져 한글 문장을 나타내고 있는 모양이 비쳤기 때문이다. '가까이 있어 보이지 않던 소중함'이란 글이었다. 한글이라는 존재가 우리에게 그렇다는 의미를 쉽고도 기발하게 담아냈다. 문승지의 작품이다. 그는 유학파도 아니고 국내 유수의 디자인 대학을 나오지도 않았다. 그럼에도 요즘 전 세계 디자인회사들이 가장 탐내는 '이단아'로 손꼽히는 인물이다.

문승지가 사는 서울 문래동 빌라로 찾아갔다. 몹시 무더운 7월 한낮이었다. 문승지는 자신의 명치께를 손가락으로 가리켰다. "어릴 적 수술 자국이 여기 길게 남아 있어요. 돌아보면 그때 죽을 수도 있었던 그 수술의 기억이 학벌 없고 돈 없는 저를 지금껏 달리게 만들었죠." 말을 마친 그가 얼굴을 쓱 문질렀다. 닦아낸 것이 땀인지 눈물인지 알기 어려웠다.

돈도 '빽'도 없던 제주 소년

소년 문승지는 원래 권투를 했다. 초등학생 때는 씨름 선수였다가 중학교 들어가서 권투를 시작했다. 아마추어 대회에 나가서 상도 몇 번 받았다. 그때만 해도 승지는 자신이 프로 운동선수가 될 거라고 믿었다. 가족들도 그가 운동으로 성공하길 바랐다. 그가 지금처럼 디자이너가 될 거라고는 아무도 생각지 못했다.

수술이 그를 바꿔놓았다. 수술은 성공적이었지만, 운동은 계속하기 어렵다고 했다. 꿈을 잃었다고 생각했다. 마음 붙일 곳이 사라진 느낌이었다. 중학생 문승지는 그때 그렇게 제법 긴 방황을 했다. 친구들과 학교 수업 땡땡이 치고 PC방으로 놀러다녔고 걸핏 하면 패싸움도 했다. 고등학교를 졸업하고 나서도 방황은 계속됐다. 건축공사 현장에서 막노동도 했고 PC방 아르바이트도 했다. 포장마차에 손님 끌어오는 '삐끼'를 해본 적도 있다.

그렇게 하루하루를 보내던 그는 우연히 미술학원 전단을 돌리는 아르바이트를 맡았다. 그가 붙여야 하는 전단의 내용은 이랬다. '계원예대 2010년 신입생 모집. 내신·수능 성적이 아닌 면접으로만 입학 심사.' 문승지는 그때 이런 생각을 했다고 한다. '성적을 안 본다니, 그럼 나도 원서 한번 넣어볼까?'

그렇게 그가 지원한 곳이 감성경험제품디자인과(현 리빙디자인과)였다. 어릴 때부터 낙서 하나는 잘했고, 그림 그리는 것도 좋아했으니 그냥 한번 디자인과에 원서를 넣어보고 싶었다. 사실 과는 아무래도 좋았다. 어느 대학 어느 과를 가느냐보다는 제주도를 벗어나는 게 더 중요했다. 남들은 제주 바다를 보면서 탁 트여서 참 좋다고들 했지만, 문승지는 그때만 해도 반대로 생각했다고 했다.

"제주 바다에 내가 갇혀 있다고 느꼈죠. 어떻게든 그곳을 탈출해서 더 넓은 세상에 나가고 싶었어요. 서울에 꼭 가고 싶었던 거죠."

졸업 이후부터 고민한 발칙한 신입생

대학 입학 전형 면접은 3차까지 이어졌다. 교수들 앞에서 다른 학생들이 쭈뼛쭈뼛 말을 꺼내지 못하는 모습을 보고 문승지는 답답한 나머지 면접을 '진행'했다. "저기 저분은 어디서 오셨다고 했죠? 지금 이 의견에 대해서 할 말 없으세요? 옆에 계신 분은요? 또 말씀하실 분 없으신가요?" 문승지는 그해 장학금 100만 원을 받고 계원예대에 입학했다.

대부분 학생들은 대학에 입학하면 선배들이 가는 길을 착실하게 밟으며 무난하게 졸업하고 싶어 한다. 그러나 문승지는 여의치 않은 집안 형편에 어렵게 극적으로 들어온 대학이니 기왕이면 남다르게 공부하고 싶었다.

시작은 1학년 때 준비한 전시회였다. '다들 왜 대학을 다니나' '디자인학과를 다니는 학생들은 무엇을 목표로 하나' 궁금해서 일단 알아보기 시작하다 덜컥 준비한 전시라고 했다. 선배 몇몇을 붙들고 물어보니 '디자인학과 학생들은 졸업전시회를 잘 치르는 것이 정말 중요하다. 이때 교수님에게 추천을 받으면 좋은 곳에 취직할 수 있다'라고 했다. 그 졸업

전시회가 대체 뭐길래 그러나 싶어졌다. 궁금한 건 직접 풀어봐야 속이 시원한 성격이다. 일단 목공소에서 아르바이트를 하며 100만 원쯤을 모았다. 그 돈으로 홍대 근처에 전시장을 빌렸고, 졸업전시회를 치르는 선배들이 다들 하듯 인디밴드도 부르고 파티 음식까지 차려놓고는 그가 만든 가구를 몇 개 놓고 전시를 열었다.

물론 결과는 참혹했다. 찾아오는 사람이 거의 없었다. 가까운 친구 몇 명이 와서 박수 쳐준 것이 고작이었다. 그러나 이 실패가 오히려 문승지에겐 이상한 자신감을 줬다. '그래, 어찌 됐건 해보니 전시회가 그렇게 대단한 게 아니구나.' 문승지는 이제 앞으로는 졸업이 아닌 졸업 이후를 준비해야겠다는 생각이 들었다.

누구도 생각하지 못한 캣터널 소파

2012년 문승지는 친구 박용재, 이강경과 함께 캣터널 소파를 만들었다. 소파 등받이와 양 옆 팔걸이에 고양이가 다닐 수 있도록 고양이 굴을 달아놓은 디자인이다. 사람이 의자에 앉아 쉬는 동안 고양이는 그 터널을 통과하며 놀 수 있게 했다. 반려동물이 지금처럼 '트렌드'로 부상하기 전에 만든 작품이었다. 제주도 집에서 키웠던 개와 고양이, 자취방 친구들이 데리고 자는 동물을 보면서 '반려동물 가구'를 만들어봐야겠다는 생각이 번뜩 들었다고 했다.

생각나면 일단 실행에 옮겨야 하는 성격이다. 고양이를 친구에게서 얻어와 직접 기르면서 하루 종일 고양이를 관찰했다. 고양이가 어두운 곳을 좋아한다는 것을, 장난감이나 설치물을 좋아한다는 것을 이때 알았다. 동네 수의사를 찾아다니면서 고양이가 하루 종일 잘 지내려면 어떤 환경이어야 하는지 묻고 다니기도 했다. 그렇게 고양이 굴이 길게 달린 소파가 나왔다. 자칫 이런 가구는 아이디어만 좋을 뿐 집 안에 놓기에는 너무 튀는 경우가 많다. 어느 곳에 놔도 어색함이 없는 말끔한 디자인을 뽑는 데도 공을 들였다. 졸업작품전에 내놓을 작품이기도 했지만, 기왕이면 이 작품을 들고 졸업 이후에 시장에 뛰어들어보고 싶다는 게 문승지의 포부였기 때문이다.

주위에선 걱정했다. 아무리 그래도 졸업작품전에 내놓는 것이니, 디자인이 더 강하고 기능도 더 많아야 하는 것 아니냐는 지적이었다. 지도교수도 비슷한 의견을 내놨다. 문승지는 지도교수를 설득하기 위해 논문에 가까운 레포트를 써서 제출했다. '왜 캣터널 소파가 지금 이 형태의 디자인이어야 하는가'를 담은 레포트였다. "제겐 졸업전시회보다 시장에서의 상품성이 더 중요했으니까요. 양쪽 모두를 납득시킬 때까지 제가 고군분투할 수밖에 없다고 생각했어요." 결국 소파는 문승지와 친구들이 처음 고집한 형태대로 완성됐다.

얼마 후에는 '도그하우스 소파'를 만들었다. 이름 그대로 이 소파 팔걸이 부분은 '개집'이다. 개집의 윗부분은 책이나 컵을 편하게 놓아둘 수 있는 탁자로도 쓸 수 있다. 사람과 동물이 함께 쓰는 가구, 요즘에서야 화두가 된 상생相生의 개념을 이때 이미 담아낸 것이다.

1년 만에 쫄딱 망한 회사

소파를 만들었다고 고민이 끝난 건 아니었다. 당시 그는 학교 근처 반지하 자취방에서 친구들과 함께 살았다. 밤이면 혼자서 졸업하고 뭘 할까를 궁리했다. 하루는 이런 질문이 머리를 스쳤다. '취직하면 집안을 일으켜 세울 수 있을까?' 답은 '글쎄'였다. 이번엔 이런 질문을 스스로에게 던져봤다. '그럼 사업을 하면 집안을 일으켜 세울 수 있을까?' 대답은 '확률은 반반'이었다. 문승지는 이때 속으로 중얼거린다. '확률이 그래도 반이나 된다고? 그럼 한번 해봐야 하는 것 아냐?'

사업을 하려면 돈이 필요했다. 일단 닥치는 대로 아르바이트를 해서 돈을 모았다. 청년창업지원 대출도 받았다. 친구 몇몇과 함께 2012년 엠펍이라는 반려동물 가구회사를 차렸다. 개집과 소파를 결합한 도그하우스 소파 같은 문승지의 대표작이 모두 이때 나왔다. 문승지는 반려동물 가구 디자인에 자부심이 컸기에 사업도 당연히 잘될 거라고 막연하게 생각했다고 한다.

그러나 디자인과 사업은 영 다른 세계였다. 회사는 1년 반 만에 쫄딱 망했고 1억 원 가까운 빚을 졌다. 반지하 자취방에서 살 돈도 모자랐다. 아예 창문조차 없는 지하실로 이사했다. 하루 10~15만 원씩 받는 디자인 아르바이트를 하면서 빚을 갚아나갔다. 끼니는 매일 맨밥에 캔 참치만 먹으면서 때웠다. 그래도 절망적이었다. 문승지는 매일 밤 잠 못 들며 이 상황을 어떻게든 바꿔볼 순 없을지 고민했다. 그렇게 밤새 해외 디자인 사이트를 뒤지면서 뿌연 새벽을 맞던 어느 날 밤, 문승지는 우연히 한 디자인 웹진에 적힌 기자들 이메일 주소를 발견했다. 그는 순간 이런 생각을 했다. '내가 이들에게 연락해서 내 작품이 외국 잡지에 실린다면, 상황이 바뀔 수도 있을까?' 문승지는 바로 실행에 옮겼다.

영어 한 줄 못하면서 외국 기자 600명에게 이메일 쓴 날

당시만 해도 문승지는 영어 한마디도 제대로 할 줄 몰랐다. 일단 우리말로 자기소개를 써내려갔다. 글은 이렇게 시작했다. '안녕하세요, 저는 한국에 사는 20대 가구 디자이너 문승지라고 합니다. 제가 최근 만든 작품 몇 가지를 기자님에게 소개하고 싶습니다.'

글 쓴 종이를 뒷주머니에 접어 넣고서는 외국에서 살다 온 친구를 전화로 불러내 짜장면 한 그릇부터 샀다. 그러곤 종이를 내밀었다. "너 이 내용 좀 영어로 다시 써줄래?" 친구는 어렵지 않게 영어로 번역해줬다. 문승지는 그 편지를 들고 늦은 밤까지 자신의 작품 포트폴리오를 첨부한 이메일을 전 세계 디자인 잡지·웹진 기자 600여 명에게 보냈다. 그리고 빌었다. '하나만 걸려다오.'

한 달쯤 지났을까. 문승지는 이메일 한 통을 받는다. 해외 유명 디자인 웹진 《디자인붐》에서 연락이 온 것이다. 《디진》에서도 곧 이어 이메일이 왔다. 디자이너라면 누구나 이름을 올리고 싶어 하는 매체였다. 이들은 정말로 캣터널 소파와 도그하우스 소파를 웹진에 소개했다. 상황이 이쯤 되자 국내 언론도 반응했다. 신문과 방송이 이 소식을 다시 전파했다. 그리고 한 달쯤 뒤 문승지는 또 다른 이메일 두 통을 받게 됐다.

영국 신문 〈텔레그래프〉와 〈데일리메일〉에서 온 서면 인터뷰 요청서였다. "그때 번역해준 친구를 바로 다시 불러서 짜장면을 한 그릇 더 사줬어요. 질문에 대한 답을 한 줄 한 줄 불러주고 번역한 걸 보냈더니 정말로 얼마 뒤 인터뷰가 실렸더라고요."

코스에 책을 만들어 보낸 이유

문승지의 인생은 이때부터 달라진다. 서면 인터뷰 요청 메일이 오고 한 달 뒤엔 39개국 210개 매장을 거느린 글로벌 패션회사 코스_{COS}에서 이메일을 보내왔다. '지금 영국으로 와줄 수 있나요? 당신 가구를 우리 전 세계 매장 윈도에 놓고 싶은데요.' 코스가 그동안 협업한 가구 디자이너는 대부분 세계 최고로 꼽히는 이들이었다. 이들이 문승지에게 연락한 것은 그야말로 파격이었다.

정작 문승지는 어리둥절하기만 했다. 코스라는 회사가 뭐 하는 곳인지도 잘 몰랐기 때문이다. 주위에 물어봤더니 다들 어이없어하면서 이런 대답을 들려줬다. "뭐라고? 코스에서 연락이 왔다고? 야, 이건 네 커리어의 정점이 될지도 몰라! 무조건 같이 일하겠다고 해야지!"

문제는 영어였다. 영어를 한마디도 못하는 게 들통 나면 이들이 같이 일을 하려고 할까 겁부터 덜컥 났다. 결국 문승지는 꾀를 내서 이런 답을 보냈다. '요즘 제가 일이 많아서 영국에 가기 힘들 것 같습니다. 대신 디자인 도면을 상세하게 만들어서 보내드릴게요.'

직접 가지 못하는 대신 이들을 탄복시켜야 했다. 애써 잡은 기회였다. 그냥 놓칠 순 없었다. 문승지는 도면만 만들지 않았다. 도면과 함께 제작·조립 설명서를 아예 두꺼운 책 한 권으로 만들어 보냈다. 이케아 가구에 들어 있는 조립설명서 책자와도 비슷했다. 결국 코스 측은 문승지의 아이디어와 열정에 감탄했고 그의 작품을 2013년 35개국 45개 도시 매장에 전시했다.

용기를 심어준 필리핀에서의 3개월

코스와의 협업 이후 문승지는 여기저기서 많은 연락을 받았다. 우리나라 기업이나 디자이너, 외국 기업 등이 같이 일하자고 연락해왔다. 한국에서 들어온 제안이야 냉큼 좋다고 대답하면 그만인데, 문제는 외국 고객을 응대하는 것이었다. 여전히 문승지는 영어를 잘하지 못했지만, 상대방은 그런 상황을 알지 못하니 무조건 지금 당장 일하자고만 했다. 한번은 어느 유명 스페인 건축가가 '내가 이비자 섬에 새로 짓는 건축물이 있는데 그 안에 넣는 의자를 다 네 것으로 하고 싶다. 얼른 연락 달라'고 이메일을 보내왔고, 영국이나 미국 기업이 '일단 본사로 찾아와서 협업 작품을 논의해보자'고 러브콜을 하기도 했다. 일하고 싶은 마음이야 굴뚝같았지만, 언어가 제대로 통하지 않는 상황에서 냉큼 일부터 받을 수가 없었다. 문승지는 계속 바쁘다, 나중에 기회 되면 또 보자는 식의 핑계를 대며 일을 놓쳤다.

답답했다. 짜장면 한 그릇에 번역 일을 해준 친구만 믿고 일할 수는 없는 노릇이었다. 문승지는 결국 일을 접고 필리핀 세부로 갔다. 3개월

짜리 스파르타식 영어 기숙학원에 등록했다. 그러나 학원에 들어간 순간 그는 '잘못 왔다'는 것을 깨달았다. 동양인 아이들만 잔뜩 있는 주입식 학원이었다. 아침 아홉 시부터 저녁 여섯 시까지 영어책을 통째로 외우게 하는 수업이 반복됐다. 갑갑하기 짝이 없었다. 문승지는 결국 어느 주말 밤에 나가서 페트병에 보드카를 잔뜩 채워 물인 양 친구들과 마시고 놀다가 걸려서 퇴학당했다.

한국으로 그냥 돌아가자니 너무나 창피했다. 한국 사람 한 명도 없는 필리핀 시골 마을로 혼자 들어가서 두 달을 더 버텼다. 그곳에서 프랑스 디자이너 커플을 만나 함께 정글이며 숲이며 돌아다니기도 했다. 그쯤 지나자 문승지는 놀랍게도 말문이 어느 정도 트인 것을 깨달았다. 완벽한 문장을 구사하는 건 아니었지만 적어도 의사소통에 대한 두려움은 없어진 것이다. 그렇게 지내며 필리핀 시골 마을을 여느 때처럼 어슬렁거리다가 문승지는 문득 어느 가게 쇼윈도에 비친 자신의 모습을 보게 됐다. 처음 필리핀에 도착했을 때의 모습은 온데간데없었다. 얼굴과 몸은 새까맣게 익었고, 한국에서 입고 온 늘어진 반팔 셔츠는 그나마 너무 더운 나머지 아예 소매를 뜯어내 민소매 모양이 돼버렸다. 흙먼지가 묻은 발과 손, 바짝 깎은 머리칼. 문승지는 그 순간 피식 웃는다. '이거 뭐야, 적응을 잘해도 너무 잘했잖아. 나 이제는 정말 어디 가서 어떻게 지내도 적응하면서 먹고살 수는 있겠구나.' 문승지는 그 길로 짐을 챙겨 서울로 돌아왔다.

제주 촌놈, 코펜하겐에서 살다

한국으로 돌아온 문승지는 더욱 활발하게 활동했다. 디자이너 이상봉과 협업했고 코오롱의 '래;코드', 팀버랜드, 서울시와도 일했다. 한국디자인·패션 전문 매체에서도 그를 앞 다퉈 소개했다. 그들은 무승지의 가구를 두고 '북유럽 스타일 디자이너'라고 했다. 정작 문승지는 의아했다. '북유럽은커녕 유럽도 안 가봤는데?' 갸우뚱하던 그는 나중엔 이런 생각을 하게 된다. '내가 북유럽을 전혀 모르는데 사람들이 북유럽 스타일이라고 하면 어떻게 고개를 끄덕이고 있겠어? 잘 모르면 직접 가서 그곳이 어떤 곳인지 알아봐야 하는 것 아닌가?'

생각나면 바로 실행에 옮기는 게 문승지의 성격이다. 북유럽에 있는 크고 작은 디자인회사를 두들겨가며 자신의 포트폴리오를 돌렸다. 한 덴마크 회사에서 프로젝트를 같이 하자는 연락을 받았다. 바로 대사관에 비자 신청을 했고 '워킹홀리데이 비자'를 받았다. 그렇게 1년 반, 문승지는 코펜하겐에서 지냈다.

코펜하겐에서 문승지는 말 그대로 흘러가는 대로 살았다. 아침에 눈 뜨면 인스타그램으로 디자이너나 건축가를 검색해 그들에게 메시지를 보냈다. '나 한국에서 온 디자이너인데, 만나자.' 커피숍·바·파티장에서 그들과 명함 대신 서로의 인스타그램을 확인하며 말을 텄다. 세계적 디자이너 헨리크 빕스코브, 가구회사 '헤이' 창립자 메테 헤이도 그렇게 만났다. 빕스코브와는 알고 보니 같은 동네에 살고 있었다. 그 회사 직원과는 친구과 됐고, 빕스코브와도 종종 파티에서 마주쳤다. 문승지는 이들과 매일 만나면서 얻은 교훈이 유명한 사람도 그저 사람이더라는 사실이고, 누굴 만나도 기죽을 필요가 없더라고 했다.

산다는 건 생활이다. 돈이 슬슬 떨어져갔다. 북유럽 가구회사 몇 군데에서 마침 취직 제안이 왔다. 취직하고 몇 년 더 있을까 고민할 무렵, 프랑스 유명 디자인회사 봉수아파리스 대표 레미 클레멘테에게서 메시지가 왔다. '문, 너 코펜하겐에 있다며? 한번 볼까?' 두 사람은 그렇게 만나서 맥주를 마시며 인사를 나눴다. 슬슬 편해질 무렵 클레멘테가 계획은 무엇이냐고 물었다. 문승지가 취직할까 한다고 대답하자 클레멘테는 이렇게 대답했다. "실망이다, 너." 문승지는 순간 당황했다.

클레멘테는 계속 말을 이어나갔다. "하나하나 스스로 네 것을 만들어가는 게 참 좋아 보였어. 그런데 이제 와서 남의 회사로 들어간단 말이지? 아직 젊고 더 도전할 수 있는데 왜 그래야 하지?" 문승지는 그 말을 듣고 깨닫는다. '맞아, 나는 젊지. 내가 돈이 떨어졌다고 너무 안일하게 생각했구나. 그래, 나는 더 부딪힐 수 있지!'

클레멘테는 몇 달 뒤 프랑스 파리로 돌아가 문승지를 자신의 스튜디오로 초대했다. 문승지는 비행기표를 끊고 파리로 날아갔고, 그와 몇 주를 보냈다. 천천히 조급해하지 않으며 자신의 커리어를 단단하고 쌓아가고 있는 클레멘테의 모습을 가까이서 볼 수 있었다. 문승지는 이런 생각을 하게 됐다.

'그래, 남의 이름을 빌려 살려고 하지 말고 내 이름으로 살자. 그리고 이젠 외국에 살려 하지 말고, 외국과 일을 하자.'

그해 문승지는 한국으로 돌아왔다. 문래동에 디자인 스튜디오를 차리고 친구들과 작업을 시작했다. "사는 곳은 이제 중요하지 않은 것 같아요. 코펜하겐이든 서울이든, 중요한 건 내 일을 하는 거죠."

내 인생의 플랜A를 찾아서

문승지는 코펜하겐에서 사람들에게 북유럽다운 게 대체 뭐냐고 묻고 다녔다고 했다. "우리가 피상적으로 아는 디자인, 촛불과 식탁 그런 것 말고요. 이런 디자인의 원천이 뭘까. 저는 그게 알고 싶어서 그곳에 갔으니까요." 한참 답을 찾아 헤맬 무렵, 한 가구회사 대표가 이런 말을 들려줬다. "그건 인생에서의 플랜A와 플랜B가 무엇이냐에 달린 문제일 거야." 문승지가 잘 이해를 못하자 그의 설명은 이렇게 이어졌다.

"가령 한국 사람들에게 플랜A는 당장 무조건 해야 하는 일이야. 그래서 야근하고 밤샘하고 몸을 혹사시키지. 그걸 하다 하다 정 안 되면 택하는 게 플랜B고. 반면 북유럽 사람들에게 플랜A는 20년, 30년 후 내가 이루고 싶은 꿈이야. 플랜B는 그 꿈을 위해 지금 당장 해야 하는 일들이고. 한국 사람들이 당장 플랜A를 살고 있다면, 북유럽 사람들은 하루하루 플랜B를 살면서 차근차근 플랜A를 향해 가는 거지. 삶의 우선순위가 이렇게 다르니, 아이들을 위해 질 좋은 교육을 고민할 수 있고 매일 식탁에 모여 밥을 먹을 수 있는 거야. 가구 디자인은 바로 거기에서 나오는 것 중 하나인 것이고."

문승지는 무릎을 쳤다. 그 말을 듣고 나니 그간 수술 받고 겨우 살아난 인생이니 1분 1초도 허투루 쓰고 싶지 않다면서, 집안을 일으켜 세우겠다고 스스로 닦달하면서 살아온 자신의 모습이 떠올랐다. 문승지는 그때 비로소 여유를 가지고 천천히 앞으로 나아갈 수 있음을 또한 알게 됐다.

문승지의 플랜A는 그럼 이제 무엇일까. 그가 앞으로 어떤 회사를 세우고 싶은지, 어떤 브랜드를 만들고 싶은지 들려줄 거라고 생각했다. 문승지는 빙그레 웃으며 그건 플랜B라고, 지금 당장 해야 하는 일, 플랜A는 그런 것과는 전혀 다른 것이라면서 자신의 제주도 집 사진을 꺼내 보였다.

"이곳, 제주 낡은 초가집이요. 벽마다 신문이 덕지덕지 붙어 있는 그 할머니 집. 이곳을 훼손하지 않는 범위에서 근사하게 고쳐 할머니, 엄마, 아빠와 다 같이 어울려 살고 싶어요. 할머니, 엄마, 아빠가 그곳에서 부르고 싶은 사람들 다 부르고 음식 실컷 나눠 먹고 하고 싶은 이야기 맘껏 하면서 다 같이 살 수 있는 집을 만들고 싶어요. 스무 살 때 그토록 그곳을 도망치고 싶었지만, 결국 지금의 나를 낳고 키워준 그 제주 한림 바다와 내 가족, 그들과 얽히고설켜 살아가겠다는 얘기예요. 이젠 알겠어요. 그게 바로 제 플랜A이라는 걸. 그리고 저는 그날을 위해 지금 이 순간도 조금씩 자라나고 있다는 사실 말이에요."

청년은 말을 마치고는 씩 웃으며 다시 얼굴을 손으로 문질렀다. 그가 닦아낸 것이 뭔지는 여전히 알 수 없었지만, 하나만은 확실했다. 이 청년, 정말이지 보통 아니라는 것 말이다.

토머스 클레멘트 Thomas Clement

60여 년 전 6·25 직후 서울의 한 시장 길모퉁이에 버려진 토머스 클레
멘트는 1956년 미국으로 입양되어 80개 발명품에 52개 특허를 가진
의료기기업체 오너로 거듭났다. 그는 이미 다른 인생을 살고 있을 친어
머니를 찾는 대신, 해외로 자식을 입양 보내고 뒤늦게 자식을 찾고 싶
어하는 부모들을 위한 작업을 시작했다. 그들의 DNA 정보를 데이터베
이스로 만들고 입양아들이 이 데이터베이스에서 친부모의 DNA를 찾
을 수 있는 검사 시트를 만드는 데 사재 100만 달러를 들였다.

02

거리의 부랑아에서
특허 52개 낸 과학자로 성장하다

"네 살짜리 남자아이가 나비를 날리는 모습을 조각으로 만들고 싶은데, 도와줄 수 있어?"

2016년 7월 어느 날이었다. 미국 의료기기회사 멕트라랩스Mectra Labs 대표 토머스 클레멘트는 유명 화가이자 조각가인 한국인 아내 김원숙에게 불쑥 이렇게 물었다. 김원숙은 잠시 의아했다. 남편은 과학자다. 뜬금없이 왜 조각을 하겠다는 걸까. 그러나 김원숙은 이내 고개를 끄덕였다. '자기 어린 시절 모습을 조각으로 만들고 싶어졌구나.'

한국계 혼혈아인 클레멘트는 1956년 한국에서 미국으로 입양됐다. 친어머니는 그를 어느 골목에 세워둔 뒤 '뒤돌아보지 말고 계속 걸어가라'라고 말하고는 사라졌다. 정확한 생년월일을 모르는 그가 너덧 살 무렵 어느 날로 기억하는 일이다.

클레멘트는 조각을 시작했다. 서툴게나마 뼈대를 세우고 살을 붙여 나비를 날려 보내는 남자아이의 모습을 만들었다. 아내 김원숙은 그런 클레멘트를 옆에서 도왔다. 옅은 미소를 품은 입가, 잔잔한 눈매…. 아이의 모습은 클레멘트가 만들기 시작했지만 그 표정과 동작은 역시 완숙한 조각가인 아내의 손을 거치면서 또렷해졌다. 그렇게 몇 달이 지났을까. 조각이 완성될 무렵, 클레멘트는 아내에게 말했다. "이 아이는 사실 몇 년 전 메릴랜드에서 양아버지에게 얻어맞아 숨진 현수라는 아이야." 김원숙은 잠시 숨을 멈췄다.

가정폭력으로 숨진 현수는 지적장애가 있는 아이였다. 2010년 한국에서 태어나 홀트아동복지회에 맡겨졌다가 2013년 10월 입양되어 미국으로 왔다. 그리고 4개월 만인 이듬해 2월 양아버지 브라이언 오캘러핸의 폭행으로 숨졌다. 오캘러핸은 1급 아동학대 혐의로 징역 12년형을 선고 받았다. 평소 아동 폭행과 학대를 엄벌하는 미국에서 이는 지나치게 가벼운 형량이 아닐 수가 없다. 오캘러핸이 평소 정신병을 앓았다는 변호인 측 주장이 받아들여진 탓이었다. 뉴스를 전해 들은 한국계 입양아 단체가 뜨겁게 달아오른 것은 물론이다. 이 사건을 그냥 넘길 수 없다며 크게 공분했고, 현수를 잊지 않게 해달라며 김원숙 부부에게 조각을 의뢰한 것이었다. 마침 그 한국계 입양아 단체 대표로부터 조각을 의뢰하는 전화를 받은 이가 클레멘트였다. 클레멘트는 현수 이야기를 전해 듣는 순간 자신이 얻어맞은 것처럼 온몸이 아팠다고 했다. 전화를 끊고 나서 클레멘트는 이런 생각을 하게 됐다. '아내 대신 내가 직접 현수를 위로하는 조각을 만들고 싶다.'

부부는 조각틀에 청동을 부어 현수 조각 두 개를 만들었다. 그중 하나를 장인의 도움으로 2017년 4월 초 서울 내곡동의 장애인학교 다니엘학교 정원에 세웠다. 나머지 하나는 비슷한 시기에 메릴랜드주에 있는 또 다른 장애인학교 린우드 교정에 설치했다. 한국과 미국에서 더 이상 입양아 학대사건이 생기지 않기를 바라는 마음에서다.

토머스 클레멘트와 김원숙을 서울 인사동에서 만난 건 이들이 다니엘학교에서 조각상 제막식을 마친 직후인 비가 걷힌 봄날 오후였다. 클레멘트에게 물었다. "왜 그토록 죽은 현수에게 감정이입을 했습니까. 당신도 입양되긴 했지만 현수처럼 학대당하며 자란 건 아닐 텐데요." 클레멘트는 셔츠 소맷자락을 걷어서 보여주며 말했다.

"이걸 보시죠."

불안과 공포로 가득했던 거리의 생활

그는 눈 감으면 지금도 그날 일이 거짓말처럼 또렷하다. 팔뚝에 흉터가 생긴 날이다. 한국전쟁 직후였다. 클레멘트는 버려진 혼혈아였다. 네다섯 살 무렵으로 기억한다. 친아버지는 미군 병사였을 것이다. 친어머니는 그를 두고 어디론가 사라졌다. 모두가 헐벗고 가난했던 시절, 혼혈아는 그중에서도 유독 경멸의 대상이었다. 어디에서도 환영받지 못했다. 클레멘트는 그렇게 거리를 떠돌며 쓰레기를 주워 먹고 아무 음식이나 훔쳐 먹으며 살았다.

그날도 그렇게 맨발로 시장통 어귀를 돌아다니고 있었다. 배가 고팠다. 목이 말랐다. 그렇게 정신없이 헤매다 그만 어떤 낯선 아이와 부딪혔다. 아이는 클레멘트의 얼굴을 보자마자 이렇게 외쳤다. "뭐야, 튀기잖아? 악마잖아! 튀기는 불에 태워 죽여야 해!"

클레멘트는 그 순간 얼어붙었다. 위험을 직감했다. 도망쳐야만 했다. 재빨리 자리를 피하려 했지만 이내 거리의 아이들에게 붙잡히고 말았다. 어떤 아이가 그의 팔을 억지로 붙잡고 휘발유를 부었다. 다른 아이는 거기에 불을 붙였다. 푸른 불꽃이 이내 클레멘트의 팔 위로 솟아올랐다. "악!" 클레멘트는 소리를 지르며 팔을 접었다. 그 바람에 오히려 온 팔에 불이 붙었다. 마침 지나가던 어른 하나가 그 모습을 보고 달려왔다. 입고 있던 옷을 벗어 팔에 덮어서 황급히 불을 껐다. 아픔에 뒹굴던 클레멘트는 이윽고 땀과 눈물로 범벅이 된 얼굴로 자신의 팔을 바라보았다. 불에 익은 흉한 살점이 보였다. 그 순간 아이의 머릿속에는 오직한 단어밖에 없었다. '살았다.'

본래는 어머니와 함께 살았던 것으로 기억한다. 기억은 놀랍도록 선명해서, 클레멘트는 어른이 된 지금도 눈만 감으면 당시 곳곳에서 울려 퍼지던 총탄 소리, 포탄이 터지면서 피어오르던 먹구름까지 생생하게 떠오른다고 했다. 포연의 매캐한 냄새, 여기저기 찢겨나간 시신들의 모습까지도…. 아이는 그렇게 전쟁을 온몸에 각인한 것이다.

친아버지가 종종 찾아올 때도 있었다. 키가 큰 그의 어깨 위에서 목말을 탔던 풍경을 어슴푸레 기억한다. 동네 골목을 어머니와 함께 산책하고 그에게 손을 흔들어주고 나서 아버지는 사라지곤 했었다.

그러던 어느 날이었다. 어머니가 그에게 외투를 입히고 모자를 씌워 어딘가로 한참 데려가더니 어느 길모퉁이에서 그를 세운 다음 와락 입을 맞추었다.

"이제부터 앞만 보고 가는 거야. 절대 뒤돌아보면 안 돼."

어머니가 시키는 대로 한참을 걸었다. 나중에 뒤돌아봤을 때 어머니는 없었다. 울 겨를도 없이 거리의 아이들이 달려와 그의 외투와 모자, 양말을 빼앗아 가버렸다. 그렇게 거리 생활이 시작됐다.

삶은 순식간에 달라졌다. 거리에서 그는 매일같이 아이들에게 얻어맞았다. 살기 위해 매일 구걸했고 도둑질했다. 클레멘트는 그때 일을 이렇게 회상한다.

"아이들과 식당 뒷골목에서 종종 음식을 훔쳐 먹고 다녔는데, 그때하도 '가자!'라는 말을 많이 들어서인지 한국말을 다 잊어버렸는데도 그 단어만큼은 뇌리에 남아 있더라고요."

충현보육원에 넘겨진 1952년 10월 8일

그날도 클레멘트는 거리에서 다른 아이들에게 먹을 것을 죄다 뺏기고 얻어맞고 있었다. 상처로 온통 일그러진 아이를 일으켜 세우면서 누군가가 말을 걸었다. "얘, 네 이름이 뭐니?" 눈이 푸른 여성이었다. 외국인 감리교 선교사가 지나가다 클레멘트를 본 것이다. 선교사는 이 아이를 그냥 보아 넘길 수 없다고 생각했고, 곧바로 충현보육원으로 데리고 갔다. 1952년 10월 8일이었다. 이날은 이후 클레멘트의 출생일이 됐다.

그러나 보육원에서도 그는 차별받는 존재였다. 혼혈이라는 이유로 목욕물도 배식도 제일 나중에 받기 일쑤였다. 다른 아이들이 그의 목욕물에 똥오줌을 싸놓는가 하면 한겨울에 덮고 있는 이불을 빼앗아 가버리기도 했다. 이불조차 없이 덜덜 떨며 자는 밤, 어둠은 길고 추위는 혹독했다. 그래도 견뎌야만 했다. 자신을 괴롭히는 아이들과 싸우다 걸리면 이번엔 선생에게 여지없이 맞았기 때문이다. 선생에게 얻어맞고 머리에 피를 흘리고 쓰러진 적도 있었다. 그러다 1956년 일곱 살쯤 됐을 때 그는 미국에 갈 것이라는 이야기를 듣게 됐다. 미국 의회가 당시 한국인과 미국인 사이에서 태어난 고아를 미국인 가정으로 입양하는 법령을 통과시키면서 그가 '제1차 입양 대상자' 중 한 명이 된 것이다. 그를 입양하기로 한 사람은 미국 뉴욕에 있는 리처드와 준 클레멘트 부부라고 했다.

미국, 그 낯선 행성에 착륙하다

미국으로 가려면 일단 여권 사진부터 찍어야 했다. 충현보육원 선생들은 그에게 새 옷을 주고 머리를 빗겼다. 카메라 앞에 서기 전 그에게 속삭였다. "웃어, 그리고 여기에서 있었던 일은 절대로 어디 가서도 말하면 안 된다."

아이는 카메라 앞에 서서 그만 눈물부터 왈칵 쏟는다. 떠나고 싶지 않았다. 끊임없이 얻어맞고, 괴롭힘당하고, 놀림받는 곳. 그러나 그런

보육원도 그에겐 집이었다. 그를 괴롭히던 아이들이 그의 식구였다. "세상이 무너지는 것처럼 슬펐어요. 그때 나는 이미 안 거죠. 다시는 이 곳으로 돌아오지 못할 수도 있다는 걸요."

그래도 얼떨결에 공항으로 갔고, 비행기라는 것을 탔다. 스물네 시간 가량을 날아갔다. 비행기에서 내리자 한번도 들어보지 못한 말이 사방 에서 들렸다. 여기가 어디인지 짐작조차 되지 않았다. 방송국과 신문사 에서 나온 기자들이 와글와글 모여 있었다. 한국에서 날아온 '제1차 입 양 대상자'를 취재하기 위해 나온 이들이었다. 카메라 플래시가 터졌고, 여기저기 사람들이 목소리를 높여 외쳤다. 클레멘트는 정신을 차릴 수 가 없었다. 그때였다. "너구나!" 밝은 목소리가 그를 맞았다. 새아버지 리처드 클레멘트였다. 새아버지는 웃으며 그에게 장난감 지프를 내밀 었다. 그러나 아이는 장난감 지프를 받아들며 순간 '이게 대체 뭐지' 하 는 아주 난감한 표정을 짓고 만다. 장난감이라는 것을 이날 처음 만져봤 기 때문이었다.

미국이라는 나라. 그곳은 아이에게는 그야말로 다른 행성이었다. 낯 설고 기묘하고 이해할 수 없는 것 천지였다. 아버지와 차를 타고 집에 도착하자마자 아이는 현관 문틈으로 세 형제가 자신을 바라보며 깔깔 거리는 풍경을 보게 됐다. 다섯 살 많은 누나와 한 살 어린 남동생, 다섯 살 어린 여동생이 집에 있었다. 그리고 어머니가 나와 그를 맞았다. "잘 왔다!"

어머니는 클레멘트를 소파에 앉으라고 했다. 아이는 또 어리둥절한 표정이 됐다. 소파라는 것 역시 이날 처음 봤기 때문이다. 밥 먹을 때도 마찬가지였다. 식탁과 의자가 높아 보여 도저히 올라갈 수 없을 것만 같았다. 혼자 마루에 앉아서 밥을 먹겠다고 했더니 형제들이 다들 웃었다. 접시에는 음식이 아무리 봐도 너무 많았다. 조금만 덜고 옆 사람에게 넘겼더니 다들 또 웃었다. "그제야 그 접시에 담긴 음식이 다 내 것이라는 걸 알고 깜짝 놀랐어요. 그리고 그 순간 속으로 '아, 여기는 그래도 괜찮은 곳이구나' 하고 생각했죠."

낯선 풍요에 적응하는 데는 시간이 필요했다. 클레멘트는 처음 사과를 볼 때면 씨앗조차 남기지 않고 모조리 먹었고, 바나나를 처음 봤을 때도 어떻게 먹는지 몰라 껍질까지 먹었다. 밤은 여전히 길고도 아득했다. 매일 악몽을 꿨다. 총소리가 나고 비행기가 새까맣게 하늘을 덮는 꿈이었다. 자다가 소리를 지르면서 침대에서 굴러떨어지기가 예사였다. 부모님이 침대 옆에 소파를 붙여줬지만, 아이의 악몽은 쉽게 잦아들질 않았다. 당시 새어머니가 쓴 일기에는 아이가 매일 밤 '불이야!' 소리를 지르며 깼다고 적혀 있다.

처음 들은 선생님의 칭찬

영어를 한마디도 못했던 클레멘트는 학교에서 적응하는 데도 한동안 애를 먹었다. 초등학교 2학년 수학 시험 때였다. 아는 문제가 당연히 하나도 없었다. 옆자리 친구의 답안지를 그대로 베껴 냈다. "크리스토퍼? A플러스. 잘했다. 다음은… 또 크리스토퍼, A플러스?" 채점하던 선생님의 말이다. 클레멘트는 그만 친구 이름까지 베껴 쓴 것이다.

제때 진급하지 못해 5학년은 두 번 다녔다. 그러다 6학년 어느 날, 클레멘트가 제출한 과학 숙제를 살펴본 선생님이 그에게 말했다. "토미야, 넌 보통 똑똑한 게 아니구나!" 그가 태어나서 처음으로 들은 칭찬이었다.

영어조차 제대로 구사하지 못하던 토머스 클레멘트는 어리둥절해한다. 그 선생님은 곧 부모님을 만나서도 같은 이야기를 한다. 클레멘트가 정말 똑똑한 아이라고. 아버지는 그럴 리가 없다며 웃어 넘겼다. 당시 부모님은 성적이 무척 좋았던 클레멘트의 남동생에게 모든 기대를 걸고 있었다. 동생이 의대에 가길 바라면서 비싼 사립학교에 보냈다. 클레멘트는 당시 상황을 이렇게 이야기했다. "그런데 선생님이 정작 동생을 놔두고 뜬금없이 후진국에서 입양해 온, 영어도 못하던 바보 아이를 칭찬했으니 부모님으로선 아무래도 어리둥절했겠죠."

부모님은 그를 직업고등학교에 보냈지만 클레멘트는 그곳에서 타이어 갈아 끼우는 법을 배우는 게 그다지 즐겁지는 않았다고 한다. 그는 서서히 뒷심을 발휘했다. 인디애나 대학에 진학해 심리학 학사를 땄고, 인디애나-퍼듀 대학 인디애나폴리스 캠퍼스IUPUI에서 전자공학 학사도 받았다. 학위를 받고 나서는 웨이브텍이라는 기술회사 부품생산부에서 일했다. 그곳에서 그는 로봇으로 조립할 수 있는 감쇠기attenuator(전기신호의 진폭을 작게 하는 장치) 등을 잇달아 발명하며 이름을 알렸다. 3년도 되지 않아 의료기구를 만드는 밴텍이라는 회사로 스카우트됐고 네 개의 특허를 출원했다. 1988년에는 지금의 회사 멕트라랩스를 직접 차렸다. 복강경 수술 등에 쓰이는 의료기구를 만드는 회사로, 클레멘트는 이곳에서 48개의 특허를 출원했다.

클레멘트는 말했다. "부모님이 그렇게 의사를 시키고 싶어 했던 동생은 결국 마지막 학기를 남겨놓고 공부를 포기했어요. 그 후로 어떤 곳에도 취직하지 못했죠. 반면에 영어 한마디 못하던 나는 학사학위도 두 개나 땄고 특허도 땄죠. 이젠 제가 대학에서 의사들에게 강의를 하기도 하고요. 인생이라는 게 알 수 없죠."

나누고 돕는 일에 최선을 다하다

1999년 클레멘트는 봉사단의 일원으로 북한을 방문했다. 3년 넘게 계속된 홍수로 북한 주민들이 기근을 겪고 있는데다 건강 상태도 최악이라는 뉴스를 보았기 때문이다. 그는 7만 3,000달러 상당의 의료 장비를 기증하는 한편, 북한에서 직접 복강경 수술의들을 훈련시키고 평양의대 의료센터에서 강의했다. 그때 어떤 식당 앞에서 다섯 살짜리 남자애가 맨발로 구걸하는 모습을 보고 그는 순간 얼어붙었다. 클레멘트는 당시 심경을 이렇게 말했다.

"그 아이를 보는 순간 내 모습을 떠올렸어요. 거리를 떠돌던 내 모습이요. 이불도 밥알 하나도 내 것이 없었던 그 시절의 나 말이죠. 그때 생각했죠. '내가 참 먼 길을 돌아 지금 여기까지 왔구나' 하고요. 그 아이는 그러니까, 바로 그 옛날의 나였던 겁니다."

2015년 무렵부터 클레멘트는 미국으로 건너온 한국 입양아들을 더욱 적극적으로 돕기 시작한다. 해외로 자식을 입양 보내놓고 뒤늦게 찾고 싶어 하는 부모들을 위해 그들의 DNA 정보를 데이터베이스로 만드는 데 100만 달러를 출연했다. 부모를 찾는 입양아들은 이 데이터베이스에 부모 DNA가 있는지 검사하면 된다. 같은 해에 미국에 사는 한국 입양인과 한국전쟁 참전 군인에게 DNA 검사 키트 2,550세트를 기증했다. 참전 군인 가운데는 미국으로 입양된 소위 1세대 입양인의 아버지들도 있다. 자신의 친아버지가 포함됐을지도 모를 참전 군인이다. 클레멘트는 또한 2015년 출범한 봉사단체 '325Kamra'에도 검사 키트 450세트를 기증했다. 이 검사 키트를 통해 2016년 8월 미국 워싱턴주 에버렛에 사는 경은 데이비슨이 친어머니를 찾기도 했다. 생이별한 지 30년 만의 일이었다.

클레멘트는 정작 본인은 친어머니를 찾을 생각은 없다고 했다.

"그새 다른 분 만나서 결혼하고 아이도 낳고 잘 살고 계실 텐데, 별안간 그 집 문을 두들겨서 저를 아시느냐고 묻고 싶지 않았어요. 어머니 인생을 그렇게 뒤흔들고 싶은 마음이 없어요. 나를 낳아주신 분이니, 할 수 있는 한 저도 보호해드리고 싶습니다."

친어머니를 찾아나서 그 집 대문을 갑자기 두들기는 대신 그는 그저 누군가가 서로 애타게 찾고 있다면 그 필요한 연결고리가 되어주는 역할을 하고 싶다고 말하는 것이다. 그가 한국계 혼혈아들을 위해 DNA 검사 키트를 계속 기증하는 이유다.

내 몸이 아프게 기억하고 있는 한국

클레멘트는 1998년 한국 정부와 한국방송공사가 주관한 입양아 초청 프로그램을 통해 처음 한국을 방문했다. 김포공항에 비행기가 착륙할 무렵이었다. 창문으로 한국 땅의 풍경이 소용돌이처럼 다가왔다. 그는 그 순간 패닉이 됐다. 거센 파도와도 같은 무언가가 가슴에 쿵 하고 부딪혀왔다. 전율이 일었다. 그건 머슬 메모리muscle memory였다.

"40년 넘게 잊고 지냈던 전쟁의 기억, 어머니의 기억, 거리 생활과 고아원의 기억, 그런 것들이 갑자기 휘몰아치면서 온몸으로 충격을 느낀 거죠. 뇌에 간직돼 있는 게 아니라, 내 근육과 몸 안에 깊이 잠들어 있던 기억인 거죠."

서울은 놀라웠다. 전쟁으로 폐허가 돼버린 기억 속 서울은 온데간데 없고, 뉴욕이나 시카고와 다를 바 없는 대도시가 번쩍이고 있었다. 클레멘트는 서울에서 일주일 남짓 머물면서 곳곳에서 오감을 깨우는 기억과 마주했다. 떡이 그랬고 김치가 그랬고 팥죽이 그랬다. "처음 보는 음식 같았는데 입에 넣는 순간 세포들이 살아나는 것 같더군요. 내 몸은 떡과 김치와 팥죽을 기억하고 있었어요." 여기저기서 마주치는 중년 여성들도 종종 그의 걸음을 멈추게 했다. "간혹 생각했죠. '저 사람이 친어머니일지도 모르겠다.'"

서울에 머무는 동안 그는 청와대가 주관하는 대통령 만찬에도 참석했다. 당시 김대중 대통령은 입양아들에게 20만 명이나 되는 한국 아이들이 외국으로 팔려가야만 했던 사실이 가슴 아프다고 했다. 입양아 대표였던 클레멘트는 일어나서 이렇게 말했다. "과거는 바꿀 수 있는 것도 아니고 바꾸고 싶지도 않습니다. 대통령께서 미래로 향한 문을 열어주신 것에 감사드립니다."

한국, 그 영원한 숙제

클레멘트는 한국 출신으로 미국 시민권자인 김원숙과 결혼하면서 최근 또다시 한국을 배우고 있다고 했다. 한글도 비뚤비뚤 써보고, 아내와 윷놀이도 하고, 명절이면 한국에서 처가 식구들과 어울려 밥도 먹는다. 더듬더듬 한국말도 배운다. '감사합니다', '반갑습니다', '예쁘다', '아름답다', '그립다' 같은 말들을 되새긴다.

"이상하죠? 예전의 나는 영어를 잘하고 싶어 한국말을 잊어버리려고 노력했는데, 지금 나는 다시 한국말을 배우려고 애쓰고 있으니까요. 내게 한국이란 영원한 숙제 같은 것인가 봐요."

아내 김원숙은 언젠가 클레멘트에게 우리나라 동요 '산토끼'를 불러준 적이 있다. 클레멘트는 그 노래를 전혀 알지 못했으나, 어쩐지 몹시 익숙하다 느꼈고 아내에게 몇 번이고 더 불러달라고 한 다음에 나중에 가사의 뜻을 묻고 받아 적기까지 했다. 클레멘트는 그 이유를 이렇게 말했다.

"'산토끼 토끼야, 어디를 가느냐…' 그 대목이 이상하게 마음에 남았어요. 어머니와 헤어져 자꾸자꾸 걸어가는 내 모습 같다고 할까요."

파티를 즐기지 못하는 바보가 되지 말 것

클레멘트는 앞으로도 아내와 함께 입양아를 위한 후원 활동과 미국 대학 장학 기금 설립 등을 계속해나갈 계획이다. 더 나누고 사람들을 도우며 살다 가고 싶다고 했다. 어렵사리 성공했고, 이제야 자신의 자리를 찾았는데, 그것을 남과 나누고 사는 것이 아깝지는 않을까. 클레멘트는 자신의 첫 생일 파티 이야기를 들어보면 왜 이런 일들을 하고 싶어 하는지 이해할 수 있을 것이라고 했다.

미국으로 입양되고 어머니가 그를 위해 열어준 첫 번째 생일 파티였다. 어머니는 그를 위해 동네 아이들을 모두 불러 모았다. 초대 받은 아이들은 집으로 몰려와 클레멘트에게 선물을 줬다. 클레멘트는 어리둥절했다. 생일 선물이라는 것을 그때 처음 받아봤기 때문이다. 어쩔 줄 몰랐다. 금방이라도 모두 빼앗길 것만 같았다. 그는 누가 가져가면 어쩌나 걱정하면서 방구석에 쌓인 선물을 파티 내내 지키고 서 있었다. 아이들이 케이크를 나눠 먹고 신나게 놀다 떠나버릴 때까지 말이다. 결국 파티는 끝이 났고, 어둠 속에서 클레멘트는 뒤늦게 깨닫는다. 선물을 지키느라 파티를 놓쳐버렸다는 것을.

클레멘트는 말했다. "그 후로 저는 결심했어요. 인생에서 다시는 바보처럼 파티를 놓치며 살지 않겠다고요. 남을 돕고 사는 것도 그래요. 그건 곧 인생이라는 파티에서 케이크 위 촛불처럼 반짝이는 순간이죠. 내 돈과 재산이 없어질까 걱정하면서 그 파티를 즐기지 못하는 바보 같은 짓은 안 할 겁니다."

아버지 그리고 장난감 자동차

양아버지 리처드 클레멘트는 2016년 90세 나이로 세상을 떠났다. 아버지가 돌아가시기 이틀 전, 클레멘트는 병석에 누워 있는 아버지를 어떻게 하면 기쁘게 할까 고민하다가 미국에 입양돼 도착한 날 아버지에게서 받은 장난감 자동차를 찾아서 들고 갔다. 그날까지 그 장난감 자동차를 간직하고 있었던 것이다. 늙고 쇠약해진 아버지는 그것을 보더니 희미한 미소를 지었다. 그러고는 아들과 장난감을 차례로 가리키면서 떨리는 목소리로 이렇게 말했다.

"너는 내 인생에서 최고의 선택이었고, 이건 내가 가장 잘 산 물건이었다."

60년의 기나긴 여정. 시간을 되돌릴 수 있다면 그래도 인생의 어떤 부분을 바꾸고 싶지는 않을까. "아뇨. 하나도 바꾸고 싶지 않아요." 클레멘트는 눈을 감았다.

"저는 이제 이렇게 믿어요. 어머니는 그때 나를 길에 버린 게 아니었다고. 더 넓고 아름다운 세계를 향해 가는 길로 보내줬다고 말이에요."

그 골목에서 소년은 그렇게 뒤돌아보지 않고 지금껏 걸어온 것이다.

피에르 상 보이에 Pierre Sang Boyer

●

한국계 입양아인 그는 세계적인 요리사 서바이벌 프로그램 '톱셰프'Top
Chef 프랑스 시즌2에서 최종 3인에 오르며 이름을 알리기 시작했다. 파
리에 문 연 그의 식당 '피에르 상 인 오버캄프'Pierre Sang in Oberkampf 는
한 시간씩 줄 서서 기다려야 할 정도로 인기다. 자신이 태어난 곳이 궁
금해 2004년 한국을 방문한 그는 한식의 무한한 가능성을 엿보고, 자
신의 요리에 접목하고자 노력하고 있다.

03

사람들을 행복하게 만드는
요리로 세상을 바꾸다

요즘 프랑스에서 '누벨 퀴진'(새로운 요리)을 이끈다는 피에르 상 보이에는 인터뷰를 요청하는 첫 통화에서 대뜸 가락시장에서 만나자고 했다. 왜 가락시장이냐고 묻자 그는 프랑스 억양이 강하게 섞인 영어로 대답했다.

"굴비도 보고 복어도 보려고 한다. 거기 있는 아줌마들도 좋고!"

'아줌마'만큼은 우리말 그대로 발음한 보이에는 일곱 살 때 한국에서 프랑스로 입양된 요리사다. 일곱 살 이전의 기억은 그저 새까맣다. 떠올릴 수 있는 건 처음 프랑스로 갔을 때 그 나라 말을 한마디도 할 줄 몰라 입을 꾹 다물고 있었다는 것, 그리고 파리에서 프랑스 남부 오베르뉴 지방에 있는 집에 도착하기까지 여섯 시간을 차로 달려가는 동안 처음 본 두 살 많은 '형' 무릎을 베고 스르륵 잠이 들었다는 것, 두 가지뿐이다.

30여 년이 흐른 지금, 그의 삶은 완전히 달라졌다. 그는 이제 프랑스 대통령과 함께 해외를 순방하는 프랑스 최고의 요리사 중 한 명으로 꼽힌다. 2015년 11월엔 프랑수아 올랑드 대통령과 함께 대통령 전용기를 타고 한국을 찾았다. 올랑드 대통령은 당시 청와대 영빈관 만찬에서 만난 박근혜 대통령에게 보이에를 '프랑스를 대표하는 요리사'라고 소개했다.

2016년 1월, 가락시장에서 만난 보이에는 살짝 헝클어진 머리칼, 자연스럽게 돋은 턱수염과 콧수염에, 추위로 얼굴이 붉게 상기돼 있었다. 하지만 시종일관 눈을 빛냈다. 흥분을 감추지 못했다. "저거 봤어요?" 그가 손으로 가리키는 곳마다 아가미를 벌린 채 얼어붙은 복어가, 주렁주렁 매달린 굴비가, 기름기 붙은 뱃살을 드러내고 누운 대방어가 보였다.

보이에는 또 "저분들 좀 보라." 했다. 그가 가리킨 시장 한구석에서 아주머니들이 난로에 얹어놓은 고구마를 먹으며 수다를 떨고 있었다. 보이에는 싱긋 웃었다. "저런 아줌마를 볼 때면, 저분들 중 한 명이 날 낳아준 엄마일 수도 있겠다, 그런 생각이 들어요." 그의 입김이 뽀얗게 얼어붙었다.

프랑스 음식 트렌드를 이끄는 한국계 요리사

보이에는 2013년 〈뉴욕타임스〉에 두 번이나 소개됐다. 그가 운영하는 레스토랑이 파리의 비스트로노미bistronomie 열풍을 주도하고 있다는 내용이었다. 비스트로노미는 격식 없이 음식을 즐기는 식당인 비스트로bistro와 미식美食을 뜻하는 가스트로노미gastronomie를 합친 말이다. 분위기는 캐주얼하지만 음식만큼은 최고급 식당 못지않다. 이처럼 젊고 창의적인 셰프들이 만드는 새로운 프랑스 요리를 일컬어 흔히들 비스트로노미, 혹은 '새롭다'는 뜻의 네오neo를 붙여 네오비스트로라고 부른다. 평범한 식당처럼 보이는 편안한 분위기, 낙서가 가득한 벽면, 친절한 서비스, 한 접시 안에 조화롭게 섞인 프랑스와 아시아의 맛이 특징이다. 보이에가 바로 이 비스토로노미 혹은 네오비스트로 물결을 일으킨 이로 꼽힌다.

프랑스 관광청이 2015년부터 열기 시작한 테이스트 오브 파리Taste of Paris 행사에는 미슐랭 3스타 레스토랑인 알랭 뒤카스 오 플라자 아테네, 레 프레 카틀란, 미슐랭 2스타 레스토랑인 레스토랑 케이, 메종 로스탕 등이 참여해왔으나, 2017년 5월에는 미슐랭 스타를 받지도 않은 보이에의 레스토랑 피에르 상 온 감베도 참여해 눈길을 끌었다. 그의 레스토랑이 그만큼 화제를 모으고 있는 것이다.

보이에는 2012년 파리에 피에르 상 인 오버캄프를, 2014년엔 피에르 상 온 감베를 오픈했다. 2012년 식당 문을 열 당시엔 전화 예약도 받지 않아 매일같이 사람들이 줄을 서서 한 시간씩 기다리는 진풍경을 연출했다. 식당 앞에 줄 서서 기다리는 문화가 없다시피 한 프랑스에선 보기 드문 일이다. 예약을 받지 않은 이유는 식당이 작기 때문이었다. 식당 좌석이 40석 정도밖에 되지 않는다. 워낙 작아 예약을 따로 받을 필요를 아예 느끼지 못했다. 그러나 사람들이 줄을 서서 기다리는 일이 늘어나면서 최근엔 홈페이지로 테이블 절반 정도는 예약을 받고 있다. 남은 절반의 좌석은 요즘도 여전히 줄을 서서 기다려야 한다.

지루할 틈 없는 유쾌한 식당

재기발랄함은 보이에가 운영하는 레스토랑의 가장 특징이다. 일단 메뉴가 매일 다르다. 그날그날 식당 근처 시장에서 받는 신선한 재료로 내키는 대로 요리한다. 정통 프랑스 요리만 고집하지 않고 즉흥적으로 만든다. 한식을 활용할 때도 있다. 아스파라거스나 서양 배추의 일종인 엔다이브로 김치를 만들기도 하고, 쌈장이나 고추장 등을 섞은 소스를 끼얹거나 곁들여 내기도 한다. 식용 꽃잎도 뿌린다.

합리적인 가격도 인기 요인이다. 오버캄프에선 점심이 코스에 따라 20~35유로, 저녁은 6코스에 39유로다. 감베는 저녁이 10유로 더 비싸고, 2층 좌석에 앉으면 88유로다. 오버캄프에서 식사하는 손님 중에서 조용하고 느긋한 분위기를 원하는 이들이 많아 감베를 냈고 2층 좌석은 따로 만들었다. 오버캄프에선 점심시간에 7유로짜리 비빔밥도 종종 판다. 식당 주변에 학교가 많은 점을 감안해 마련한 저렴한 메뉴다. 피에르는 대학생들이 매일 샌드위치로만 밥을 때우는 게 좀 안타까워서 그들도 가끔은 제대로 밥 한 끼를 먹을 수 있다면 좋을 것 같아 만들었다고 했다.

지루함이 없는 것도 특징이다. 대개 프랑스 식당에서 코스 요리를 주문하면 직원이 나와 음식을 먹기 전 접시에 얹은 요리가 어떤 재료로 만들어졌는지 꼼꼼하게 설명해준다. 오버캄프나 감베에선 그런 설명을 찾아보기 힘들다. 코스 이름이 대개 '시크릿 3플레이트'Secret 3 plates나 '시크릿 6플레이트'Secret 6 plates 식이다. 뭘 먹을지 미리 말해주지 않는다는 것이다. 오히려 음식을 다 먹고 났을 때 직원이 다가와 "방금 네가 먹은 건 이런 것으로 만들었어."라고 설명해준다. 손님 대다수는 이때 "정말?" 하며 웃음을 터트리곤 한다. 의외의 재료로 놀라운 맛을 내는 경우가 적지 않기 때문이다.

특유의 유쾌한 분위기와 중독적인 맛 때문에 유명인들도 그의 식당을 많이 찾는다. 미슐랭 별 세 개를 자랑하는 프랑스 요리사 알랭 뒤카스, 조엘 로부숑, 세계 정상급 파티시에 피에르 에르메 등도 인스타그램과 페이스북에서 보이에의 팬을 자처한다. 일본 영화감독 기타노 다케시와 화가 무라카미 다카시, 올랑드 대통령의 애인으로도 유명한 배우 줄리 가예도 그의 단골로 알려져 있다.

프랑스 대통령 전용기를 타고 청와대에 가다

이런 보이에가 청와대에 온 게 2015년 11월이다. 올랑드 당시 프랑스 대통령과 함께 사절단 자격으로 한국에 왔다. 그해 9월 황교안 총리가 프랑스에서 올랑드 대통령을 만난 게 일의 시작이었다. 이때 보이에도 엘리제궁 오찬에 초대됐다. 보이에는 엘리제궁에 가다니 정말 신기했다며 그때만 해도 '이런 영광스러운 일이 또 있겠나' 싶었다고 했다. 그리고 그해 10월, 보이에는 또 한 통의 전화를 받는다. 어떤 여성이 '엘리제입니다'라고 했다. 보이에는 '이 여성 이름이 엘리제인가 보다'라고 생각했고 "안녕하세요, 엘리제."라고 대꾸했다. 알고 보니 엘리제궁에 있는 대통령 비서에게서 걸려온 전화였다. 11월에 대통령이 한국에 갈 때 보이에를 데려가고 싶다는 얘기였다. 보이에는 잠깐 꿈인가 생각했다.

보이에는 그렇게 대통령 전용기를 타고 서울에 도착해 청와대를 가게 됐다. 문화통신부 장관이었던 또 다른 한국계 입양인 플뢰르 펠르랭과 같은 비행기를 타고 한국을 함께 오간 것도 재미있는 기억이다. 보이에는 당시를 이렇게 회상했다.

"그분도 나처럼 한국계다 보니 이야기를 종종 나눴는데 서로 비슷한 걸 느끼고 있는 것 같았어요. 한국에 가고 한국 사람을 만나는 것이 우리에겐 꼭 기쁘거나 벅차게 행복한 것만은 아니라는 말이에요. 한국을 나의 일부로 받아들이기까진 사실 시간이 많이 필요했습니다. 뭐라 꼬집어 말할 수 없는 복잡하고 미묘한 감정이 있어서 그럴지도 모르겠어요. 몹시 그립지만 때론 밀어내고 싶기도 한 그런 것, 때론 뜨겁고 때론 아픈 그런 감정 말이에요."

나를 눈 뜨게 한 엄마 밥과 장모님 밥

보이에는 홀트아동복지회를 통해 프랑스로 입양됐다. 당시 서류에 적힌 한국 이름은 김상만이었다. 오베르뉴에서 만난 보이에의 부모는 따뜻한 사람들이었다. 보이에에게 한국에 대해 알려주려고 노력했다. 그를 리옹에 있는 한글학교에 보냈고 이름에 '상만'이라는 두 음절을 넣어주려고 했다. 그러나 담당 공무원 실수로 이름은 '피에르 상만 보이에'가 아닌 '피에르 상 보이에'가 됐다. "여러 번 변경 신청을 했는데 받아들여지지 않았어요. 나중에 자라선 서류에 남은 친부모님 기록을 보고 연락도 해봤는데, 알고 보니 거기에 적힌 부모님 이름은 모두 진짜가 아니었고요."

보이에가 요리사가 된 데는 프랑스 부모님과 가족 영향 또한 컸다. 입양된 다음 해인 여덟 살 무렵 세례를 받았다. 어머니는 아들이 세례를 받게 된 것에 몹시 들떠 사나흘 내내 음식만 했다. 부엌에선 끊임없이 맛있는 냄새가 풍겨왔고 그렇게 열린 파티 식탁 위에는 온갖 고기 요리와 파이, 샐러드 같은 것이 잔뜩 올라왔다. 보이에는 그때 생각했다고 했다. '아, 요리라는 것이 이토록 사람을 즐겁게 하는구나!'

어린 보이에는 이때부터 음식 만들기에 빠져든다. 부엌을 늘 엉망진창으로 어지르며 갖가지 음식을 만들어 어머니께 드렸고, 자연스럽게 지역의 요리 고등학교로 진학했다. 몽펠리에에 있는 대학에서 요리와 호텔 경영학을 공부했고 그 후 프랑스 여러 도시를 돌면서 식당에서 요리 수련을 했다. 2003년엔 런던에 있는 미슐랭 스타 레스토랑 클럽개스

콘에서 일했다. 2004년엔 한국에 들어와 이태원에 있는 르생텍스에서 5개월 정도 일했다.

한국까지 온 건 호기심 때문이었다. '내가 태어난 나라는 어떤 곳일까?'라는 궁금증이 늘 마음속에 있었다. 한국에서 지낸 5개월 동안 그는 갖가지 한국 음식을 맛봤다. 그때 처음 된장찌개와 식혜 같은 음식을 먹었는데 뜻밖에도 몹시 익숙하게 느껴졌다. 미숫가루, 호떡, 약과 같은 단 음식이 특히 맛있었다. "한국을 다 잊었다고 생각했는데, 내 혀는 여전히 한국을 기억하고 있었어요. 어릴 때 즐겨 먹던 음식이었을 수도 있겠다고 생각했습니다."

한국에서 아내도 만났다. 바로 옆 식당 매니저와 사랑에 빠졌고 이듬해 9월 결혼했다. 아내와 런던으로 돌아가 르서클Le Circle의 헤드셰프로 일했고 2008년엔 다시 프랑스 리옹으로 옮겨 갔다. 2011년엔 셰프 경연 TV 프로그램인 '톱셰프' 프랑스판에 출연, 최종 3인에 들면서 화제가 됐다. 보이에는 고향 친구가 자신에게 알리지도 않고 출연 신청을 해 나갔다고 했다. 방송에서 보이에는 특유의 해맑고 자유로운 스타일을 마음껏 보여줘서 '프리스타일'이라는 별명을 얻었다. 캠핑요리 편을 촬영할 땐 근처에 있던 아이들을 끌고 산으로 올라가 산딸기를 따느라 내려오지 않는 바람에 제작진을 당황하게 하기도 했다. 사업을 오래 한 보이에의 아버지는 무작정 식당을 여는 것을 계속 반대했는데, 방송이 끝난 직후엔 보이에에게 이젠 식당을 열 때가 된 것 같다고 했다. 또 방송에 나간 덕분에 은행 대출을 받을 수 있었다.

식당을 열면서 보이에는 다양한 실험을 해보겠다고 다짐한다. 한국

처가에 드나들면서 또 다른 맛의 세계에 발을 디디게 됐기 때문이다. 장모는 전북 군산, 장인은 경북 청도 출신이다. 그 덕에 장모는 경상도와 전라도 음식을 모두 잘했다. 그는 보이에 앞에서 고추를 직접 말려서 빻았고 김치와 젓갈을 담그는 모습도 보여줬다. 처가에 갈 때면 오이소박이나 갓김치, 말린 생선과 각종 육포, 새우젓과 멸치젓을 맛볼 수 있었다. 오미자 열매에 정말 다섯 가지 맛이 다 녹아 있다는 것도 이때 알게 됐다. 보이에는 파리 식당에서 그가 맛보고 감탄한 이 모든 식재료를 응용한다. 새우젓 소스, 된장 소스, 오징어젓 같은 재료를 아무렇지도 않게 프랑스 요리에 넣었다. 오미자를 졸인 소스는 치즈나 디저트 위에 뿌렸다. 사람들은 눈을 감고 그의 음식을 먹었고 다 먹고 나면 눈을 빛냈다. 보이에는 말했다.

"엄마 음식이 제 눈을 뜨게 해줬다면 장모님 음식은 제 요리의 영역을 넓혀줬어요. 이 두 사람의 손맛이 지금 제가 창조하는 비스토로노미의 비결이 된 거죠."

버림받은 입양아가 아닌 양쪽을 오가는 행운아

보이에의 레스토랑엔 현재 20여 명의 직원이 일한다. 성별, 인종, 출신 국가가 다양하다. 이들의 출신 국적만 11개국이 넘는다. 이 중 두 명은 한국 출신이다. 이성대, 이노선 셰프다. 이성대는 한국에서 10년 넘게 요리를 하다가 다른 일이 하고 싶어 파리로 건너 왔다. 그런데 정작 보이에를 만나면서 다시 요리를 시작하게 됐다. 이노선은 영국 런던에서 건축학을 공부할 때 학비를 벌기 위해 식당에서 일하다 요리사의 길로 접어들었다. 보이에는 이 두 한국인 셰프가 무척 큰 힘이 되는 동료라고 했다. 입양된 한국인 중에는 일부러 한국인과 교류하지 않는 경우도 있지만, 보이에는 반대 경우인 셈이다. 보이에는 자신이 누구인지 부인할 생각이 없어서 그렇다고 했다.

"입양돼 프랑스에서 자랐고 지금 저는 프랑스인이에요. 그렇지만 내 뿌리는 분명 한국에 닿아 있기도 하죠. 그게 지금의 나를 만들고 내 요리를 만들었으니 구태여 부정할 생각도 없습니다. 나는 이제 내가 절반은 한국 사람임을 자연스럽게 또 자랑스럽게 말할 수 있어요."

불행한 과거가 그에겐 오히려 자양분이 됐다는 이야기일까. 보이에는 '정확한 해석'이라고 했다. 그는 입양되고 프랑스에서 자란 지금의 모습을 결국 행운이라고 받아들이게 됐다고 했다.

"종종 생각해봤어요. 나는 어떤 집에서 태어났기에 버려졌을까 하고요. 아마도 경제적으로 어려운 가정에서 태어났겠죠. 친어머니는 어쩔 수 없이 나를 다른 나라로 보냈을 거예요. 그 사실 자체는 비극이지만 또 다른 쪽으로 생각해보면 내가 만약 한국에서 계속 자랐다면 굶어 죽었을 수도 있고, 더 안 좋은 상황에 처했을 수도 있지 않았을까 싶어요. 입양 자체는 대단히 슬픈 사건이지만 다행히도 나는 프랑스에서 좋은 부모님을 만났고 따뜻한 가족 품에서 행복을 맛보면서 무럭무럭 자랐으니까요."

처음 프랑스에 왔을 때 보이에는 불어를 전혀 몰라서 꿀 먹은 벙어리와 다를 게 없었다. 말을 빨리 배워야만 했다. 자전거도 탈 줄 몰랐다. 자전거 타는 법을 혼자 익히려고 친구들 몰래 뒷동산에서 넘어져가면서 연습하기도 했다. 체육 시간에 운동을 할 때도, 숙제를 할 때도 다른 또래 아이들보다 더 열심히 했다. 얼른 적응해야 했기 때문이다. 보이에는 이렇게 말했다.

"그 모든 시간이 쌓여 지금 내가 된 거죠! 보다시피 난 서양인인 동시에 동양인이에요. 프랑스 요리를 하지만 한국적인 맛을 낸다는 평가도 받아요. 그러니 이건 오히려 축복이죠."

보이에의 아내는 이런 말을 들려줬다. "남편은 어떤 힘든 일을 겪어도 태평한 편이에요. 항상 '난 이미 가장 나쁜 일을 일곱 살에 겪었으니까, 이제부턴 좋은 일만 생길 거야'라고 말해요. 참 강하고 단단하면서도 부드러운 사람이에요."

한국이라는 땅에 닿을 때까지

보이에는 쌍둥이 남매를 키운다. 아들 이름은 마루, 딸 이름은 아라다. 만화영화 '태권동자 마루치 아라치'에서 따온 이름이라고 했다. 인터뷰 당시 남매는 일곱 살이었다. 보이에가 프랑스에 입양됐을 때의 나이다. 이 얘기를 꺼내자 보이에는 조용히 고개를 끄덕였다.

"맞아요. 내가 입양됐을 때 딱 그 나이에요. 그래서일까, 아이들을 보고 있으면 가끔 기분이 묘해요. 나는 이제 마치 지우개로 지운 것처럼 일곱 살 이전의 기억이 하나도 없는데, 지금 우리 아이들을 보면 어른과 거의 다를 게 없거든요. 다 기억하고 이해해요. 그런 걸 보면 나의 기억은 어쩌면 지워진 게 아니라 무의식 속으로 가라앉아버린 것일 수도 있다는 생각이 들어요.."

사실 보이에는 오랫동안 친어머니를 찾았다. 여기저기 수소문했지만 아직까지 찾지 못했다. 그래도 그는 실망하지 않는다. 언젠가 만날 수 있을 것이라고 믿는다. 아쉬워하고 주저앉는 대신 그는 요즘 또 다른 꿈을 품고 있다고 했다. 그처럼 어릴 때 버림받은 사람들, 입양된 소년 소녀들에게 도움을 줄 수 있는 일을 하고 싶다는 것이다. 이들을 위한 요리학교를 열고 싶기도 하고, 언젠가는 한국에서도 식당을 내고 싶기도 하다. 보이에는 그렇게 앞으로 더 많은 사람을 위해 일하고 싶다면서 명함 한 장을 내밀었다. 피에르 상 인 오버캄프와 피에르 상 온 감베의 주소가 앞뒤로 적힌 명함이었다. 명함엔 식당 로고가 새겨져 있었다. 자세히 보니 오버캄프의 로고는 작은 꽃봉오리였고 감베의 로고는 막 피어난 한 떨기 꽃이었다. 무슨 의미냐고 묻자 보이에는 싱긋 웃었다.

"제가 심은 요리의 세계에서 막 꽃봉오리가 돋아났고 그게 자라서 꽃이 됐다는 뜻이에요."

세 번째 로고는 그럼 뭐가 될까. 보이에가 대답했다.

"글쎄, 가지가 더 자라난 모양이 될 수도 있을 테고, 또 다른 꽃이 한 송이가 더 피어난 모양이 될 수도 있을 것 같아요. 저는 한국이라는 토양에서 생겨 프랑스에 옮겨 심어진 나무와도 같은 존재니까요. 그 나무의 가지가 더 길게 길게 자란다면 언젠간 다시 한국이라는 땅에 또 닿고 거기에 씨가 떨어져 또 다른 싹을 틔울지도 모르겠어요. 나라는 나무는 그래서 더 크고 싶고 더 자라고 싶고요. 더 넓게 가지를 뻗어 더 큰 그늘을 드리우고 싶습니다."

마지막 질문을 던질 때가 됐다. 조심스레 물었다. 혹시 친어머니를 다시 만난다면 뭐라고 말하고 싶냐고. 보이에는 잠시 말이 없었다. "글쎄" 하면서 고개를 흔들었다. 이윽고 그의 눈가가 천천히 붉어졌다. 그리고 긴 침묵 끝에 그가 깊은 숨을 들이쉬더니 말했다.

"밥 해드릴게요."

송진국

●

대학 졸업 후 무작정 미국으로 건너간 그는 짧은 영어 실력으로 돈을 받지 않아도 좋으니 취직하고 싶다는 의지를 종이로 어렵게 전해 취업에 성공한다. 성실과 정직만으로 미국 시장을 개척한 송진국 회장은 1985년에 화장품회사 나테라인터내셔널을 세웠다. 9,000평에 이르는 공장과 1,900평 크기의 본사를 두고 있으며 미국에서 1, 2위 화장품 브랜드로 인정받고 있다.

04

영어 한마디 못해도
열정, 성실, 정직으로 성공하다

'돈 안 받고 일하겠다. 일단 써달라. 마음에 들면 그때 월급을 달라.'

스물일곱 살이었던 송진국 회장은 영어로 이렇게 휘갈기듯 쓴 종이를 화장품회사 코스메틱 스페셜티 랩Cosmetic Specialty Lab 사장에게 내밀었다. 아주대 화학공학과를 졸업하고 1981년 미국 오클라호마로 건너간 직후의 일이었다. 2차 오일쇼크로 미국 경제도 휘청거리던 시절이었다. 애초에 취직하고 싶었던 정유회사는 이미 직원을 2,000명이나 해고해 고용할 여력이 없다고 했다. 수소문 끝에 한 화장품회사를 찾아갔으나 역시 사람을 뽑을 계획이 없다고 했다. 그는 사장을 한 번이라도 만나게 해달라며 로비에서 버텼다. 두 시간쯤 흘렀을까. 사장이 로비로 내려와 무슨 일이냐고 물었다. 송진국 회장은 취직을 하고 싶다고 말했으나 사장은 잘 알아듣지 못하겠다는 표정을 지었다. 영어가 짧은 탓이었다. 황급히 종이를 꺼냈다. 펜을 쥐고 써내려갔다. '나는 한국에서 화학을 공부했다. 화장품 연구원으로 일을 잘할 자신이 있다. 돈은 받지 않겠다.' 사장은 재밌다는 표정을 짓더니 말했다. "오케이. 그럼 내일부터 출근하세요." 미국에서의 첫 취직이었다.

미국 화장품회사 나테라인터내셔널Naterra International의 송진국 회장은 그 시절을 돌아보며 브로큰잉글리시로 모든 것을 돌파하던 때였다고 웃었다. 나테라인터내셔널은 현재 미국 텍사스주 댈러스에만 3만 제곱미터에 이르는 공장과 6,300제곱미터 면적의 본사를 둔 화장품회사다. 매출 1조 원(소매가 기준) 규모다. 매출 95퍼센트는 미국 시장에서 나온다. 이곳에서 내놓는 목욕용품 브랜드 트리헛Treehut은 수십 년째 미국 스페셜티 배스Specialty Bath 카테고리에서 판매 1위(시장점유율 25~27퍼센트)를 기록하고 있고, 유아용 화장품 베이비매직Baby Magic은 20년 넘게 존슨앤드존슨 다음으로 미국 판매 2위(시장점유율 11퍼센트)다. 자회사인 뷰티 매뉴팩처링 솔루션스Beauty Manufacturing Solutions에선 로레알, 메리케이, 시세이도 같은 내로라하는 글로벌 브랜드의 제품을 OEM 생산한다.

2016년 5월에는 한국에 자회사 나테라코리아를 설립하고 8월에 서울 청담동에 150평 규모의 플래그십 매장을 오픈하며 국내 화장품 시장에도 도전장을 냈다. 영국 미용실 브랜드 토니앤가이 출신인 앤소니·팻 마스콜로 부부와 손잡고 티지TIGI라는 헤어살롱 제품과 메이크업

제품도 만들기 시작했다. 송진국 회장은 학연도 지연도 혈연도 없는 미국에서 영어도 잘 못하면서 살아남으려면 결국엔 성실하고 정직하게 일하는 수밖에 없었다고 했다.

브로큰잉글리시로 회사에서 1등이 되다

나테라인터내셔널은 가족들이 100퍼센트 지분을 갖고 있는 패밀리 기업이다. 빚이 하나도 없는 기업으로도 알려져 있다. 유니레버, 피앤지, 로레알 같은 공룡 기업들과 경쟁하고 있지만 밀리지 않는다. 현재 남미를 비롯, 캐나다·일본·동남아 등지에 진출해 있고 모두 현지 유통업체를 통해 제품을 판매한다. 그러나 이 회사는 하루아침에 완성된 것은 아니었다. 송 회장은 그저 묵묵히 일해온 시간이 쌓여 여기까지 왔다고 했다.

처음에는 영어 한마디 못하는 무급 연구원에 불과했다. 다른 미국 직원들보다 돋보이려면 성실함 외에는 방법이 없다고 생각했다. 회사에 앉아 미국인 동료들을 관찰했다. 뜻밖에도 하루 종일 열심히 일하는 직원이 그다지 많지 않아 보였다. 심한 경우엔 시간만 때우고 가는 사람도 종종 눈에 띄었다. 송진국 회장은 속으로 생각했다. '나는 이들과 반대로 일해야겠구나.'

누구보다 일찍 출근했고 가장 늦게 퇴근했다. 단순히 엉덩이를 오래 붙이고 있었던 것만은 아니었다. 쌓인 업무를 빨리빨리 제대로 처리했다. 2주쯤 지났을까. 회사에서 그에게 월급을 주기 시작했다. 800달러였다. 다시 몇 개월쯤 지났을까. 회사는 연구실 열쇠를 송진국 회장에게 맡겼다. 매일 연구실 문을 열고 닫는 이가 그였기 때문이다. 2년쯤 지나자 이번엔 아예 연구실장 직함을 줬다.

직위가 높아졌다고 송진국 회장의 태도가 바뀐 않았다. 여전히 묵묵히 주어진 일을 했다. 그간 연구한 내용을 정리해 화장품으로 여드름을 다스리는 방법에 대한 책도 썼다. 그러다 회사가 곧 파트너들끼리의 싸움으로 여러 개로 쪼개질 위기에 놓였다. 다들 부지런하고 성실한 그를 제품 개발팀장으로 데리고 가고 싶어 했다. 하지만 송진국 회장은 그때 어느 곳도 택하지 않고 미련 없이 회사를 나왔다. 그만의 회사를 직접 차리기 위해서였다. 1985년쯤의 일이었다.

10년 지나서야 터득한 망하지 않는 법

차린 회사는 처음부터 삐걱거렸다. 첫 2~3년은 수익이 거의 없었다. 집에 월급을 못 갖다주다시피 했다. 캐모리라는 화장품회사를 차려 여기저기 물건을 팔다가 접었고, 그다음엔 알로에베라를 주성분으로 하는 화장품회사를 차렸다. 훗날 이 회사는 남양 알로에베라에 팔았다. 그렇게 10년을 보내고 나서야 망하지 않고 회사를 운영하는 법을 터득했다고 했다. 그가 말하는 '안 망하는 비결'은 간단했다.

첫째는 '약속을 지켜라'이다. 송진국 회장은 영어를 잘 못했고, 이 탓에 고생도 많이 했다. 그러나 그는 부끄러워하지 않았다. 말을 잘하는 것보다 약속을 지키는 것이 더 중요하다고 생각했기 때문이다. 납품 기

일은 무슨 수를 써서라도 지켰다. 해낼 수 없는 프로젝트는 무턱대고 덜컥 맡지도 않았다. 경쟁 회사가 능력도 되지 않으면서 일단 할 수 있다고 덜컥 프로젝트를 시작했다가 약속을 못 지키는 경우를 종종 봤기 때문이다. 그는 절대로 그렇게 일하지 않았다. 자신이 할 수 있는 게 뭔지 정확히 설명했고, 그 안에서 최선을 다했다.

나테라인터내셔널 제품을 써본 사람들은 '생각보다 써보니 참 좋다'는 소리를 많이 한다. 송진국 회장은 그 역시 제품이 소비자에게 내건 약속을 지켜서 그렇다고 했다. 본연의 기능에 충실한 덕분이었다는 것이다. 가령 모이스처라이저 제품이라면 당연히 피부에 수분을 충분히 공급할 수 있어야 한다. 그게 '약속'이기 때문이다. 또 안티에이징 제품이라면 정말 잔주름이 어느 정도는 줄어야 했다. 제품 테스트 결과를 바탕으로 지켜지지 않는 내용은 절대로 광고하지 않았다. 광고 문구 한 줄 한 줄도 결국 소비자와의 약속으로 여겼다.

둘째는 '빚을 지지 말라'이다. 빚져가면서 시작하는 사업은 늘 불안하고 그래서 더 잘 넘어진다. 당장 눈앞의 떡이 커보여도 손에 쥔 자산 안에서만 해결하려고 애썼다. 한 숟갈에 쉬이 배부르지 않는다는 것을 10년간의 시행착오 덕에 깨달았다. 송진국 회장은 나테라인터내셔널을 차리고 나선 한번도 빚을 지지 않았고 빨리 성장하겠다는 욕심으로 허겁지겁 달리지도 않았다고 했다.

셋째는 '범법행위는 하지 말라'이다. 한국은 '융통성'의 나라다. 당장 프로젝트를 성사시키기 위해 때론 가벼운 규칙도 어기고 행정 절차도 건너뛰곤 한다. 때론 이런 행동이 박수를 받기도 한다. 미국은 정반대였다. 뭐든 빨리 해결하려고 편법을 쓰면 바로 걸렸다. 그 문제를 다시 풀려면 시간이 두세 배 더 걸렸다. 그는 하나하나 원칙대로 일하는 게 오히려 가장 빠른 길임을 알게 됐다.

1994년에 나테라인터내셔널을 설립했다. 나테라Naterra는 자연nature과 큰 땅terra을 합친 말이다. 자연에 대한 그의 관심을 담은 이름이다. 민감성 피부를 위한 화장품 스킨밀크, 안티에이징 화장품 타임블록 같은 히트 브랜드가 초창기 시절 나왔다. 송진국 회장은 만들어보고 싶은 화장품을 마음껏 만들고, 최선을 다해 판 시절이라고 그때를 회상했다.

아무리 창피해도 세 번은 가라

사업을 처음 시작할 때 송진국 회장은 직접 월마트, K마트 등을 다니며 제품 프레젠테이션을 했다. 그때도 여전히 영어는 짧았다. 바이어들은 그의 앞에선 열심히 웃고 박수를 쳐줬으나, 뒤돌아서선 한마디도 못알아듣겠다고 했다. 그래도 송진국 회장은 그들을 다시 찾아갔다. 두 번째 세 번째 방문할 땐 그들도 웃음을 거두고 정식 계약을 체결하고 제품을 구입했다. 송진국 회장이 인상적이었기 때문이었다.

말도 제대로 못하는 동양인 사업가, 그럼에도 그는 창피를 모르고 열심히 설명했다. 두 번째 가면 다들 그의 얼굴을 보고 놀라곤 했다. '아, 미스터 송! 또 왔어요?' 하면서. 그땐 제품을 실제로 써보고 테스트해봤다. 세 번째 가면 결국 샀다. '제품 참 좋던데요!'라고 하면서. 송진국 회장은 이렇게 말했다. "망신당했다고 창피하다고 물러설 거면 애초에 미국에 오지 말았어야 했고, 사업도 시작하지 말았어야죠."

실수 덕에 이기고 앞으로 나간다

송진국 회장은 스스로를 어릴 때부터 쓸데없는 일을 많이 했던 아이로 설명한다. 어머니 말은 잘 듣질 않았다고 했다. 하지 말라는 건 많이 했고, 가지 말라는 곳에 잘도 갔다. 고등학교를 졸업하고 아주대학교 화학공학과에 입학했고 기숙사 생활을 했다. 주말엔 누가 시키지도 않았는데 이런저런 장사와 아르바이트를 했다. 시장에서 땅콩을 팔았고 길거리에서 엿도 팔았다. 산악가이드 일도 해봤다.

대학 졸업 후엔 피어리스에 입사해 1년 정도 연구원으로 일했다. 동진제약으로 옮겼고 연세대 대학원에서 경영학도 공부했다. 그래도 늘더 큰 세상이 궁금했다. 미국 비자를 받자마자 그렇게 이민을 떠나왔다.

회사를 운영하면서도 그는 누가 시키지 않는 혼자만의 도전에 몰두해왔다. 빚 없이 일하려고 애썼다지만, 그렇다고 혁신까지 포기한 건 아니었다. 연구팀을 언제나 회사의 중심에 놓고 생각했다. 직원이 제품 개발을 하면서 실수하거나 실패해도 절대 문책하지 않았다. 엉뚱한 아이디어를 낼수록 칭찬하고 상을 줬다. 토론도 많이 시켰다. 생각이란 좌우, 상하, 시계 방향, 시계 반대 방향으로 다 흘러야 막힘이 없이 문제가 풀린다고 믿었기 때문이다. 제품 하나를 개발해도 이게 최선인지 몇 달이고 토론하고 고민해보라고 했다.

물론 그럼에도 때론 실패했다. 가령 1987년 소페이스So Face라는 남성 화장품을 론칭했다. 그때만 해도 남자 화장품은 애프터셰이브밖에 없었다. 야심차게 스킨·로션·세럼까지 내놨고 타깃 같은 미국 대형마트에 쫙 깔았다. 그러나 소비자는 거들떠보지도 않았다. 내놓자마자 망한 브랜드가 된 것이다. "돌아보면 너무 성급했던 것 같아요. 과학적이지 못했죠. 마케팅도 과학이니까요."

그 후에도 송진국 회장은 크게 주목받지 못한 브랜드를 종종 내놨다. 한번은 '스토리리더'라는 것을 개발했다. 종이 아래에 놓으면 글을 소리 내어 읽어주는 패드였다. 그러나 크게 주목받지 못했다. 불을 붙이면 노래가 나오는 양초 캔들송도 내놨다. 역시 히트 상품이 되진 못했다. 그러나 그는 그래도 나름 멋진 제품이었고 자신이 꿈꾸던 것을 실현시키는 경험만으로도 의미가 있었다고 했다. 현재 송진국 회장은 미국 특허 열한 개를 갖고 있다. 그는 더 많이 실수해서 더 많은 특허를 따내보겠다고 한다.

그와 함께 만난 영국 브랜드 티지 창립자 마스콜로 부부는 10여 년 전 이런 송진국 회장을 처음 만났을 때를 생생하게 기억하고 있었다. 앤서니 마스콜로는 자신들이 원하는 제품을 만들어줄 회사를 제때 찾지 못해 끙끙대고 있을 때 '미스터 송'이 방법을 찾아줬다면서 그를 가리켜 '성공의 규칙을 알 뿐 아니라, 그 규칙을 깨고 혁신을 할 줄 아는 사람'이라고 말했다.

송진국 회장은 혁신을 두고 이렇게 말했다. 돈과 관계가 없는 마인드셋, 즉 사고방식의 문제라는 것이다. "소프트웨어를 개발하는 큰 글로벌 회사들 보면 직원이 2,000~3,000명씩 돼요. 그런데 이런 회사가 차고에서 두세 명이 모여 연구하는 젊은 학생들 아이디어를 수십억 달러씩 주고 사들이는 걸 종종 본단 말이죠. 우리 회사는 직원이 250명쯤 되거든요? 그중 연구팀은 서른 명쯤 돼요. 미국이나 유럽의 큰 화장품기업은 자체 R&D팀 직원만 300명씩 되는데, 늘 우리 제품을 사가요. 그럼 우리가 돈을 많이 투자해서 이긴 거냐, 아니란 말이죠."

보검보다 좋은 식칼이 낫다

나테라인터내셔널은 나테라코리아를 설립한 데 이어 2016년 말 프랑스에도 나테라프랑스 사무실을 차렸다. 본격적으로 유럽 진출을 준비하고 있는 것이다. 자회사 1호가 한국이라면, 2호는 프랑스가 되는 셈이다. 앞으로 세계화를 통해 매출 규모를 네 배 이상으로 키울 계획이라고 했다. 송진국 회장은 전 세계에 나테라 제품을 판매하는 글로벌화를 시작하려 한다고 했다. 확장을 꿈꾸는 이유는 꼭 돈 때문만은 아니다. 돈은 벌 만큼 벌었다고 생각한다. 그는 '꿈이 자꾸 변한다'고 했다.

처음 사업 시작할 때 그는 속으로 '100만 달러만 벌면 그만 일하고 쉬어야지' 했다. 막상 100만 달러를 벌고 나니 그땐 또 400만 달러는 벌어야 쉴 수 있을 것 같았다. 400만 달러를 벌고 나니 이번엔 '그래도 수익 1,000만 달러는 달성해야 은퇴할 수 있지 않겠어'라는 생각이 들었다. 막상 1,000만 달러까지 벌고 나니 이번엔 이런 마음이 생겼다. '은퇴하면 뭐해. 새로운 일을 해야지!'

송진국 회장은 결국 새로운 꿈을 품게 됐다. 명품을 만들겠다는 꿈이다. 샤넬이나 루이비통 같은 값비싼 제품을 말하는 게 아니다. 코카콜라나 빅맥, 박카스나 야쿠르트처럼 꾸준히 사랑받는 브랜드 하나쯤 만들고 죽고 싶다는 꿈이 생겼다.

"무협지를 보면 보검을 차지하려고 다들 싸우잖아요. 보검을 지닌 사람은 누군가를 죽이고 또 결국 죽임을 당하죠. 그런데 식칼을 지닌 사람은 그걸로 장사하고 돈 잘 벌 수 있단 말이죠. 저는 좋은 식칼을 만들고 싶어요. 직원들에게 헌신하고 욕심내지 않고 천천히 가다 보면 식칼로는 1등 할 수 있지 않을까 싶은 거죠."

모두가 좋은 시민이 될 때까지

송진국 회장은 아주대학교 화학공학과 73학번으로 아주대학교에서 배출한 1회 졸업생이다. 그는 2012년 모교에 10만 달러 장학금을 내놨다. 또 재학생 한 명씩을 매년 미국 나테라인터내셔널 본사로 초청해 인턴십 기회도 제공하겠다고 했다. 아주대 측은 '송진국장학기금'을 신설, 매년 발생하는 이자수입으로 학생들에게 장학금을 지급하겠다고 밝혔다.

송진국 회장은 자신의 좌우명 '좋은 시민이 돼라'Be a good citizen, 이 말을 최대한 열심히 지키고 살고 싶다고 했다. 그가 생각하는 좋은 시민은 대단한 사람이 아니다. 법을 잘 지키고, 세금을 잘 내고, 할 수 있는 한 주변을 돕고, 자기 할 일을 끝까지 잘 하는 사람이다. 영웅이 될 생각은 없다. 덧셈, 뺄셈도 못하면서 곱셈, 나눗셈을 할 수는 없는 법이니까.

"지난 21년간 나는 이 좌우명을 지키려고 안간힘을 써왔어요. 가진 것 하나 없었지만, 마음속 이 좌우명 덕에 지금껏 살 수 있었죠. 사실 지키기 대단히 어려운 말일지도 몰라요. 지금껏 잘 지내다가도 한번 큰 실수나 잘못을 하면 깨지는 말이니까요. 영웅은 반짝 한번 대단한 일을 해내면 되지만, 좋은 시민이 되려면 꾸준히 죽는 날까지 성실하게 살아야 해요. 영웅보다 좋은 시민이 되는 게 어려운 거죠. 근데 그래서 더 해보고 싶어요. 좋은 시민이 돼서 좋은 회사를 운영하고 좋은 제품을 만들다가 죽고 싶어요. 어렵지만 사람이 태어나 한번쯤은 꿈꿔볼 만한 일 아녜요? 그렇죠?"

유나 양

●

한국인 최초로 전 세계 패션 문화의 중심지 뉴욕의 JFK 공항 면세점에 입점한 디자이너이다. 2010년부터 뉴욕 패션위크에 매년 두 번씩 빠짐 없이 참가했으며 현재 일본, 대만 등 5개국에 15개 매장을 운영하고 있다. 낯선 타국에서 거절을 두려워하지 않고 수백, 수천 번 다시 도전하며 자신이 가진 국적과 성별을 한계로 인식하는 대신 도약대로 삼아 승승장구하고 있다.

05

번뜩이는 아이디어로 전쟁터 같은 뉴욕 패션 업계를 사로잡다

'이게 현실이구나, 내가 정말이지 뭘 몰라도 한참 몰랐구나. 그럼 이젠 이렇게 그냥 망하는 건가?'

미국 뉴욕에서 활동하는 여성복 디자이너 유나 양(본명 양유나)은 2011년 봄 맨해튼 미드타운 아파트에 홀로 앉아 이런 생각을 했다고 했다.

출발만큼은 누구보다 순조로웠다. 2010년 봄 뉴욕패션위크에 서자마자 '놀라운 신예'라는 평부터 들은 그다. 유나 양의 데뷔 컬렉션은 유명 패션 일간지 〈우먼스웨어데일리〉WWD의 첫 페이지를 장식했고, 같은 해 2월 《뉴욕매거진》과 《맨해튼매거진》은 유나 양을 '차세대 스타

디자이너'로 소개했다. 박수 세례를 받으면서 시작했던 것이다.

흔한 경우는 아니었다. 전 세계 어디보다 패션 시장이 치열하다고 소문난 뉴욕 아닌가. 유나 양은 뉴욕에서 패션을 공부한 것도 아니었고, 실력 있는 에이전시와 손잡고 쇼를 한 것도 아니었다. 이화여대 서양화과를 졸업하고 이탈리아 패션학교 마랑고니를 거쳐 이탈리아 패션회사에서 일하다가, 영국 런던 세인트마틴스쿨로 건너가 다시 패션디자인을 공부하고 미국으로 건너와 치른 첫 컬렉션이었다. 미국 시장이 정확히 어떤지, 뉴욕에서 살아남는 것이 얼마나 혹독한지도 정확히 알지 못했다. 다만 옷을 만들고 모델에게 입혀 능력과 인맥이 닿는 데까지 현지 기자와 바이어를 불렀을 뿐이다. 그런데도 뜻밖에 주요 매체에 줄줄이 소개되면서 단숨에 '기대되는 신예 디자이너'가 되었다. 그때를 돌아보며 유나 양은 웃으며 말했다. "그때 저는 사람들이 칭찬해주니 '와, 뉴욕에서 성공하는 게 어려운 것만은 아니구나' 하는 어처구니없는 생각을 했어요. '미국은 역시 기회의 나라구나!' 하면서요."

빨리 올라서면 빨리 떨어진다. 2011년 세 번째 컬렉션을 치렀다. 결과는 혹평 그 자체였다. '유나 양이 매력을 잃었다', '장점이 도드라지지 않는 쇼였다' 같은 평이 줄줄이 터져 나왔다. 처음에는 잘 이해가 되질 않았다. 뭐가 잘못됐을까? 유나 양은 그 시절을 돌아보면서 이렇게 말한다. "미국은 냉정한 곳이거든요. 두 번째까지는 신인으로서 가능성을 봐주지만 세 번째부터는 이 디자이너가 정말로 시장에서 끝까지 살아남을 수 있는지 평가해요. 저는 그것도 모르고 칭찬에 마냥 들떠서 쇼를 치밀하게 준비하지 못했어요. 망할 수밖에 없었죠."

쇼가 끝나고 남은 건 업계의 차가운 무관심 그리고 주문이 끊겨 조용해진 사무실뿐이었다. 이대로 접어야 하나 싶었다. 사무실에 멍하니 앉아 앞으로 대체 무엇을 어찌해야 하나 고민하던 어느 날 전화기가 울렸다. 영화사 20세기폭스의 부사장 줄리아 페리였다. 유나 양의 사무실 근처인데 잠깐 옷 좀 보러 가도 되느냐는 전화였다. 페리는 사무실에 들러 유나 양의 옷을 죽 훑어보더니 이렇게 말했다. "혹시 영화 의상에도 관심 있어요?" 유나 양은 그렇게 영화배우 리스 위더스푼과 로버트 패틴슨이 출연하는 영화 〈워터 포 엘리펀트〉Water For Elephants의 홍보 의상을 덜컥 맡게 된다. 유나 양의 표현에 따르면 그야말로 죽다 살아난 순간이었다. 그 후로도 이런 일은 한두 번이 아니었지만 말이다.

유나 양은 2017년 9월 열여섯 번째 뉴욕 컬렉션 쇼를 치러냈다. 어느덧 만으로 8년째다. 컬렉션을 한 번 치르는 데는 많은 돈이 든다. 뉴욕에서 8년간 버티며 컬렉션을 쉬지 않고 치러냈다는 건, 그만큼 끊임없이 자신의 옷을 팔았고 상업적인 기반이 쌓였다는 뜻이기도 하다. 그 사이 유나 양이 자신의 이름을 따서 론칭한 브랜드 유나양Yuna Yang은 그래미상 수상 가수 캐리 언더우드와 톱 모델 켄달 제너 등이 즐겨 입는 하이엔드 브랜드로 자리매김했다. 드레스 한 벌에 1,000~2,000달러씩 한다. 미국 식스피프스 애비뉴 백화점을 비롯한 미국 주요 도시, 유럽, 중동, 일본 유명 백화점 명품관에서 그의 옷이 팔려나간다.

2016년에는 전기자동차회사 테슬라의 CEO 일론 머스크의 어머니이자 미국 최고령 현역 슈퍼모델로 널리 알려진 메이 머스크가 숱한 유명 디자이너의 구애를 마다하고 유나 양이 만든 드레스를 입고 메트갈라Met

Gala 행사에 나서 화제를 뿌렸다. 뉴욕에서만 화제를 모은 건 아니다. 뉴욕만큼이나 명품 경쟁이 치열한 도시로 꼽히는 도쿄, 오사카에서도 유나 양은 종종 뉴스의 주인공이 되었다. 일본 유명 화장품회사 시세이도와 손을 잡고 컬래버레이션 제품을 내놓기도 했고, 일본 오사카 한큐 백화점이 '촉망받는 해외 디자이너'로 유나 양을 꼽은 적도 있다. 2017년 4월 한큐 백화점은 오사카에선 매출 경쟁이 가장 치열하다는 3~4월 벚꽃 시즌에 내놓을 특별 디자이너 한정판 의상 제작을 유나 양에게 맡기기도 했다. 벚꽃 시즌 특별 의상은 대개 일본 내 톱 디자이너 혹은 해외의 정상급 디자이너만을 골라 맡긴다. 한국 디자이너로선 유나 양이 처음이다.

텅 빈 사무실에서 한숨만 쉬던 그녀가 뉴욕과 일본, 유럽과 중동을 종횡무진하며 활동하게 되기까지 그동안 어떤 변화가 있었을까. 유나 양은 이렇게 말한다. "디자이너랍시고 스케치나 하고 있었다면 지금껏 이만큼 일을 따내면서 여기까지 올 수 없었을 거예요. 저는 요즘도 종종 매장에 하루 종일 서 있다가 오곤 해요."

디자이너, 그 우아할 수 없는 직업

바이어도 마케터도 아닌 디자이너가 대체 매장에 왜 하루 종일 서 있을까. 매장보다 더 치열한 장소를 찾기 힘들어서다.

"많은 디자이너가 보통 쇼나 파티에서 고객을 만나요. 하지만 제가 보낸 초대장을 받아들고 바쁜 시간을 내서 찾아온 고객들은 보통 걸러진 손님이고, 그만큼 저를 만날 때 격식을 갖추고 칭찬부터 해요. 그건 진짜 평가가 아니잖아요. 매장은 달라요. 지갑을 열고 돈을 내는 곳이잖아요. 다들 얼마나 솔직하게 속마음을 꺼내 보이는데요."

가령 '마음에는 드는데, 집에 있는 것과 비슷해서 안 살래요', '프린트는 좋은데 소재가 별로여서 고민되네요', '이 가격에 이런 무난한 디자인이라면 차라리 더 유명한 상표 제품을 사겠어요' 같은 식의 적나라한 이야기를 들을 수 있다는 것이다. 아무리 그래도 꼭 직접 들어야 할까. 밑에 있는 직원이 매장을 돌며 대신 모니터링하고 디자이너는 그 내용을 보고 받으면 되지 않을까. 무엇보다 디자이너는 디자인만 하면 되는 것 아닐까. 유나 양은 고개를 젓는다.

"디자이너가 우아한 직업이라는 건 착각이에요. 전 상업 디자이너니까 무엇보다 현장의 언어를 듣고 그걸로 상품을 만들 줄 알아야 해요. 직원에게 맡기는 건 한계가 있어요. 제가 상사인데 매장에 나간 직원이 제가 듣기 싫어할 말을 100퍼센트 있는 그대로 전할까요? 몇 년의 시행착오 끝에 알았어요. 제가 매장까지 찾아와 직접 듣는 얘기만이 결국 진짜라는 것을요. 한큐 백화점 우메다 본점에 옷을 걸 때도 그랬어요. 뉴욕에서 날아와 오사카에 도착한 다음 날 아침, 바로 백화점 매장에 와서 하루 종일 직원들 사이에 서 있었어요. 직원들 사이에 서서 손님에게 허리 숙여 인사도 하고 때론 직접 옷을 골라주기도 했죠. 처음엔 그런 저를 보면서 바이어, 매니저부터 판매사원까지 다들 안절부절못하더라고요. 디자이너라는 사람이 매장에 내내 서있으니까요. 아무렴 어때요, 그 덕에 진짜 정보를 얻었는걸요. 그곳 고객들은 제 옷을 보면서 일단 이래

요. '어머, 한번도 못 본 스타일의 옷이네.' 그러고 사 가요. 그 덕에 새삼
깨달았죠. 저처럼 그다지 유명하지도 않은 디자이너의 제품이 돈 많고
취향 좋은 고객의 눈에 들려면 절대 그냥 예쁘거나 그냥 잘 만들어선
안 된다는 걸요. 뭔가 대단히 놀랍고 번득이는 아이디어가 있어야 해요.
그것도 아니라면 한번도 보지 못한 그 무엇이어야만 해요."

작은 일도 큰일처럼 힘을 쏟는다

일본은 전 세계 명품 시장에서도 가장 문턱이 높은 곳으로 꼽힌다.
미국이나 유럽보다 진출하기 힘든 곳이 일본이라는 얘기가 있을 정도
다. 유나 양은 2015년 처음 일본 도쿄 명품 백화점 이세탄에 진출했다.
유나 양이 뉴욕 컬렉션 쇼에서 선보인, 비즈를 손으로 일일이 박은 헤어
밴드를 일본 바이어가 눈여겨보면서 시작된 일이었다.

유나 양은 그전에도 프랑스 칼레 산 고급 레이스와 비즈를 주요 소재
로 삼아 옷과 액세서리를 만들어왔다. 값이 무척 비싼데다 조금만 허술
하게 다뤄도 잘 망가지는 예민한 소재다. 이런 고급 소재를 스웨트셔츠
나 청바지, 헤어밴드, 트렌치코트, 보머재킷, 슬립온 슈즈처럼 캐주얼한
패션에 적용했고, 이 허를 찌르는 반전과 기발함이 일본 바이어의 눈에
들었다.

문제는 그다음부터였다. 일본 진출 과정은 결코 평탄하지만은 않았
다. 그중에서도 이세탄의 바이어들은 까다롭고 깐깐하기로 유명하다.
물건 하나도 그냥 들이지 않는다고 소문났다. 헤어밴드의 재질, 길이,

비즈 개수까지 이메일로 물어가며 제작에 간섭했다. 옆에서 그 과정을 지켜보던 동료들이 비명을 지를 정도였다. 모두들 관두고 그 비위를 맞춰줄 시간과 열정을 아껴 비싼 드레스나 더 만들어서 팔자고 했다. 유나 양도 갈수록 지쳐갔다. 그러나 그만두지는 않았다.

"물론 사람들 말처럼 그 시간에 비싼 드레스 몇 벌 파는 게 더 수지는 맞아요. 하지만 제가 작은 프로젝트로도 이들을 만족시키지 못한다면 앞으로 더 큰 계약을 따내고 더 큰 시장에 진출하는 건 그만큼 더 힘들지 않을까 싶더라고요. 남들 보기엔 디자이너가 지나치게 작은 프로젝트에 매달려서 큰 그림을 못 보고 있는 것 같았겠지만, 제 생각은 달랐어요. 고객이 깐깐하게 굴고 별것 아닌 걸로 까탈 부릴 때마다 '이깟 것 됐다' 하고 그만두면 더 큰일은 어떻게 해내겠어요. 세상에 작은 일은 없다고 생각했어요. 시시한 일을 시시하게 하면 정말 시시한 사람이 되는 것일 테니까요."

유나 양은 결국 홀로 사무실에 남아 집요하게 헤어밴드를 파고들었다. 이세탄 바이어가 그를 괴롭힐수록 어떻게 하면 이들을 감탄하게 만들까 고민했다. 아름답고 고급스러운 헤어밴드는 이미 많았다. 남달라야 했다. 이때 떠올린 게 벨크로, 일명 찍찍이였다. 벨크로는 가볍다. 어디에나 잘 달라붙는다. 벨크로로 끝을 마무리한 헤어밴드는 오래 착용해도 머리가 아프지 않고 간편하다. 유나 양은 벨크로를 붙인 비즈 헤어밴드를 만들었고, 한 발 더 나아가 머리는 물론이고 옷 위나 팔목 같은 부위에도 자유롭게 떼고 붙일 수 있도록 했다. 이세탄 바이어는 결국 유나 양과 정식 계약을 맺고 매장을 내줬다. 당시 바이어는 유나 양이 만든 헤어밴드를 보면서 이렇게 물었다고 했다. "이런 건 어디에서도 본 적이 없네요. 더 많이 만들어줄 수는 없는 겁니까?"

혹자는 유나 양이 뉴욕 컬렉션에서 선보인 값비싼 옷이 아닌 장신구나 신발부터 팔면서 미국 시장과 일본 시장을 뚫었으니 그만큼 디자이너로서 자존심을 꺾은 건 아니었냐고도 말한다. 유나 양은 그런 이야기를 들으면 그저 어깨를 으쓱하고 만다.

"아뇨. 전 제 한계를 분명히 알아요. 생각해보세요. 저는 한국 사람이고, 동양 여자고, 이름도 유나 양이에요. 미국에서 패션 공부를 하거나 미국 회사 인턴을 하지도 않았어요. 알렉산더 왕이나 제이슨 우처럼 귀에 익숙한 미국 이름을 쓰지도 않죠. 한마디로 낯선 존재인 거예요. 처음엔 '이름이 뭐 이리 어려워?'라는 불평도 정말 많이 들었어요. '일본 디자이너도 아닌데 왜 이렇게 물건을 비싸게 파느냐'는 질문도 많이 들었고요. 저는 그런데도 상당히 비싼 고가의 컬렉션만 고집해요. 제 옷을 사려면 이미 샤넬, 에르메스 정도는 하나씩 가지고 있는 구매력 있는 고객이어야 한다는 얘기예요.

그럼 이 눈 높은 고객을 제가 대체 뭘로 설득할까요? 그들이 대체 무엇을 보고 매장까지 와서 유나양 제품을 사게 되는 걸까요. 그냥 우아한 컬렉션, 그냥 아름다운 제품만으로는 안 된다는 뜻이에요. 아주 신선하고 놀랍고 독특해야만 하죠. 저는 그래서 헤어밴드부터 시작한 거예요. 뉴욕 컬렉션을 매해 치르는 디자이너가 헤어밴드부터 내놓는 건 절대 흔치 않은 경우일 테니까요."

돈뭉치보다 강력한 편지 한 장의 힘

헤아릴 수 없이 많은 디자이너가 뉴욕에서 몇 번 쇼를 하고 장사를 하다 금세 접고는 이런 핑계를 댄다. '나는 이곳에서 계속 쇼를 치를 돈이 없어.' '뉴욕은 신예 디자이너가 광고 마케팅 비용 한 푼 없이 버티기엔 너무 치열한 곳이야.' 우리나라 패션 디자이너들도 예외는 아니다. '뉴욕에서 쇼 한 번 열면 1~2억 원이 우습게 깨져서 2~3년 넘게 이 일을 지속할 순 없다'라고들 말한다. 몇몇 대기업 패션회사나 일부 유명 디자이너 아니면 꾸준히 뉴욕에서 쇼를 열지 못하는 이유다.

유나 양은 그러나 단 한 번도 그런 변명을 해본 적이 없다. 패션 디자이너 특유의 허세는 일찌감치 버렸다. 흔히들 수만 달러씩 들여 장소 빌리고, 홍보대행사 쓰고, 유명 스타일리스트를 기용해 쇼를 열지만 유나 양은 그런 데 돈을 써본 적이 거의 없다고 했다.

"무조건 돈으로 해결하겠다는 태도부터 버리면 길이 보여요. 한국 사람들은 일단 뭐든 돈으로 해결하려 들지만 외국에선 뜻밖에도 당장 눈앞의 돈보다도 파트너의 진심과 철학을 따져보는 경우가 꽤 되거든요. 저는 일단 유나양이라는 브랜드와 컬렉션 콘셉트를 쭉 설명하는 자료를 만들어서 미국 곳곳에 있는 기관과 단체 수백 곳에 열심히 뿌렸어요. 그렇게 죽어라 두드리다 보면 적어도 한두 곳 정도는 '너와 네 브랜드의 철학이 정말 맘에 든다'는 곳이 나타나요. 이들은 제 쇼를 위해 장소를 아주 싸게 빌려주거나 심지어 무료로 내줘요. 때론 2~3년씩 계속 쓰라고 하는 곳도 나오죠!"

이렇게 얻은 장소에서 유나 양은 최선을 다해 행사를 치르는 것으로 감사 인사를 대신한다. 홍보대행사나 스타일리스트를 써본 적이 없다. 홍보는 늘 이렇게 직접 편지와 카드를 써 직접 발로 뛰어 해결했고, 스타일링도 직접 했다. 주위에서 '프로페셔널처럼 보이려면 그래도 돈을 더 써야 한다'고 했지만 유나 양은 크게 개의치 않았다. 그러던 2016년 말 어느 유명 스타일리스트가 유나 양에게 직접 전화를 걸어왔다. "네 옷이 참 맘에 드는데, 내가 다음 쇼에서 일을 좀 거들어줘도 될까? 너한 테는 돈 많이 안 받을게." 2017년 2월 쇼는 그 덕에 이 스타일리스트와 작업할 수 있었다.

디자이너에게 또 중요한 것이 좋은 원단을 확보하는 것이다. 유나 양은 원단을 살 때도 돈보단 편지부터 먼저 내민다고 했다. "이탈리아 디자이너로 일하던 시절부터 오래 알고 지낸 거래처가 몇 군데 있어요. 사정이 어려울 땐 그들에게 솔직히 이메일을 썼어요. 꼭 돈으로 해결하려 들지 않아도 돼요. 제 디자인을 설명하고 진심을 보여주면 반드시 이해하고 손을 내밀어주는 파트너가 나오기 마련이에요. 돈보다는 여전히 진심이 더 힘이 세니까요."

인맥 없이도 괜찮아

흔히들 미국에서 디자이너로 성공하려면 주변 인맥을 쌓는 것이 먼저라고들 한다. 유나 양의 성공 과정은 정확히 반대 방향으로 움직여왔다. 한국 토박이 출신이다. 미국에서 대학이나 대학원을 나오지도 않았다. 유럽에서 공부했고 일했다. 뉴욕에 오기 전까지는 업계 사람 그 누구도 알지 못했다. 그저 맨주먹으로 문을 두들겨왔다.

일부에선 그 대신 걱정을 해주기도 했다. 파티라도 좀 다녀보라고 잔소리하는 이도 있었다. 파티에라도 다녀야 뉴욕 사교계 유명 인사를 만나고, 그들과 친해지면서 사업을 확장할 수 있을 거라는 얘기였다. 유나 양은 "아쉽게도 내가 파티를 싫어한다."고 했다. 하루 종일 일하고 나면 피곤해서 집에 가고 싶어진다는 것이다. 또 파티까지 찾아갈 시간도 그에겐 그리 많지 않다. 결국 그는 모르는 사람과 말 섞을 시간에 집에서 잠 한 시간 더 자는 쪽을 택했다. 나중에 돌아보고서야 깨달았다고 했다. 인맥은 어차피 일하다 보면 생기는 것이라는 것을. 유나 양은 이제 이렇게 말한다.

"그냥 열심히 일하면서 만나는 사람들이 있잖아요. 그들에게 믿음을 주면 인맥이 생겨요. 공방에서 재봉틀 돌리는 아저씨에게 월급 제때 줬고, 원단과 각종 재료를 납품하는 이들에게 꼬박꼬박 성실하게 돈 밀리지 않고 줬어요. 쇼에 찾아오는 기자들에게는 진심을 다해 인사하고 설명했어요. 파티 안 다녀도, 결국 그들이 절 기억하고 다시 찾아왔어요. 그들이 제게 또 다른 누군가를 소개시켜줬어요. 물론 시간이 걸리는 일이죠. 하지만 갑자기 얻은 모래성 같은 인맥보단 이게 진짜예요. 어차피 진짜가 아니면 소용없는 것 아녜요?"

책임질 줄 아는 것, 그것이 디자인

그렇다면 유나 양에게 디자인이란 결국 무엇일까. 그는 다른 무엇도 아닌 '책임'이라고 했다.

"패션 디자이너라는 게 혼자 폼 잡고 예술 하는 직업만은 아닌 거죠. 저는 매 시즌 트렌드를 놓치지 않고 읽으면서도 제 것을 만들어 무대에 올려야 해요. 1년에 쇼가 두 번 있는데, 생각보다 빨리 돌아와요. 2월에 컬렉션 발표하고 숨 좀 돌리면 금세 9월이 되죠. 그렇다고 하소연만 하고 있을 순 없어요. 시간에 쫓긴다고 나만 시간을 더 달라고 할 수도 없죠. 정해진 기간 안에 또다시 새롭고 독창적인 나만의 디자인을 만들어내는 건 내가 고객과 바이어, 기자들에게 지켜야 할 약속과도 같은 것이니까요. 이를 얼마나 성실하게 열정적으로 이행하느냐에 따라, 내가 이 혹독한 뉴욕 패션 업계에서 희생자가 될지 생존자가 될지 결정되는 거죠."

뉴욕에서 디자이너로 활동한 지도 어느덧 8년이 되어간다. 혼자 시작했던 사무실에는 직원 다섯 명이 일하고 있고, 뉴욕 가먼트디스트릭트에 있는 공방 식구는 이제 50명쯤 된다고 했다. 다른 나라 공방에서 일하는 직원까지 합치면 그 수가 더 많다. 유나 양은 패션 디자인은 미술이나 음악처럼 혼자서만 할 수 있는 작업이 아니기 때문에 책임감이 무엇보다 필요하다고 했다.

"정해진 기간까지 옷본과 디자인을 넘겨야 하고, 작업을 도와준 직원들에겐 제때 월급을 주고 거래처엔 대금을 치러야 해요. 저랑 일하는 사람은 모두 제가 잘되길 진심으로 빌고 있을 거예요. 제가 잘돼서 다음 시즌에 또 일을 해야, 더 오래 많이 일할 수 있을 테고 그만큼 모두가 돈을 벌 수 있을 테니까요. 이들을 위해서 정직하게, 한눈팔지 않고, 열심히 만들고 그리는 것. 그게 결국 디자인 아닐까 싶어요. 패션은 화려한 신기루처럼 보이지만, 그 세계를 유지하는 시스템은 차갑고도 정확해요. 이 세계에서 끝까지 현실 감각을 잃지 않고 허우적대지 않는 디자이너로 남고 싶어요."

조아킴 손 포르제 Joachim Son-Forget

●

입양아 출신 조아킴 손 포르제 프랑스 하원 의원은 자신을 가리켜 얼굴은 한국인, 생활은 지구인, 생각은 프랑스인인 행운아라고 표현한다. 서울 마포구 골목길에 버려져 프랑스로 입양됐지만 자신이 가진 다양성을 통해 더 많은 일을 해내고 있다. 한불의원친선협회장을 맡은 그는 양국을 잇는 역할을 하고 있다.

06

버림의 기억을 성장의 발판으로
삼은 노력파 지구인

'내가 유독 남과 다르다고 생각하지 않지만, 남들이 조금 다
르게 볼 거라는 건 잘 안다. 나 스스로 더할 나위 없는 프랑스 사람이라
고 느끼지만 거울엔 동양인의 얼굴이 비친다. 우리는 그렇게 종종 과거
의 기억과 조우한다. 꼭 부정적으로 볼 필요는 없다. 이를 통해 어디에
서도 볼 수 없는 온전한 정체성을 구축해나가고 있을 테니까.'

프랑스 하원의원 조아킴 손 포르제가 2016년 1월 프랑스의 어느 비
정부기구 뉴스레터에 기고한 내용 중 일부다. 포르제는 한국계 프랑스
인이다. 1983년 7월 서울 마포 골목길에 버려진 그를 경찰이 발견했다.
생후 3개월 된 아기였다. 옷 안에는 '83년 4월 15일'이라고 쓴 쪽지가

들어 있었다. 경찰서에서 하룻밤을 보내고 다음 날 보육원으로 보내졌다. 아기는 이후 홀트아동복지회를 통해 1984년 1월 프랑스 중동부 도시 디종으로 입양됐다. 당시 입양 서류에 적힌 그의 이름은 김재덕이었다. 변호사인 아버지와 주부인 어머니는 그에게 조아킴이라는 프랑스 이름을 지어주었다.

버려졌던 아기는 스위스 로잔 대학 신경방사선과 의사이자 하프시코드 연주자로 자랐다. 이름은 그사이 조아킴 손 포르제로 바뀌었다. 2014년 8월 결혼한 한국인 아내의 손정수 이름에서 성을 따 붙인 것이다. 한국 이름도 손재덕으로 바꿨다. 2017년 6월엔 마크롱 프랑스 대통령이 이끄는 정당 레퓌블리크 앙마르슈 소속으로 해외 선거구인 스위스·리히텐슈타인 지역구에 출마, 74.88퍼센트의 표를 얻어 하원의원에 당선됐다. 프랑스는 하원 전체 의석 가운데 11석이 해외 선거구로 배정돼 있다.

조아킴 손 포르제를 서울에서 만난 건 2017년 11월 말이었다. 한불의원친선회장 자격으로 한국에 왔다고 했다. 인터뷰를 요청하자 그는 일정이 빽빽하니 오전 8시 45분 서울 대학로에서 만나자고 했다. 은행잎이 노랗게 물든 아침이었다. 감색 트렌치코트를 입은 포르제는 만나자마자 손을 내밀며 서툰 한국말로 "안녕하세요" 하고 인사했다.

거울 속의 나를 보며 끊임없이 고민하다

"서울이요? 그럼요, 자주 왔죠. 올 때마다 반갑지만 또 한편으론 낯설어요. 거울에 비치는 제 모습 같죠."

조아킴 손 포르제가 들려준 첫 마디다. 그에게 서울은 참 묘한 도시다. 일단 서울은 그에게 친근한 도시다. 2009년 친부모님을 찾기 위해 처음 왔고, 지금의 아내와 장거리 연애를 할 땐 스위스에서부터 서울까지 왔다 갔다 하기도 했다. 요즘도 처가에 종종 들르니 지리도 제법 익숙하다. 거리에서 마주치는 사람들 얼굴도 반갑다. '다들 참 나처럼 생겼네' 싶다. 서울 사람들도 포르제의 얼굴을 보면서 어색해하는 경우는 거의 없다고 했다. 다들 그저 '한국인이겠거니' 하며 부드러운 무표정으로 그를 맞는다는 것이다.

동시에 서울은 여전히 낯선 곳이다. 포르제가 입을 열면 특히 그렇다. 한국 사람이겠거니 하던 사람들도 그가 막상 외국어로 말을 걸면 표정이 금세 바뀐다. "제가 말을 하기 시작하면 서울 분들 표정이 조금 달라져요. '앗, 외국인이었네' 하는 얼굴이 되죠." 영락없는 한국인 얼굴을 지닌 영락없는 파리지앵인 셈이다.

그가 살고 또 일하는 곳인 프랑스 파리나 스위스 제네바에선 상황이 당연히 정반대다. 파리 사람들은 동양인인 그의 얼굴을 보면서 '외국인이네' 하는 표정을 짓는다. 그러나 막상 포르제가 말을 시작하면 '아, 프랑스 사람이었구나' 하는 눈빛이 된다. 포르제는 이 상황을 이렇게 설명했다. "그렇게 양쪽을 왔다 갔다 하다 보면 보통 사람보다 '나는 누굴까' 하는 생각을 아무래도 더 많이 하게 되죠. 아주 어린 시절부터 그 생각을 꽤 많이 했어요. 이젠 그 답을 찾았지만요."

묻지 않을 수 없었다. "당신은 그럼 누구인가요?"

그는 싱긋 웃었다. "얼굴은 한국인, 생각은 프랑스인, 생활 반경은 지구인이죠. 과학과 수학, 음악과 정치에 관심이 많고, 궁극적으로는 세상 모든 것에 호기심이 넘치는 사람이죠. 무엇보다 하고 싶은 일을 마음껏 할 수 있는 환경에서 자란 행운아입니다. 레이블lable이 제법 길죠. 그래서 남다르고요."

홀로 서는 법을 일찍 터득한 아이

조아킴 손 포르제의 부모는 세 남매를 모두 외국에서 입양해 키웠다. 세 아이 출신국이 모두 다르다. 어릴 때는 정규 학교에 다니는 대신 홈스쿨링을 했다. 부모는 아이들이 학교 교실에 갇혀 지내는 대신 자연에서 맘껏 뛰어놀도록 했다. 그는 새와 풀벌레에 열광했다. 조류학 서적을 쌓아놓고 탐독했다.

다섯 살엔 누이와 함께 피아노를 쳤다. 누이는 반복 훈련을 통해 연주를 익혀야 하는 피아노 수업에 금방 싫증냈지만 그는 달랐다. 연주에 남다른 재능을 보였다. 중학생 때까지 피아노 연주 전문교육을 받았다. 열 살 무렵엔 무술에 심취했다. 쿵푸, 유도, 태권도에 빠져들었다. 고등학교에 진학할 무렵엔 의학에 관심을 갖게 됐다. 피아노도 쿵푸도 모두 몸을 쓰는 일이었기 때문이다. 메디컬 스쿨로 옮겼고 그랑제콜(대학)인 파리 고등사범학교에서는 인지과학을 전공했다. 2008년부터는 스위스 로잔 대학 병원에서 신경방사선과 의사로 일하기 시작했다.

조류학, 피아노, 쿵푸, 의학까지 누가 시켜서 이토록 다양한 분야를 두루 섭렵한 건 아니었다고 했다. 부모님은 그에게 어떤 공부도 강요하지 않았다. 그는 열 살 무렵부터 스스로 궁금한 분야를 찾아 파고들었다. 궁금한 건 책을 뒤져 해결했고, 그래도 답답한 건 직접 선생님을 찾아다녔다. 어렸을 때부터 무척이나 독립적인 아이였다. 부모님은 그런 그를 자랑스러워하면서도 한편으론 안타까워했다. 누구에게도 의지하지 않는 그의 성격이 고맙기도 했지만 섭섭하기도 했다는 얘기다. 조아킴도 인정했다.

"전 어릴 때부터 홀로 서는 법을 터득했어요. 강하고 단단하게 자라났죠. 하지만 이런 제 성격이 때론 누군가에게 상처를 주기도 했어요. 자립심이 강하다는 건 그만큼 누군가와 빨리 헤어지고 싶어 한다는 뜻이기도 하니까요. 그건 부모님이 될 수도 있고 친구가 될 수도 있어요. 세상일엔 언제나 양면이 있습니다. 강함과 약함은 늘 함께 붙어 다니죠. 제 인생이 그렇고, 우리 모두의 인생이 또 그렇겠죠." 포르제는 또다시 싱긋 웃었다.

흠이 많아 더 높이 도약할 수 있었다

포르제는 2009년 한국을 처음 방문했다. 친부모를 찾고 싶어서였다. 부모가 입양할 때 받았다는 홀트아동복지회 서류를 들고 이곳저곳을 헤맸다. 아쉽게도 서류엔 빈 곳이 너무 많았다. 김재덕이라는 이름을 누가 지은 건지조차 제대로 확인할 수 없었다. 결국 친부모 흔적을 찾지 못하고 스위스로 돌아갔고, 이후로 더는 애써 찾지 않았다. 일이 많아

바빠지면서 여유가 없어졌기 때문이기도 하다. 하지만 그보다는 '굳이 친부모님을 애타게 찾아 나설 필요가 있을까. 나는 이제 내가 누구인지 선명하게 알고 있지 않은가' 하는 생각이 들었기 때문이기도 하다.

"누군가가 친부모님을 찾아주신다면 물론 기꺼이 만나겠지만 억지로 제 시간과 에너지를 써가며 찾아 헤맬 필요까진 없는 것 같아요. 그 동안 제 인생을 더 충실히 사는 게 낫다고 생각했어요. 어릴 때 버려진 이유는 알 수가 없죠. 부모님이 가난했을 수도 있고 또 다른 사정이 있었을 수도 있죠. 그래도 곰곰이 생각해보면 결국 절 사랑하고 아껴서 지금보다 더 나은 어딘가로 보내주고 싶은 마음에 버렸을 것도 같아요. 복잡한 이야기죠. '사랑받아서 버려졌다'는 얘기니까요. 하지만 이제 이해합니다. 덕분에 더 많은 일을 할 수 있게 됐고요. 뿌리에 관심을 갖다 보니 어릴 때부터 아시아 역사와 지리를 열심히 공부했어요. 문학 작품도 많이 읽었죠. 그 과정에서 사고가 깊어졌고 사는 세계의 반경이 넓어졌어요. 이젠 자신 있게 말할 수 있어요. 콤플렉스가 없다고요. 무엇보다 그런 것에 얽매이기엔 삶이 참 짧죠."

'인생은 짧다'는 포르제에게 좌우명 같은 문장이다. 촌음寸陰을 아껴가며 공부하고 연구하고 일하고 선거운동과 정치 활동을 하며 살아왔다. 여가시간조차 허투루 쓰는 법이 없다. 평생 피아노와 하프시코드를 연습해왔다. 연주 실황 앨범을 발매할 정도로 수준급 실력을 자랑한다. 그의 아내는 그를 두고 이렇게 말했다. "남편은 시간을 허투루 보내는 것을 무척 싫어해요. 놀 땐 누구보다 진하게 놀고, 쉴 땐 완벽하게 쉬어요. 일할 땐 몰두해서 일하고 가족과 시간을 보낼 때도 최선을 다해요.

그런 그가 안쓰러울 때도 있지만, 저 역시 그런 열정을 보고 반한 거죠."

요즘도 포르제는 틈나면 피아노와 하프시코드를 연습한다. 2017년 2월엔 제네바에서 시리아 난민 돕기 공연을 열고 하프시코드를 독주했다. 코소보 독립과 이스라엘의 팔레스타인 정책에도 관심이 많아 알바니아어와 히브리어까지 배웠다. 영어, 프랑스어까지 4개 국어를 할 수 있다. 많은 것을 왕성하게 익히고 배우며 삶을 낭비하지 않고 성장해온 셈이다. 이렇게 열심히 사는 이유가 대체 뭘까. 포르제는 말했다.

"어려서 버려졌기 때문인지는 모르겠어요. 제약에 얽매이는 것을 싫어합니다. 세상 무엇의 방해도 받지 않고 내 것으로 만들 수 있는 그 무엇에 관심이 많아요. 제가 돈, 시간, 에너지를 쏟아 새로운 지식이나 기술을 익히는 것도 그래서죠. 그렇게 익힌 지식은 완벽한 제 것이 되거든요. 누구도 뺏어갈 수 없죠. 인간은 누구나 시간의 제약을 받고 살지만, 열심히 공부하고 이곳저곳을 옮겨 다니며 활동하다 보면 적어도 공간의 제약은 덜 받고 살겠죠."

실패가 없었던 건 아니다. 마음에 차도록 무언가를 완벽하게 익히기까지 포르제는 종종 골방에서 조바심을 치며 연습하고 또 연습했다고 했다.

"다들 성공한 제 모습을 보지만, 실패의 경험을 다 말하려면 너무 오래 걸리는 걸요. 가령 하프시코드와 피아노만 봐도 그래요. 처음부터 연주를 잘했을 리가 없잖아요. 몇몇 연주자 CD를 반복해서 들으면서 혼자 탄식할 때가 있었어요. '대체 연주 몇 번을 더 망쳐야 저렇게 치게 될까' 하고요. 하지만 듣고 따라 하고 또 듣고 따라 하다 보니 차츰 제 연주 실력이 늘었죠. 그 연주자들을 그토록 부러워했는데 어느 순간 보니 그들이 제 친구가 돼 있었어요. 사람에게 흠은 참 중요한 것 같아요. 전 흠이 많아서 노력을 많이 했고 그 덕에 도약도 했죠. 결점 덕에 장점이 생기는 거죠."

계산하지 않고 안주하지 않는 인생

포르제는 2012년 사회당 당원으로 정치 활동을 시작했다. 이민자들의 삶에 관심이 많았다. 이들의 정착을 돕는 운동에도 참여하고 다양한 모금 활동을 벌였다. 그러나 2년 만에 탈당했다. 정치인들의 밥그릇 싸움에 염증을 느꼈기 때문이다. 포르제에게 그들의 관심은 그저 의원 자리를 유지하는 데만 있는 것처럼 보였다.

2016년 4월 '21세기 클럽' 행사에서 에마뉘엘 마크롱 프랑스 대통령을 만났다. 북아프리카, 아시아 출신 젊은이들을 돕는 모임이었다. 또 다른 한국계 입양아 출신인 플뢰르 펠르랭 전 프랑스 문화부 장관이 이 모임 회장이었다. 포르제는 당시 경제부 장관 자격으로 모임을 찾은 마크롱 대통령과 금세 친해졌고 마크롱 대통령은 이후 포르제에게 '나를 도와 스위스 제네바 지역구를 맡아달라'고 부탁했다.

스위스 로잔 대학 신경방사선과 의사로 명성을 떨치고 있던 그였다. 굳이 정계에 또다시 뛰어들어 고생을 자처할 필요가 없었다. 주위에서도 정치 힘든 거 이미 겪어봤는데 또 나설 필요가 있느냐고 했다. 그러나 포르제는 출마를 결심했다. 안주하고 싶지 않았다.

"더 많은 사람을 돕고 싶었고요. 제대로만 정치한다면 가능한 일이라고 생각합니다. 정치가 어렵다지만 그럴수록 잘해보고 싶기도 했고요. 쉽지 않은 길이니 더 끌린 것도 있죠. 그렇다고 길게 할 생각은 없고 딱 10년만 하고 싶어요. 이후엔 뭔가 또 다른 것에 빠져 있겠죠. 지금까지 그랬던 것처럼요. 머리 굴리며 살고 싶진 않아요. 순간순간 하고 싶은 것에 최선을 다하며 살 겁니다. 익숙한 길만 골라 밟으면서 뻔한 답을 그리는 인생을 살고 싶진 않아요."

최근 그는 공무원 수를 줄이고 임금을 동결하는 마크롱 정부 노동 개혁에도 찬성 목소리를 내고 있다. 현지 언론과의 인터뷰에서 "나는 진보적 우파인 동시에 사회주의 성향을 지닌 우파."라고 말하기도 했다. 포르제는 기회를 모두에게 주는 세상, 더 많은 이가 자유롭게 교류하는 세상을 만드는 게 목표라고 했다.

그래도 사랑은 상처를 덮는다

그가 아내를 만난 건 2013년 프랑스 파리에서다. 손정수는 당시 이화여대 식품영양학과를 졸업하고 프랑스 부르고뉴 대학에서 박사 과정까지 마친 상태였다. 둘은 파리에서 딱 사흘간 데이트했다. 손정수 역시 첼로와 피아노, 하프시코드 연주에 능했고 음악에 관심이 많았다. 짧고 강렬한 만남이었다. 손정수가 귀국하자 포르제는 그녀를 보기 위해 휴가를 내고 서울로 날아왔다. 청혼은 영국 런던에서 했다. 관광 명소로 꼽히는 회전관람차 '런던아이'에 올랐을 때 반지를 내밀었다. 만난 지 6개월

밖에 안 됐을 때였다. 그는 "아내와 모든 것이 잘 통한다고 느꼈다. 결혼을 고민할 이유가 없다고 생각했다."고 했다.

연애와 결혼은 다른 법이다. 그는 뼛속까지 프랑스 사람이고 아내는 그야말로 한국인이다. 전혀 다른 두 사람이 부딪히고 사는 것이 결혼이다. 포르제는 가끔은 도저히 이해할 수 없을 때도 있지만 또 그래서 같이 사는 게 재밌다고 했다.

이 부부는 요즘도 종종 집에서 함께 바로크음악을 연주한다. 바로크음악은 워낙 복잡하고 정교해서 악보 읽는 것도 쉽지 않다. 그래서 부부는 누가 악보를 빨리 읽나 내기한다고 했다. 보통은 아내가 남편보다 악보를 빨리 읽는다. 서로 그렇게 소리를 주거니 받거니 하다 보면 대화하는 기분이 들기도 한다. 또 다른 차원의 대화인 셈이다. 손정수는 "남편은 모든 면에서 행동가다. 나는 그 보조를 맞춰 함께 뛴다. 연주도 비슷하다. 쉽지 않지만 즐거운 등산과도 비슷하다."고 했다.

두 사람 사이에는 딸이 있다. 2017년 부부를 만났을 때 딸아이는 두살배기였다. 포르제는 아내와 가족을 꾸리고 아이를 키우면서 종종 자신의 어린 시절을 생각해보게 된다고 했다.

"아이를 키운다는 건 시행착오의 연속이죠. 순간순간 결정이 쉽진 않지만 한 가지만큼은 분명해요. 부모는 아이에게 따뜻한 울타리가 되어줘야 한다는 사실 말이죠. 아내를 만나면서 장모님과 알게 됐고, 한국을 오가면서 많은 친척을 또 만났어요. 이들과 함께 어울리면서 가족이란 울타리가 얼마나 소중한지 다시 배우고 있고요. 열 살 이후로 독립적으로 자랐고 제 인생은 제가 개척했다고 믿지만 요즘은 조금은 생각이 달라졌어요. 사람에겐 결국 가족이 필요하다는 사실을 더욱 굳게 믿게 된 거죠. 제 아이에게도 그렇게 든든한 울타리를 만들어주고 싶어요. 돌아보면 저는 운이 좋았어요. 비록 친부모님에겐 버려졌지만 조건 없이 사랑해주는 부모님을 만났고, 지금의 가족을 얻었죠. 행운을 얻었다면 남은 생은 그걸 나누면서 사는 게 맞는 것 같아요. 제 아이에게도 주위 사람에게도 제 행운을 나눠주고 싶어요. 사랑하고, 지켜주고, 버텨주는 거죠. 굳이 서로에게 뭘 하라고 강요할 필요도 없고 애써 가르칠 필요도 없고, 그거면 되는 것 아닌가 싶습니다."

뜨거운 침묵이 흘렀다. 그에게 마지막 질문을 던졌다. "상처에 새살을 돋게 하는 건 결국 또 다른 만남이라는 건가요?"

포르제는 고개를 끄덕였다. 작은 눈에는 미소가 차올랐다. 그리고 준비라도 한 것처럼 대답했다. "사랑이죠. 그것 외엔 답이 없습니다."

제3장

돈만 벌려고
일하지 않는다

회사란 무엇인가

롤프 시퍼런스 Rolf Schifferens

●

어니스트 헤밍웨이, 빈센트 반 고흐, 존 스타인벡 같은 이들이 사랑해온
연필 파버카스텔의 대표이다. 파버카스텔은 창립 257년을 맞은 전 세
계에서 가장 오래된 연필 생산업체이며, 모두가 위기라고 말하는 디지
털 시대에도 매출 규모가 성장하는 놀라운 기업이다. 수백 년 동안 기
업을 이어온 원동력이 바로 사람에 있다고 말하는 파버카스텔은 위기
일수록 사람에 투자하며 앞으로도 더 큰 성장을 약속한다.

01

사람으로 위기를 이겨낸 257년의 기록

모두들 후퇴할 거라고 했다. 디지털의 파고를 넘지 못할 것이라고 했다. 그러나 이 회사는 위기 속에서 살아남은 것은 물론이고 한창 가파른 성장세를 자랑하기까지 한다. 바로 2018년에 창립 257년을 맞은 전 세계에서 가장 오래된 연필 생산업체 독일 파버카스텔Faber-Castell 얘기다.

스마트폰과 컴퓨터가 발달하면서 필기를 하는 사람이 점점 줄어드는 게 현실이다. 어니스트 헤밍웨이, 빈센트 반 고흐, 존 스타인벡 같은 이들이 사랑해온 연필도 어느덧 시대의 구물舊物이 되어가는 듯 보였다. 문구 시장도 그렇게 후퇴할 것만 같았다. 그러나 결과는 정반대였다. 유로모니터를 비롯한 유럽, 미국의 시장조사 기관들은 오히려 펜을 포함한 필기구 시장이 2014년 162억 달러 규모에서 2020년엔 202억 달러 규모로 성장할 것이라고 분석했다.

파버카스텔의 롤프 시퍼런스 독일 본사 대표도 앞으로 필기구 시장의 성장을 예견하면서 비슷한 말을 했다. 그는 최근 몇 년간 성적이 무척 괜찮았고, 지난 2~3년 동안 한국에서만 매출이 200퍼센트 성장했으며, 매년 목표 성장률을 상향하는 중이라고 했다. 어떻게 이런 일이 가능했을까. 펜을 쥐고 글 쓰는 것을 낯설어하는 젊은 세대의 모습을 보면서 많은 이가 필기구 시장의 위축을 예견해왔는데 말이다.

따라서 시퍼런스 대표에게 던진 첫 질문도 이것일 수밖에 없었다. "디지털이라는 위기를 어떻게 이겨낸 건가요?" 그는 빙그레 웃으며 오히려 이렇게 되물었다. "연필 회사가 257년이란 시간을 버티면서 그동안 위기를 몇 번이나 겪어왔을 것 같나요?" 그러고는 이렇게 덧붙였다. "우리는 지난 257년 동안 마치 롤러코스터를 타는 것처럼 위기를 넘고 또 넘으며 여기까지 왔어요. 그 위기를 버티게 해준 건 사람이었어요. 아무리 어려운 순간에도 우리는 사람부터 생각했죠. 그게 우리의 전략이라면 전략일 겁니다."

스마트폰과 컴퓨터를 이기는 연필의 저력

파버카스텔은 1761년 독일 남부 뉘른베르크에서 창업한 회사다. 오늘날 사람들이 가장 흔하게 쓰는 육각형 연필을 고안한 것도, 연필심의

짙기(B)와 강도(H)를 세분화한 것도 이 회사다. 괴테도 생전에 파버카스텔 제품의 애호가로 알려져 있다. 패션 디자이너 칼 라거펠트, 현대 화가 오스카 코코슈카와 네오 라우흐, 노벨문학상 수상 작가 귄터 그라스 또한 파버카스텔 연필의 애호가로 유명하다.

창업자인 카스파르 파버Kaspar Faber는 본래 장롱을 만들던 업자였다. 그러다 연필을 만들어 돈을 벌면서 본격적으로 사업을 시작했고, 그의 아들 안톤 빌헬름 파버(1758~1819)가 가업을 물려받아 현재 본사가 있는 뉘른베르크에 회사를 정착시켰다. 1898년엔 파버 가문의 오틸리에 폰 파버와 독일 귀족 가문 출신인 알렉산더 카스텔-루덴하우젠Castell-Rudenhausen 백작이 결혼한다. 이때부터 두 가문 이름을 따서 회사 이름을 파버카스텔로 바꿨다. 1978년부터 현재까지 회사를 이끌고 있는 안톤 볼프강 그라폰 회장은 8세대로, 현재 그의 아들이 가업을 잇기 위해 경영 수업을 받고 있다. 시퍼런스 대표는 안톤 볼프강 그라폰 회장 아래에서 독일 본사 CEO와 프리미엄 라인 총괄책임을 맡고 있다.

귀족 가문이 이끄는 연필회사라니 꽤나 고고할 것 같지만, 파버카스텔의 행보는 이후로도 줄곧 귀족만의 사치스러움이나 도도함과 꽤 거리가 멀다. 시작부터 열정적이고 적극적이었다. 일단 이들은 연필의 남다른 품질을 유지하고자 전 세계에서 가장 좋은 원료를 찾아 나섰다. 1967년 브라질 상카를루스São Carlos에 있는 색연필 공장을 인수한 것이 시작이었다. 현재 세계 최대 색연필 공장이다. 1980년엔 말레이시아에 세계에서 가장 큰 지우개 공장을 세웠다. 1992년엔 친환경 수성 안료 제작 기술을 개발했다.

해외 시장에도 누구보다 발 빠르게 진출했다. 4대 회장인 로타르 폰 파버(1817~1896) 때부터 세계 시장 진출에 심혈을 기울였다. 1843년 미국 판매를 시작했으며 1849년 뉴욕에 첫 번째 해외 지사를 설립했다. 그런데 시퍼런스 대표는 이렇게 파버카스텔이 해외 시장에 누구보다 빨리 눈을 돌린 이유를 두고 뜻밖에도 이때부터 회사의 '위기'가 시작됐기 때문이라고 설명했다.

그래도 세상 어딘가에선 연필을 찾는다

시퍼런스 대표가 말하는 첫 번째 위기는 다름 아닌 계산기에서 시작된다. 1970년대는 각 가정과 상점에 계산기가 보급되기 시작한 때다. 당시 파버카스텔은 이미 단순히 연필만을 만드는 회사가 아니었다. 줄자나 주판 같은 각종 계산 도구나 사무용품도 함께 팔았다. 문제는 사람들이 줄자나 주판 대신 계산기를 지니고 다니기 시작한 것이었다. 파버카스텔로서는 엄청난 위기였다. 세상에 이렇게 바뀌는데 누가 연필이나 줄자를 사겠느냐는 이야기도 이 무렵부터 나왔다고 했다.

해외 시장을 찾아 나선 것도 이때쯤이다. 당시 로타르 폰 파버 회장은 이렇게 생각했다고 한다. '아무리 세상이 빠르게 변한다지만, 세상이 한꺼번에 동시에 바뀌진 않는다. 세상은 불균등하게 발전하기 때문에 지구 어딘가엔 아직도 우리가 만드는 옛날 방식의 흑연 연필이 필요한 곳이 있을 것이고, 주판이나 줄자를 필요로 하는 곳이 또 있을 것이다.'

그의 추측은 옳았다. 실제로 세계 인구가 늘어나고 신흥국과 개발도

상국 경제가 가파르게 성장하면서, 이들 나라에서 연필 같은 아날로그 제품을 사들이는 수요는 좀처럼 줄어들지 않고 있다. 교육에 대한 수요도 있었다. 시퍼런스 대표는 디지털 시대에도 부모들은 아이에게 스마트폰보다는 연필을 먼저 손에 쥐어주고 싶어 하며, 그건 전 세계 어디나 마찬가지라고 말했다. 연필이 계속 팔려나가는 또 다른 이유가 바로 여기에 있다는 것이다. 파버카스텔은 현재 120여개 나라로 제품을 수출하고 있다.

이후에도 위기는 계속 찾아왔다. 1980년대 이후부터 유럽의 수많은 회사가 사무용 연필 대신 컴퓨터 용품을 구입하기 시작했다. 파버카스텔은 다시 한 번 제품을 가다듬을 필요성을 느낀다. 기존에 생산해온 연필을 내놓는 것에 그치지 않고 고객의 새로운 요구에 맞춰 제품의 기능을 세분화하고 특화한 제품을 만들기 시작한 것이다. 어린이용 필기구, 예술가용 화구와 연필용품, 사무용품 등으로 제품을 세분화했고, 각 용도별로 세밀하게 고객의 불편한 점을 듣고 보완해 큰 호응을 얻었다.

화가 빈센트 반 고흐가 파버카스텔 애호가가 된 것도 파버카스텔 제품의 성능 때문이다. 고흐는 1883년 6월 동료 화가 안톤 반 라파트에게 이런 편지를 쓴다. "요즘 찾아낸 연필이 있어. 굵기가 딱 적당하고 질이 좋아. 근사한 검은색도 큰 그림을 그리기에 안성맞춤이야. 부드러운 나무로 만들어졌고 겉면은 짙은 녹색이야." 이 편지 속 연필이 바로 파버카스텔 제품이다.

절대 안 팔릴 것이라던 물건을
누구보다 열심히 만들 때

파버카스텔이 연필의 용도를 세분화한 건 오로지 시장의 요구에 부응하기 위해서였을까? 시퍼런스 대표는 이쯤에서 파버카스텔의 '꿈' 이야기를 꺼냈다. 파버카스텔이라는 회사에게는 오랫동안 꿈꿔온 목표가 있는데, 그건 바로 '연필에 있어서만큼은 없는 게 없는 다양한 제품을 만드는 회사'이다. 다시 말해 제품을 세분화하고 다양화해온 것은 이 회사의 전략인 동시에 비전이자 원칙이었다는 얘기다. 1978년 무렵부터 아이라이너, 립스틱 등 메이크업용 펜슬까지 만들게 된 것이 바로 이 같은 사실을 뒷받침하는 예라고 했다.

전략만은 아니었다고 하지만, 파버카스텔의 꿈과 목표는 미처 예상하지 못했던 결과도 낳았다. 이때 이후로 많은 유명 화가나 디자이너들이 파버카스텔이 만든 전문 펜을 사용하게 된 것이다. 오스카 코코슈카나 네오 라우흐 같은 유명 화가, 칼 라거펠트 같은 패션 디자이너가 파버카스텔 제품에 열광하기 시작했다. 특히 네오 라우흐는 유화만 그리다가 파버카스텔의 수채 연필로 그림을 그리면서 큰 화제를 모았다.

2000년대 들어 파버카스텔은 또 한 번 위기를 맞는다. 시퍼런스 대표는 이렇게 말했다. "정말로 더는 사람들이 손 글씨를 쓰지 않을 것처럼 예견된 때가 바로 이 무렵이었습니다. 그러나 우리는 낙담하지 않았고, 세상 사람들이 절대 안 팔릴 것이라고 생각했던 물건을 오히려 공들여 만들어 시장에 내놓았습니다." 그게 바로 2001년 창립 240주년을 기념해 출시된 프리미엄 라인 필기구 '퍼펙트펜슬'이다.

뉘른베르크의 장인들이 올리브나무를 일일이 손으로 깎아 완성한 필기구로, 백금과 다이아몬드로 치장했고 연필 뒷부분엔 지우개를 달고 뚜껑엔 연필깎이를 넣었다. 연필 한 자루에 지우개와 연필깎이를 모두 넣은 것이다. 99개 한정으로 만든 이 제품은 무려 1만 유로, 당시 우리나라 돈으로 1,200만 원가량이나 했지만 시장에 나오자마자 순식간에 동이 났다. 2016년엔 디자이너 칼 라거펠트와 손잡고 '칼박스'Karlbox를 내놨다. 수채 색연필과 유성 색연필, 크레용까지 350여 종류를 상자에 담아 2,850달러에 내놨는데 이 역시 완판되었다.

디지털 시대, 소장의 기쁨을 팔다

300만 원이 넘는 색연필 상자라니, 아까워서 어디 쓸 수나 있을까 싶다. 시퍼런스 대표는 그의 아내 얘기를 들려줬다. 아내도 칼박스를 하나 갖고 있는데, 그걸 꺼내 쓰는 대신 거실 한구석에 놓아두고는 종종 열어만 본다는 것이다. 손 가까이 닿는 어딘가에 놓아두고 바라볼 때 얻는 '순간의 즐거움'을 누리려고 샀다는 것. 다시 말해 쓰려고 산 게 아니라 소장을 하기 위해 샀다는 설명이었다. 이때의 색연필 상자란 결국 '아, 내게 이런 취미와 기쁨이 있었지' 하는 사실을 환기하는 역할을 한다. 언제 어디서나 스마트폰으로 손쉽게 음악을 들을 수 있는데도, 굳이 LP를 사서 턴테이블에 얹어놓고 듣는 즐거움을 누리려는 이들이 여전히 많은 이유와도 비슷하다.

컬러링북이 전 세계적으로 열풍을 일으키고 있는 것도 비슷한 맥락에서 읽을 수 있다. 사람들은 더는 연필을 실용적인 목적 때문에 사지 않는다. 감성적이고 창의적인 이유 때문에 산다. 연필을 쥐고 그림을 그리거나 색칠을 하고, 글씨를 쓰면서 마음의 긴장을 풀고 싶은 것이다. 색칠을 하면서 그렇게 나만의 은밀한 기쁨을 찾고 싶은 욕구는 결국 연필을 더욱 까다롭게 고르려는 소비 심리로 옮겨가게 된다. 기왕이면 그 나만의 시간을 오롯이 빛내줄 더 아름답고, 좋은 제품을 찾고 싶기 때문이다.

품질에 집착하는 회사, 모험을 감수할 줄 아는 회사가 빛을 발하는 것도 바로 이런 순간이다. 만약 파버카스텔이 연필이 잘 팔리지 않을 거라는 걱정 때문에 연필 가격을 내리고 저렴한 제품을 마구 양산해서 시장에 내놨다면 어떻게 됐을까. 업계 전문가들은 문구 시장은 지금보다 오히려 더 나빠졌을 것이라고 분석한다. 그나마 버티고 있는 몇 안 되는 회사들끼리 제 살 깎기 경쟁을 하게 됐을 것이고, 그 때문에 다 같이 무너지게 됐을 거라는 얘기다. "우리는 단순히 제품을 파는 것을 넘어서 다른 동종 업체, 경쟁자이자 동료인 이들의 미래까지 생각해야 했다." 는 시퍼런스 대표의 말이 의미심장하게 들리는 것도 이 때문이다.

독일 최초로 사내 어린이집을 만든 까닭

경쟁자이자 동료의 미래까지 생각한다는 이상한 회사. 파버카스텔은 직원을 감원하거나 구조조정을 하지 않고도 오래 버텨온 회사로도 널리 알려져 있다. 파버카스텔은 남다른 기록을 여럿 갖고 있다. 독일 최초로 1884년 노동자 건강보험과 연금제도를 만든 회사이고, 최초로 직원들을 위해 사내 어린이집을 지은 기업으로도 알려져 있다. 4대 회장 로타르 폰 파버가 남긴 업적 중 하나다. 21세기인 지금도 사내에 어린이집이 없어 아이 맡길 곳을 찾지 못하고 발을 동동 구르는 워킹맘이 적지 않다는 사실을 생각하면 획기적인 복지가 아닐 수 없다. 로타르 회장은 당시로선 유일하게 공장 건물을 개조하고 현대화해 더 나은 생산 환경을 제공하였으며, 공장 내에서 남녀의 역할 분담을 확실히 함으로써 직원들의 건강을 챙기고 일의 효율성을 높였다는 평가를 받는다.

1880년대 독일은 급격한 산업화와 도시화를 겪었다. 농촌에서 수많은 노동자가 도시로 한꺼번에 몰리면서 물가가 치솟았고 주택난도 심각했다. 노동 조건 또한 비참했다. 여자고 남자고 일을 해야 하는데, 아이를 봐줄 곳은 따로 없었다. 시퍼런스 대표는 로타르 회장이 당시 이런 독일의 도시 환경 때문에 필연적으로 어린이집을 만들고 노동자 건강보험 제도를 만들 수밖에 없었다고 설명한다.

회사를 제대로 운영하려면 누군가는 이들의 아이를 제대로 돌봐야만 하니 어린이집을 만들 수밖에 없었고, 직원들이 제대로 먹지도 못하고 일하니 의료보험을 도입하게 됐으며, 퇴직한 직원들을 돌봐줄 제도가 필요해 연금을 만들었다는 것이다. 시퍼런스 대표는 대단한 게 아니라 당연한 일이라고 했다. 파버카스텔이 유달리 남다른 회사여서 일찍이 이런 복지를 실천한 것이 아니라, 경영자라면 누구나 해야 하는 도리를 지킨 것뿐이라는 얘기다.

나폴레옹 3세가 벤치마킹한 경영 기법

파버카스텔은 국제노동기구 헌장ILO Charter을 처음부터 준수해온 기업이기도 하다. 1952년 1월 작성된 국제노동기구 헌장은 노동시간, 적정 임금, 질병·질환·부상에 대한 노동자 보호, 아동·여성에 대한 보호 같은 조약을 포함하고 있다. 이를 제대로 지키는 기업은 당시 유럽에서도 무척 보기 드물었다고 한다. 직원을 챙기는 파버카스텔의 기업 문화가 널리 소문이 나자, 프랑스의 나폴레옹 3세가 파버카스텔의 경영 기법을 벤치마킹하기 위해 독일에 특사를 보냈다는 이야기는 유명하다.

시퍼런스 대표는 파버카스텔의 오랜 경쟁력의 뿌리가 바로 이런 회사의 문화와 제도에 있다고 강조했다. 다른 어떤 기업보다 직원을 위할 줄 알았으며, 회사의 이윤 또한 직원과 나눌 줄 알았다는 것이다. 그리고 그것을 혜택을 베푸는 차원이 아닌 경영자의 사명使命으로 생각했다고 했다.

21세기에 들어서면서 파버카스텔은 새로운 과제에 당면했다. 전 세계 8,000여 명의 파버카스텔 직원들이 번아웃 증후군(의욕적으로 일에 몰두하던 사람이 극도의 신체적 정신적 피로감을 호소하며 무기력해지는 현상)을 겪지 않도록 신경 쓰는 것이다. 과거엔 직원들이 굶거나 아프지 않도록 신경을 써야 했다면 이제는 일에 지치지 않고 건강한 심신을 유지할 수 있도록 회사가 도와야 한다는 생각이다. 파버카스텔은 독일 본사뿐 아니라 전 세계 모든 직원이 일주일에 한 번씩 정신과 상담의와 상담을 받도록 하는 한편, 퇴근 후 요가 같은 심신 안정 활동을 하도록 적극 지원한다고 했다.

그러나 기업은 결국 수익을 내는 조직이다. 이런 사내복지가 때론 기업에겐 부담이 될 수도 있지 않을까. 시퍼런스 대표는 그렇지 않다고 했다. "오늘 하루만 생각하면 그럴 수도 있습니다. 그렇지만 회사라는 게 하루만 돌리고 마는 게 아니지 않습니까?"

회사를 오래 안정적으로 운영하려면 무엇보다 건강하고 훌륭한 직원이 필요하다. 이런 직원을 얻는 건 생각보다 쉬운 일이 아니다. 회사가 직접 직원들의 건강을 꾸준히 챙기고, 직원들이 일을 할 때 동기부여를 제대로 얻고 있는지를 확인해야 한다. 직원들이 내놓는 결과물의 품질이 어떤지도 계속 확인해야 한다. 시퍼런스 대표는 복지라는 게 알고 보면 결국 이런 과정의 일부일 뿐이라고 했다. 사람에게 투자할수록 회사가 잘된다는 사실은 그저 '착한 구호'가 아니라 오랜 경영과 체험을 통해 얻은 진리라는 것이다.

위기일수록 사람에 투자한다

파버카스텔 경영자들은 실제로 회사의 가장 큰 위기를 '사람' 덕에 넘겼다고 믿는다. 시퍼런스 대표는 그 예로 2000년대 초 독일 많은 기업이 인건비를 줄이기 위해 공장을 동유럽으로 옮길 때 이야기를 들려줬다. 당시 파버카스텔도 이런 흐름 앞에서 무척 고민이 많았다고 한다. 다른 회사들처럼 파버카스텔도 공장을 체코로 이전할지 여부를 두고 진지하게 고심했다. 회사의 결론은 '독일 생산을 고집하자'였다고 했다.

이유는 크게 두 가지다. 첫째, 인건비가 아무리 든다고 해도 '독일제' made in Germany라는 상표를 뗄 순 없다는 것. 파버카스텔은 독일을 대표하는 중소기업이고 이 점을 오랫동안 자랑으로 삼아왔는데, 공장을 체코로 옮기면 더는 자랑할 수 없게 된다는 사실이 무척 걸렸다는 것이다. 아무리 제작비가 많이 든다 해도 독일의 생산 노하우를 그렇게 쉽게 포기할 순 없다는 것이 회사 경영진이 내린 결론이었다.

두 번째 이유는 더 흥미롭다. '독일에 있는 숙련된 직원들을 저버릴 순 없다'는 것이다. 이 직원들이야말로 오늘날의 파버카스텔을 있게 한 원동력이자 곧 파버카스텔 장인 정신의 정체성인데, 이들을 저버린다면 곧 파버카스텔의 미래를 저버리는 것이라고 결론 내렸다는 것이다. 시퍼런스 대표는 지금 와서 돌아보면 정말이지 탁월한 결정이었다고 했다. 당시 동유럽으로 공장을 옮겼던 회사들은 나중에 또다시 공장을 중국으로 옮겼다가 이제 와서 다시 독일로 돌아오고 있기 때문이다. 기업을 오래 운영하려면 단순히 인건비를 줄이는 것보다 제대로 된 직원과 사람에 투자하는 것이 낫다는 사실을 그들도 이제야 깨달았기 때문이 아니겠냐는 것이 시퍼런스 대표의 분석이다.

엄마와 딸이 함께 25년씩 일하는 곳

얼마 전 파버카스텔 독일 본사에선 25년 근속 사원들을 모아 축하 파티를 열었다. 파티에는 25년을 근속한 딸과 50년을 근속한 어머니가 함께 참석해 큰 화제를 모았다. 이 모녀는 이날 함께 상을 받고 상으로 기념 여행을 떠났다. 이 자리에 모인 직원들은 두 사람을 위해 휘파람을 불고 박수를 쳤다. 파버카스텔은 이렇게 직원 이직률이 낮기로도 유명한 회사다. 매년 연말이면 40~50년차 근속사원이 나온다. 시퍼런스 대표는 그저 단순히 오늘 하루를 넘기기 위해서가 아닌, 25년 그리고 또 다른 250년을 함께 기뻐할 수 있는 미래의 그 순간을 위해 다 같이 일해야 하는 것 아니냐고 반문한다. 또 회사라는 건 어쩌면 바로 그런 순간을 위해 버티는 기둥 같은 존재가 아니겠느냐고.

연필을 만들기 위해 베는 나무보다 더 많이 심는다

파버카스텔은 해마다 2만 그루의 나무를 심는 회사로도 알려져 있다. 1980년대 초반부터 지속해 현재 브라질 남부에 2,500제곱킬로미터에 이르는 숲을 조성하고 있다. 파버카스텔은 매년 20억 개의 연필을 만드는데, 이를 위해 베어야 하는 나무보다 더 많은 나무를 심고 있다는 것. 이 덕에 국제기구로부터 탄소중립기업carbon-neutral corporation 인증서를 받고 있기도 하다.

파버카스텔은 제품을 만들 때 친환경 수성 페인트를 쓰는 회사로도 알려져 있다. 휘발성 물감이나 아세톤을 쓰면 덧바르지 않아도 되고 가격도 저렴하지만, 파버카스텔은 친환경 수성 페인트를 바르고 말리는 과정을 여섯 차례나 되풀이한다. 연필을 입에 잘 갖다 대는 어린이 고객을 생각하기 때문이다. 파버카스텔의 모든 연필은 장난감 표준이라고 부르는 유럽 EN71-3 규정을 따르고, 이를 위해 파버카스텔은 1992년 세계 최초로 수용성 래커를 개발하기도 했다. 광택을 유지하고 세균 번식을 막으면서도 피부에는 아무런 자극도 주지 않는다.

이 모든 활동이 '착한 기업 마케팅'의 일환인 건 아닐까. 시퍼런스 대표는 '책임'이라는 답을 내놨다. 회사 2세손 안톤 빌헬름 파버가 살아생전 '회사는 나의 소유물이 아니라 내가 다음 세대에게 건강하게 물려줘야 할 책임'이라고 강조하곤 했다는 것이다. 이런 안톤 빌헬름 파버의 철학에 대입해보면 여러 가지 문제에 대한 답이 또렷해진다. 가령 폐기물 처리 문제가 그렇다. 회사를 다음 세대에게 물려줄 수 있으려면 회사가 제품을 만들면서 내놓는 폐기물까지 제대로 처리할 수 있어야 하고, 나무를 베면 그만큼 심을 줄 알아야 한다. 연필 때문에 생기는 폐기물 또한 재활용할 수 있어야 한다. 파버카스텔은 연필을 생산할 때 나오는 폐기물을 압착해 난방연료로 쓰고 있다.

회사의 이윤은 누구를 위한 것이냐에 대한 답 또한 명확해진다. 안톤 빌헬름 파버의 철학에 대입해보면, 회사의 이윤은 회사 소유주의 것이 아니다. 다음 세대의 것이다. 바로 이 점 때문에 파버카스텔 경영진은 회사가 꾸준하고도 건강하게 돈을 벌 수 있는 길을 생각한다고 했다. 바로 그 소명을 위해 일한다는 것이다. 시퍼런스 대표는 이토록 어려운 시대에도 일을 지속할 수 있는 것도 바로 그런 소명을 다하고 있다는 보람과 기쁨 덕이고, 바로 그것이 이 회사가 257년이나 버텨온 원동력이 됐을 것이라고 설명했다.

"회사를 왜 만드는가, 회사를 왜 운영하는가, 회사는 또한 무엇을 바라보고 일하는가를 생각하는 기업과 아닌 기업은 결국 길게 봤을 때 다른 결과물을 낼 수밖에 없습니다."

디지털 시대에도 이 연필 회사가 살아남은 건 뾰족하고 날렵하게 전략을 깎고 다듬어서가 아니었다. 투박한 철학을 단단히 지켜낸 결과였을 뿐이다. 연필 이야기를 들으러 왔는데, 뜻밖에도 사람 이야기를 더 많이 듣고 온 날이었다.

에릭 듀크르노 Eric Ducournaud

●

아벤느로 우리에게 익숙한 유럽 제1의 더모코스메틱 업체이자 프랑스 2위 민간 제약사인 피에르파브르의 대표이다. 1961년에 시작된 이 기업은 천연 온천수나 오트 등을 주원료로 삼으며 '식물학적 전문성' botanical expertise을 자신들의 가장 강력한 경쟁력으로 꼽는다.

02

사람들이 스스로 병을 다스려
행복해지는 세상을 만드는 철학

"지금껏 항상 내 삶을 이끌어온 명제가 있다. 어떤 일을 하고자 한다면 일단은 쉬지 않고 수평선을 바라보면서 쟁기질을 해서 고랑을 내야 한다는 것이다. 가끔 남들보다 앞서 가고 싶을 때도 있다. 그럴 땐 새길을 찾아 가는 모험을 감수해야 한다. 비록 그 길이 가파르고 비탈질지라도."

프랑스 재계 43위 부자로 꼽혔던 피에르 파브르Pierre Fabre(1926~2013)가 남긴 말이다. 그는 프랑스 아벤느에서 100킬로미터 떨어진 중소도시 카스트르에서 태어났다. 약학대학을 졸업하고 약사가 된 피에르 파브르는 스물다섯 살에 카스트르 시내 광장 구석에 있는 작은 약국을 인수한다. 약국 한편엔 10제곱미터 남짓한 작은 방이 있었다. 청년 파브르는 이 방을 연구실로 삼고 꿈을 품었다. 약국에서 환자들을 만나고 약을 파는 틈틈이 산과 들에 나는 풀꽃, 약초를 캐다가 그 효능을 연구했다. 그렇게 피에르 파브르가 처음으로 직접 개발한 약이 백합과 식물로 만든 하지정맥류 치료제 루스쿠스다. 그 외에도 사이클로3라는 항응고제도 연달아 만들었는데, 이들 약의 효능은 곧 널리 입소문이 나게 되고, 파브르는 1961년에 자신의 이름을 딴 제약회사를 정식으로 설립한다. 이 회사가 오늘날 프랑스 2위 규모 제약회사로 성장한 피에르 파브르Pierre Fabre 그룹이 된다.

피에르파브르 그룹은 현재 약국 화장품인 피에르파브르 더모코스메틱과 제약 사업, 생활건강 사업 등 총 세 개 계열사를 거느리고 있다. 2014년 더모코스메틱 부문 매출은 3조 원을 돌파했다. 매출의 55퍼센트가 프랑스 외 지역에서 나온다. 이 회사 제품은 130여 개 나라에서 판매되고, 현재 1만 3,000명이 넘는 직원이 전 세계 44개국 지사에서 일하고 있다.

이 회사의 더모코스메틱 제품은 우리나라 고객에게도 무척 친숙하다. 아이가 뿌리고 발라도 괜찮을 정도로 순하다고 소문난 화장품 아벤느Avène, 두피 관리 전문 샴푸 르네휘테르Rene Furterer, 문제성 피부를 위한 화장품 듀크레이Ducray, 보습·진정 효과로 유명한 화장품 아더마A-derma, 유럽 1위 헤어케어 제품 클로란Klorane 같은 브랜드가 대표적이다.

소유 지분을 모두 공익재단에 물려주고 떠난 창업자

2013년 7월 20일 피에르파브르 그룹 전체가 깊은 슬픔에 잠겼다. 창립자 피에르 파브르가 87세 나이로 세상을 떠난 것이다. 프랑스 기업가협회는 그의 부재를 두고 '크나큰 손실'이라고 표현했다.

피에르 파브르는 평생을 결혼도 하지 않고 제약 제품 개발과 연구, 회사 경영에 몰두한 인물로 알려져 있다. 파브르 회장은 무엇보다 프랑스에서 1965년 최초로 더모코스메틱dermo-cosmetics이라는 개념을 정립하고 용어를 만든 주인공으로 꼽힌다. 피부과dermatology와 화장품cosmetics을 합성해 만든 이 단어는 미용보다 피부 질환 치료에 초점을 맞춘, 제약회사가 만들고 약국에서 판매하는 화장품을 가리킨다. 피에르 파브르는 살아생전 굳이 약국과 병원을 자주 들르지 않고도 환자가 집에서 스스로 피부 질환을 다스릴 수 있는 방법을 끊임없이 고민했고, 그 답을 화장품에서 찾았다. 병원에서 치료를 받고 돌아간 환자들이 집에서 피부를 관리할 때 쓸 수 있는 제품을 만든 것이다. 집에서 관리를 잘 할수록 병원에 오는 횟수가 줄어들고, 그렇게 환자 개개인이 스스로 병을 다스릴 수 있게 될 것이라고 믿었다.

더모코스메틱 제품들이 일반 화장품과 달리 의사와 약사가 제품 개발 단계에서 컨설팅을 하는 등 의학적 요소를 품고 있는 것도 이 때문이다. 또 이 화장품들은 화장품 가게가 아닌 약국에서 판매된다. 환자들이 제품을 구매할 때 약사와 충분히 상의하면서 고를 수 있도록 신경을 쓴 것이다. 그래서 파브르가 내놓은 더모코스메틱의 구호도 '건강부터 미용까지'from Health to Beauty 다.

1968년에 정식으로 피에르파브르 연구소를 설립해 본격적인 제약, 더모코스메틱 제품 개발에 착수했고, 1990년에는 아벤느라는 더모코스메틱 브랜드를 론칭했다. 아벤느는 현재까지 유럽 더모코스메틱 시장 1위를 점유하고 있는 브랜드다. 한국에선 더모코스메틱 시장이 이제 막 성장을 시작한 단계에 불과하지만, 유럽에선 화장품 시장의 15퍼센트를 더모코스메틱이 차지할 정도로 소비자층이 꽤 두텁다. 아벤느 브랜드 하나만으로 올리는 매출은 2015년 기준으로 약 6억 유로에 달한다. 피에르파브르 그룹의 더모코스메틱 부문 매출은 2015년 기준으로 9억 유로 정도 된다.

피에르 파브르는 몇몇 저물어가는 화장품 브랜드를 인수해 다시 키워내는 데도 탁월한 재능을 보였다. 1965년 그는 클로란을 인수했다. 식물에서 추출한 효능을 바탕으로 두피나 머릿결을 개선하는 샴푸·린스·로션·헤어스프레이 등을 내놓는 화장품 브랜드다. 식물 연구에 평생을 바쳐온 피에르 파브르답게 그는 모든 효능과 향을 식물 본연의 자연 성분에서 찾았고, 이를 그대로 화장품에 녹이는 법을 고민했다. 식물 원료로 두피 질환을 치료하는 르네휘테르, 아토피 치료용 화장품 아더마, 문제성 두피·피부를 위한 화장품 듀크레이 등도 사라질 위기에 놓였던 브랜드를 인수해 다시 론칭함으로써 제대로 성공시킨 경우다. 그렇게 피에르 파브르는 모두 열 개의 화장품 브랜드를 유럽에서 크게 성공시켰다.

회사를 이렇게 열심히 키워냈지만, 피에르 파브르 회장 스스로는 정작 개인적인 욕심이 별로 없었던 것으로도 유명하다. 여든이 될 때까지 르노의 소형차 트윙고를 몰고 다녔고, 프랑스 재계 43위 부자의 집이라고는 믿기지 않을 정도로 작고 소박한 집에 살았다.

그가 눈을 감기 전에 경영진에 남긴 유언은 '회사를 상장하지 말라'였다. 눈앞의 이익을 따라 움직이는 주주들의 입김에 이리저리 흔들려 회사의 본래의 가치나 방향이 변질되는 것을 원치 않았기 때문이다. 가족이 없는 피에르 파브르는 자신이 살아생전 소유했던 회사 지분을 그 어떤 개인에게도 물려주지 않고 모두 공익재단인 피에르파브르 재단에 남겼다.

영업 이익의 17퍼센트를 연구에 재투자하는 결단

피에르 파브르 회장이 자신의 모든 지분을 공익재단 몫으로 돌려놓은 덕에 현재 피에르파브르 그룹의 최대 주주 역시 주식의 86퍼센트를 보유한 피에르파브르 재단이다. 7퍼센트는 피에르파브르 그룹이 자사주로 보유하고 있고, 나머지 7퍼센트는 회사 직원들이 만든 우리사주조합 몫이다.

피에르파브르 더모코스메틱의 에릭 듀크르노 사장을 서울 삼성동에서 만났다. 그는 피에르파브르 그룹이 매년 제약 부문 영업이익의 17퍼센트, 더모코스메틱 부문 영업이익의 4퍼센트를 연구개발에 재투자하고 있다고 했다. R&D에 상당한 돈을 쏟아 붓는 셈이다. 듀크르노 사장은 그룹의 최대 주주가 공익재단이 아니었다면 실현되기 힘든 일이었을 것이라고 했다.

피에르파브르 그룹의 최대 주주가 공익재단이라는 사실은 이 회사의 거의 모든 의사결정 방식과 제도, 기업 문화에도 큰 영향을 끼쳤다. 회사가 벌어들인 돈을 쓰는 방식부터 회의 방식까지 일반적인 상장회사 또는 개인 사주가 이끄는 회사와는 매우 큰 차이가 있다.

가령 피에르파브르 그룹은 매년 많은 돈을 기업 혁신에 마음껏 투자할 수 있다. 현재 이 회사가 보유하고 있는 브랜드는 10여 개인데, 몇 년 전까지만 해도 관련 혁신 건수가 150건에 머물렀지만 주주회의에서 이를 더 늘릴 것을 제안했고, 지난 3년간 230여 건으로 늘었다.

아낌없는 투자는 또 다른 진화를 낳는 원동력이 된다. 유럽 1위 화장품으로 유명한 아벤느는 모든 아토피 피부와 민감성 피부용 화장품에 방부제를 넣지 않는다고 알려져 있다. 세균이 침투하지 못하는 특수한 멸균 용기를 자체 개발해 쓰기 때문에 가능한 일이다. 이 멸균 화장품 용기를 개발하고 특허를 얻는 데만 8년 넘는 시간이 걸렸다고 한다.

빈혈로 죽어가는 아프리카 아이들을 위해

피에르파브르 재단에서 하는 활동 자체도 눈여겨볼 만하다. 피에르파브르 회장은 아프리카를 여행하면서 이곳에 있는 나라에서 불법 복제 약이 유통되는 것을 보고 큰 충격을 받았다. 유통되는 약이 턱없이 부족한 것은 물론이거니와, 설령 약이 있다 해도 그 효능을 도저히 믿을 수 없는 경우가 너무 많았다. 피에르 파브르 회장은 이 같은 불균형 문제를 해결해야겠다고 결심하고 재단을 설립한다. 피에르파브르 공익재단은 그의 정신을 이어받아 초창기엔 복제 약 퇴치 운동을 펼치는 한편, 숙련된 투약 전문가drug specialist를 양성하고 파견하는 데 힘을 쏟아왔다.

오늘날 재단이 새롭게 힘을 쏟는 분야는 아프리카에 만연한 질병 퇴치다. 특히 아프리카와 중동 지방에 널리 퍼진 겸상 적혈구 빈혈을 치료하는 데 역량을 모으고 있다. 적혈구가 낫 모양으로 변하면서 파괴되어 악성 빈혈이 생기는, 아프리카계에 나타나는 유전병이다. 매년 사하라 사막 인근에서만 30만 명의 아이들이 이 겸상 적혈구 빈혈을 갖고 태어나는데, 정작 아프리카 국가 대부분은 이 질병을 통제할 대책조차 없는 실정이다. 피에르파브르 공익재단은 아프리카 각 지방에 있는 헬스케어 센터와 연대해 이 질환이 얼마나 퍼져 있고 어느 정도 심각한 상태인지 전수조사하는 한편, 제대로 된 치료법을 찾기 위해 애쓰고 있다. 또 기생충에 의해 감염이 퍼져 나가는 열대 피부병tropical dermatology을 치료하기 위해 고군분투하고 있다.

한국에서 아토피 환아를 프랑스로 데려가는 이유

피에르 파브르 회장은 2004년에 아토피 재단 설립을 제안한 바 있다. 아토피 피부염 연구와 교육을 지원하는 재단이다. 현대인에게 가장 큰 스트레스를 주는 병이 아토피라고 믿었기 때문이다. 프랑스에 본부를 두고 아르헨티나, 벨기에, 크로아티아, 덴마크, 스페인, 중국 등 전 세계 50개 나라에 아토피 센터를 운영하고 있다. 우리나라에선 2014년

열세 번째로 센터를 열고 활동을 시작했다.

한국 피에르파브르 아토피센터는 대한아토피피부염학회의 피부염 연구를 지원하는 데 힘쓰고 있다. 아토피는 따로 치료법이 없는 질환으로 알려져 있다. 이 센터는 아토피를 각 가정에서 스스로 다스릴 수 있는 방법을 연구하고 이를 가르치는 활동을 지원한다. 또 중앙대 의내와 결연해 한국 어린이의 아토피 치료를 위한 연구를 진행하고 있다. 아토피에 걸린 아이들은 대개 가려움에 괴로워하다 성격조차 내성적이 되거나 우울증을 앓는 경우가 적지 않다. 이런 아이들이 무상으로 놀이치료와 심리 상담, 영양 상담까지 받을 수 있도록 지원하는 것이다.

매년 심한 아토피 질환으로 고통받는 한국 어린이 두 명 정도를 뽑아 프랑스 남서부 툴루즈 인근 아벤느로 데리고 가 온천수 치료를 하기도 한다. 피에르파브르 더모코스메틱의 대표 브랜드 아벤느가 이 마을의 이름을 딴 것이다. 이 마을 온천수가 피부 질환을 개선하는 데 탁월한 효능을 보이는 것으로 유명하다. 이곳에 데려간 아이들은 대부분 2주 정도 치료하면 아토피가 어느 정도 나아져 집으로 돌아간다.

에릭 듀크르노 사장은 서울에서 온 어떤 아이 어머니를 이곳에서 만났을 때의 이야기를 들려줬다. "이 어머니가 처음 며칠은 무척 힘들고 괴롭다고 호소했어요. 프랑스 산골까지 왔는데 날씨는 안 좋죠, 아이가 별로 좋아지는 것 같지도 않죠, 사람들과 말도 안 통하죠. 집에 가고 싶다면서 울었다더라고요. 그런데 2주가 지나고 아이 피부가 놀랍도록 좋아지니까 어머니 표정이 나중엔 정말이지 환해졌어요. 그런 과정을 지켜보는 게 저희에게 큰 기쁨입니다."

아무리 그래도 매년 세계 각지에서 프랑스 산골 마을까지 아이들을 데려와 치료해주려면 그 비용이 상당히 부담될 법하다. 이 회사는 그렇다면 왜 이토록 아토피 치료에 집착할까. 듀크르노 사장은 피에르 파브르 회장이 단순히 병을 치료하는 약을 개발하는 것이 아니라 이를 통해 사람들이 행복해지길 원했다는 말로 이야기를 시작했다. 아토피는 안타깝게도 완치가 되는 병이 아니기 때문에 잘 관리하지 않으면 금세 다시 심해지고 그만큼 아이와 부모가 지치기 쉬운 병이다. 피에르파브르 아토피 재단은 오랜 연구를 통해 아이와 부모의 성격에도 큰 영향을 미칠 만큼 현대인의 삶의 질, 행복과 밀접한 연관이 있는 질병이 바로 아토피라는 것을 밝혀냈다.

2014년 국민건강보험공단이 건강보험 진료비 지급 자료를 분석한 결과, 아토피 관련 질환으로 병원을 찾은 이는 한 해 평균 100만 명에 이른다. 여성이 남성보다 대체로 많아서 여성은 51만여 명, 남성은 46만여 명으로 추정된다. 특히 4세 이하 영유아가 전체 환자의 35퍼센트에 달한다. 아토피 환자 100명 중에서 35명 정도는 네 살이 안 된 어린 아기라는 얘기다.

인터뷰 자리에 동석한 현재 피에르파브르 더모코스메틱 차이나 최경애 사장은 옆에서 이런 부연 설명도 들려줬다. "아토피 재단에서 잘 웃지 않는 아이와 부모를 만난 적이 있어요. 우리 아토피센터를 다니고 아이가 많이 좋아졌는데, 그제야 부모님이 그러더군요. '우리 애가 이렇게 애교 많고 장난치기 좋아하는 성격이라는 걸 이제야 알게 됐다'라고요. 행복한 아이들과 부모가 많을수록 세상도 행복해진다고 생각합니다."

아토피 치료 덕에 살아난 산골 마을 아벤느

피에르파브르 아토피 재단의 활동은 아토피에 걸린 아이들을 낫게 하는 것을 넘어 아벤느 마을을 유명하게 만들고 이 지역 경제를 살아나게 하는 데도 큰 도움을 줬다. 에릭 듀크르노 회장은 한국에서뿐 아니라 전 세계 아토피 센터에서 매년 1,000명 정도가 아벤느로 날아와 치료를 받는다고 했다.

아벤느 온천수의 효능이 발견된 건 300년 가까이 된 일이라고 한다. 피부 질환이 있던 말이 어느 날 이곳 온천수를 마시고 피부가 싹 나았고, 이것이 입소문이 나면서 1743년 온천장이 들어섰다고 한다. 그러나 아벤느 자체가 워낙 시골이고 도심에서도 먼 곳이라 예전엔 귀족들이나 올 수 있었다. 그럼에도 1871년 미국 시카고 대화재 때는 화상 피해자 치료를 위해 이곳 온천물을 미국까지 공수해 갈 정도로 아벤느는 유명해져 있었다.

이 시골 마을 아벤느가 세계적으로 이름나게 된 건 1975년 피에르파브르 그룹이 온천 센터를 인수하면서다. 피에르 파브르 회장은 아벤느의 온천수가 여느 온천수와 달리 미네랄 함량이 무척 낮다는 사실, 바로 그 점 덕에 피부건조증 치료에 적합하다는 사실을 알아내고서 아벤느 치료 센터를 세운다. 센터가 들어서자 곧 전 세계에서 사람들이 찾아오기 시작했다. 산골 마을이 기업을 만나 갑자기 보석이 된 경우라고 해도 과언이 아니다.

듀크르노 사장은 피에르파브르 더모코스메틱 그룹도 아벤느의 온천을 인수하면서 비약적인 성장을 했지만, 아벤느라는 마을 자체도 크게 부활했다는 사실을 강조했다. 1874년에는 프랑스 보건부가 피부 질환에 대한 아벤느 온천수의 효능을 인정해 온천장을 공익시설로 인증했다. 아벤느 온천 센터에서의 치료가 의료보험 적용까지 받게 된 것이다. 듀크르노 사장은 기업과 마을이 상생해 시너지를 낸 결과라고 했다.

피에르파브르 그룹이 자랑하는 대표 화장품 브랜드 아벤느 역시 이지역 온천수를 원료로 만드는 건 물론이다. 듀크르노 사장은 "아침에 면도를 하고 나면 얼굴이 발갛게 달아오르는데, 아벤느의 온천수로 만든 스프레이를 얼굴에 뿌리면 금세 얼굴이 진정된다."고 했다. 그가 언급한 스프레이가 바로 세계에서 매년 1억 병, 한국에서만 100만여 병씩 팔린다는 오떼르말Eau Thermale 스프레이다. 온천수를 멸균 처리해 병에 담기만 한 제품이다. 얼굴에 수시로 뿌리면 피부 진정과 보습 효과가 있다.

사막에 풀이 돋고 비가 내릴 때까지

피에르파브르 그룹 산하에는 또 다른 재단이 있다. 헤어케어 브랜드 클로란에서 이름을 딴 클로란 식물 재단이다. 이 재단은 생물다양성 보호를 위해 1994년 설립됐다. 아토피 재단이 어린이의 질병을 치료하는데 큰 목적을 두고 있다면, 클로란 재단은 식물 보호 사업과 어린이를 위한 식물 교육을 강조한다.

재단의 활동은 크게 세 가지로 나뉜다. 첫째는 보호 활동이다. 국제자연보호기구International Union for Conservation of Nature와 협력해 멸종 위기에 처한 식물 종을 보호하고 있다.

둘째로는 탐사 활동을 한다. 멸종 식물을 제대로 보호하려면 어떤 종이 어디에 얼마나 퍼져 있는지를 알아야 한다. 프랑스 국립자연사박물관과 손잡고 식물 샘플 복원 작업을 하거나, 멸종 위기에 처한 세네갈의 야생 대추야자나무가 그 지역민의 환경, 건강에 어떤 영향을 미치는지 연구하도록 지원하는 식이다.

에릭 듀크르노 사장은 클로란 재단이 최근 진행한 '거대 녹색 장벽' Great Green Wall 프로젝트 이야기를 했다. 세네갈 사헬 지역에 사막화가 진행되자 2013년부터 3년 동안 매년 3만 그루씩 그곳에 사막대추나무를 심는 프로젝트를 시작한 것이다. 사막대추나무는 멸종 위기에 처한 식물이라 멸종 위기 식물도 살릴 겸 일부러 택한 종이라고 한다. 처음에는 아무리 심어도 변화가 없는 것처럼 보였다. 괜한 짓을 하는 건 아닌가하는 생각이 들기도 했다. 그렇게 3년이 지나자 오랫동안 비가 오지 않던 사헬 지역에 드디어 비가 내렸다. 사람들은 비를 맞으며 환호했고, 눈물을 흘렸다. 텃밭을 가꾸기 시작했다. 그곳에 심은 토마토 줄기엔 빨간 열매가 매달렸다. 이 모든 과정은 클로란 재단 홈페이지에 영상으로 기록돼 있다. 듀크르노 사장은 '기적적인 풍경'이었다고 했다.

재단은 세 번째로 교육 활동을 강조한다. 프랑스는 어릴 때부터 식물 교육을 시키는 것을 무척 중요하게 여긴다. 재단 설립 이후 지금까지 70여만 명의 어린이들이 식물 교육 프로그램에 참여했다. 프로그램은 매번 달라진다. 아이들을 모아놓고 그림을 그리게 할 때도 있고, 초등학교 아이들과 이곳저곳을 다니며 채집 활동을 할 때도 있다. 아이들이 적어도 자신이 살고 있는 지구에 어떤 풀들이 있고 어떻게 생겼는지를 알아야 제대로 보호하고 사랑할 수 있다고 믿기에 시작한 활동이라고 했다.

작년엔 파리시와 손잡고 식물 교육을 시작했다. 멀리 산이나 들로 갈 것 없이, 도심 곳곳 구석구석에서 자라는 풀들의 생김새와 이름을 가르치는 것이다. 환경을 사랑하는 마음은 저절로 생기는 것이 아니라 배우고 듣고 이해해야 커진다는 생각에서 비롯된 교육이다. 듀크르노 사장은 풀을 만지고 냄새 맡고 그 이름을 아는 아이들일수록 환경에 대한 생각이 더 커질 것이라고 설명했다.

이쯤 되니 비딱한 질문이 슬쩍 떠오른다. 이런 활동을 한다고 지구가 당장 초록빛이 되는 건 아니지 않느냐는 물음 말이다. 듀크르노 사장은 빙그레 웃으며 이런 말을 남겼다.

"언젠간 되겠지요. 지구도, 우리도…. 우리는 그저 그걸 믿고 가는 거예요."

임대혁, 임선, 임영진, 김미진(왼쪽부터)

●

전국 빵집 순례에서 빠지지 않는 대전의 명소 성심당은 나눔으로 더욱
유명하다. 1956년 창립 이후 300개의 빵을 만들면 200개는 팔고 100개
는 항상 굶주린 이웃에 나눠주었다. 성심당의 경영 철학은 돈을 벌기 위
해 장사를 하는 것이 아니라, 나눔을 위한 사업이라는 점에서 대전 사람
들에게 자랑과 자부심을 가지게 한다. 작지만 튼튼한 일터를 만들기 위
해 직원 만족도를 높이고자 노력한다.

03

빵 하나로 전국에서 찾아오는
명소를 만든 뚝심

대전에 한 번이라도 가본 사람은 빵집 성심당의 위용을 실
감할 수 있을 것이다. 대전역사 빵집부터 은행동 원도심 본점과 케이크
부티크 지점, 대전 롯데백화점에 이르기까지 성심당은 곳곳에 휘날리
는 깃발과도 같다. 지점마다 '튀김 소보로', '판타롱 부추빵', '대전 부르
스 떡' 같은 대표 상품을 맛보려는 이들이 몰려 길게 줄을 늘어선다. 세
상 어떤 빵집이 이만큼 사랑을 받을까 싶을 정도다.

함경남도 함주에서 피란 내려온 창업자 임길순이 1955년 대전에서
찐빵을 팔며 시작한 성심당, 이 로컬 빵집이 어느덧 창립 60주년을 넘
겼다. 빵집의 60주년은 곧 대전의 축제이기도 했다. 대전시는 2016년

성심당을 대전 대표 브랜드로 선정, 대전시와 공유 가치 창출과 브랜드 홍보 등을 위한 협약을 맺었고, 성심당은 같은 해 11월 대전 원도심 옛 충남도지사 공관에서 '나의 도시, 나의 성심당'이란 주제로 무료 기념 전시회를 열었다. 대전이라는 터전에서 오랫동안 지내온 지역 사람들의 이야기, 원도심의 역사와 음식 문화 같은 대전에 얽힌 내용과 60년 동안 대전이란 땅에서 새록새록 커온 성심당에 대한 내용을 담은 전시다. 2014년 프란체스코 교황 방한 당시 성심당이 마련한 식탁도 재현해 교황이 사용한 커피 잔과 색동 냅킨, 치아바타, 스콘, 묵주 같은 물품도 함께 전시했다.

성심당은 기부하고 나누는 빵집으로도 유명하다. 매달 3,000만 원어치의 빵을 기부하고, 회사 수익의 15퍼센트는 무조건 인센티브로 직원에게 돌려주는 정책을 내세우고 있다. 대전역 앞에서 찐빵을 파는 노점으로 시작해 빵집 세 곳과 식당 여섯 곳을 운영하게 되기까지, 400여 명의 직원을 거느리게 되기까지, 이들은 어떤 시간을 건너왔을까. 이야기를 듣기 위해 대전행 KTX를 탔다. 성심당 임영진 대표와 아내 김미진 이사, 큰딸 임선 차장과 둘째아들 임대혁 실장을 은행동 원도심 본점 안에서 만났다.

사과 스물세 알과 밀가루 두 포대로 시작하다

성심당 이야기는 1950년 12월에 시작된다. 함경남도 함주에서 나고 자란 임길순(1912~1997)은 독실한 가톨릭 신자였다. 광복 이후 북한을

장악한 공산주의 정권이 종교인들을 끊임없이 탄압하고 박해하자, 그는 6·25전쟁이 한창이던 1950년 12월 아내와 네 딸을 데리고 종교의 자유를 찾아 피란길을 떠난다. 칼바람을 가르며 흥남부두에 도착했지만, 피란민 10만여 명이 몰려든 그곳은 아수라장이었다. 몇 척 남지 않은 배를 타는 건 불가능에 가까워 보였다. 과연 떠날 수 있을까 싶었다. 임길순은 가톨릭 신자임을 표시하는 나무 십자가와 깃발을 손에 쥔 채로 그저 기도하고 또 기도했다. 그렇게 얼마나 흘렀을까. 한 미군이 다가와 그 깃발이 무슨 뜻이냐고 물었다. 임길순이 말없이 묵주를 들어보였다. 미군은 의미심장한 미소를 지으며 돌아갔다.

잠시 후 미군은 다시 돌아와 임길순 가족 앞에 섰다. "따라오시오." 그렇게 일행을 미군의 안내를 따라 메러디스 빅토리아 호로 들어설 수 있었다. 임길순은 배에 자리를 잡고 앉으며 남몰래 굳은 결심을 한다. '만약 이번에 살게 된다면 그건 하나님이 살려주신 것일 테니, 남은 평생은 하나님의 뜻을 받들어 어려운 이웃을 도우며 살아가겠다.'

배는 그렇게 바다를 건너 12월 25일 성탄절 거제도에 도착한다. 말 그대로 '크리스마스의 기적'이었다. 그러나 배에서 내린 임길순 가족은 작지 않은 실망과 마주한다. 북에서 가져온 전 재산이 인플레이션 탓에 사과 스물세 알 살 돈밖에 안 되었기 때문이다. 생계 걱정이 다시 그들 앞에 닥쳤다. 결국 몇 달 뒤 진해로 건너가 냉면을 팔며 살림을 꾸리기 시작했다. 그곳에서 임길순과 아내 한순덕은 막내아들 영진을 낳았다. 1955년엔 대전으로 옮겨 와 찐빵 장사를 시작했다. 대흥동 성당 오기선 신부가 내민 밀가루 두 포대로 시작한 장사였다.

300개 만들면 100개 나눠주는 이상한 찐빵집

임길순이 찐빵을 파는 노점을 차리면서 작은 깃발로 된 간판을 걸었다. 깃발엔 성심당聖心堂이라고 쓰여 있었다. 문자 그대로 '예수님의 마음'이라는 뜻이었다. 가게 행색이 초라한 데 비해 간판이 성스러워서 사람들에게 핀잔 꽤나 들었다지만, 임길순은 신경 쓰지 않았다. 막내아들 임영진은 이에 대해 참으로 특별한 분이었다는 말로 설명했다. 아버지 임길순은 그야말로 메러디스 빅토리아 호에 타자마자 했다는 결심, '남은 인생은 하나님의 뜻을 따라 어려운 이웃을 도우며 살겠다'는 것, 그것 하나만 생각하며 살아온 사람이었다는 뜻이다.

실제로 임길순은 찐빵 300개를 만들면 200개만 팔고 100개는 먹을 것이 없는 이웃을 찾아 그들에게 주곤 했다. 장사가 목적이 아니라, 사실상 장사를 통해 먹을 게 없는 사람에게 뭔가 나눠주는 게 목적이었다. 임영진은 "저희는 그런 아버지 덕분에 엄청 고생했다."며 웃었다.

아내 한순덕은 이런 임길순의 성품 탓에 가장 많이 고생을 한 사람이다. 임영진의 큰딸 임선은 할머니가 항상 그렇게 할아버지 흉을 보셨다며 웃었다. 살아생전 할머니가 자주 '너네 할아버지만 천당 가고 나는 못 갈 것 같다'고 했다는 것이다. 임선은 그렇지만 할머니도 천당 가셨을 거라고 믿는다고 했다. 남편 대신 가계를 책임지고 아이들을 건사하면서 여장부가 되어야만 했던 한순덕이다. 그만큼 억척스럽게 살았지만 남을 돕는 남편을 늘 마음으로 지지했다. 그래서일까. 대전에 소매치기가 한창 많았던 시절에도 한순덕은 허리에 전대를 차고 아무렇지도 않게 다닐 수 있었다고 한다. 그의 전대를 함부로 건드리는 소매치기는 한 명도 없었다. 워낙 성심당이 주위 사람들과 먹을 걸 나누는 곳으로 유명했고, 한순덕 역시 남편을 따라 몰래 남을 돕고 살았으니 소매치기 조차 이들은 건들지 않았다는 것이다.

성심당은 그렇게 차근차근 성장한다. 2년 만에 노점에서 벗어나 가게 하나를 월세로 장만할 수 있었다. 미국의 밀가루 무상원조가 이어지던 때라 큰돈 들이지 않고도 재료를 구할 수 있었던데다, 제과점이 당시 워낙 각광 받는 데이트 장소로 떠오르면서 성심당의 인기도 함께 올라갔다. 1967년엔 대전 중앙로에서 두 블록 떨어진 은행동 153번지로 가게 자리를 옮긴다. 지금의 성심당 케이크부티크가 있는 곳이다. 지금이야 대전의 번화가지만 당시로선 조금 의아한 선택이었다. 사람들도 잘 다니지 않는 길이었기 때문이다. 임길순이 이곳으로 굳이 가게를 옮긴 이유는 딱 하나였다. 정오, 오후 여섯 시, 하루 두 번씩 성당 종소리가 들린다는 사실 때문이었다. 자녀들에게 신앙을 심어주려는 아버지 임길순의 뜻이었다.

해돋이부터 해넘이까지 가난한 사람을 도우라

기도밖에 모르고 나눔밖에 모르는 임길순과 사는 건 쉽지 않은 일이었다. 식구들에게 각자 고된 시간이 없었을 리가 없다. 막내며느리 김미진은 새벽 미사 풍경을 떠올렸다. 시아버지가 늘 하루의 시작을 기도로 열고 기도로 끝냈는데, 그중에서도 특히 눈이 펑펑 오는 날의 새벽 미사는 어린아이들이 특히 괴로워했다는 것이다. 시누이들조차 '결혼하면 내 자식은 절대 이렇게는 안 키우겠다'고 결심했을 정도였다. "그런데 결국은 워낙 보고 배운 게 체화돼서 그런지 여전히 다들 그렇게 새벽 미사 지내고 매일 기도하며 지내고 있어요." 김미진은 웃으며 말했다.

손자 임대혁은 어린 시절 할아버지와 함께 살던 집의 풍경을 또렷이 기억했다. 집 안에는 할아버지가 붓으로 직접 써서 붙여놓은 기도 문구 같은 것이 곳곳에 붙어 있었다는 것이다. '해돋이부터 해넘이까지 가난한 사람을 도우라' 같은 문구들이었고, 어릴 땐 그것만 봐도 까닭 없이 졸렸다고 한다. 임길순은 매일 집 대문을 열고 닫을 때마다 대문에 걸린 십자가를 보며 성호를 긋고 다녔다. 임대혁은 그런 할아버지를 보며 어린 시절에는 무척 어려운 분이라고 느꼈다. 그런데 정작 요즘은 임대혁이 할아버지가 그랬듯 집 대문 열고 닫을 때마다 십자가를 보며 성호를 긋고 다닌다. 보고 배우며 자란 것이 그렇게 무서운 것이다. 임대혁은 자신도 모르게 몸에 밴 것 같다고 했다.

성심당에 생크림 꽃을 피운 부부

임길순이 그렇게 신실한 마음으로 운영해오던 성심당은 1974년 이후로 뜻밖에 도약의 시기를 맞는다. 당시 제빵 기술자가 갑자기 자리를 비우자 충남대 섬유공학과를 다니던 아들 임영진이 '땜빵'으로 빵 반죽을 만드는 기술을 익히게 된다. 임영진은 의외로 빵 만드는 데 탁월한 소질을 보였다. 빵은 온도와 습도, 효모와 예민하게 씨름해야 하는 과정이다. 과학에 유달리 관심이 많고 관찰력이 뛰어난 임영진은 1980년에 성심당 최고의 히트 상품인 '튀김 소보로'를 개발한다. 가게는 더욱 번창했고, 임영진은 1982년에 미대를 졸업한 김미진과 결혼했다.

아버지 임길순이 본질밖에 없는 딱딱한 바게트 빵 같은 사람이었다면, 이들 부부는 성심당에게 달콤한 상상력과 아이디어를 입힌 생크림 같은 존재였다. 임영진은 스티로폼 포장 박스를 개발해 한국 최초로 포장 빙수를 팔았고, 일본 신혼여행에서 생크림 케이크를 보고 반해 한국에서 두 번째로 생크림 케이크를 내놓기도 했다. 김미진은 미대 졸업생답게 감각이 탁월했다. 그는 손님이 빵을 사면 사은품으로 직접 만든 바람개비나 종이학 등을 선물로 줬다. 그 공짜 선물이 워낙 예뻐 사람들은 더욱 몰려들었다. 성심당 내부를 아늑하고 멋지게 꾸미는 것도 김미진의 역할이었다.

임영진은 계속해서 새로운 빵을 개발하고 만들어냈다. 성심당은 나날이 위세를 높여갔다. 그사이 아버지 임길순은 이 두 사람에게 경영권을 내주고 여기저기 가난한 이웃을 돕는 일에 더 매진했다. 사람들에게 옷과 음식을 나눠줬고, 집집마다 돌며 홀로 세상을 떠난 사람들의 장례를 직접 치러주는 봉사를 하러 다녔다. 그리고 1997년 88세 나이로 눈을 감았다. 그토록 평생 가슴에 품었던 하나님의 나라로 돌아갔다.

퍼준 만큼 돌아오는 나눔의 복리 계산

아버지가 떠나자 임영진은 아버지가 평생 해온 나눔과 봉사의 일을 이어간다. 이웃에게 빵을 나눠주고 옷과 음식을 나눠주는 일을 지속했다. 아버지가 살아생전 늘 했던 말이 가슴에 남아 있었기 때문이다. "아버지는 살아계실 때 늘 '이렇게 이웃과 나누는 건 결코 공짜가 아니다, 100배로 돌아온다'고 하셨어요. 그리고 그걸 '나눔의 복리 계산'이라고 부르셨고요." 가족들에게나 성심당에 좋은 일이 생길 때면 아버지 임길순은 입버릇처럼 "그것 봐라, 내가 공짜가 아니라고 했지!" 하면서 환하게 웃으셨다고 했다.

임영진이 아버지 말씀을 실제로 체득한 것은 한참이 지나서다. 30년 전쯤 성심당의 빵 공장을 증축할 때였다. 구청 허가를 받기가 너무 복잡해서 그냥 공사를 시작한 것이 화근이었다. 이웃 주민이 민원을 넣었고 이 때문에 느닷없이 철거반이 들이닥쳤다. 그런데 철거반장이 빵집에 들어와서 한참 둘러보더니 갑자기 철거반원들에게 그냥 나가자더란다. "나중에서야 알았어요. 철거반장이 어렸을 때 그분 아버지가 돌아가셨는데, 저희 아버지가 그분 염부터 입관까지 장례를 치러주는 봉사를 했다는 사실을요. 철거반장이 그런 우리 아버지를 기억해내고 그냥 돌아간 거였죠."

잿더미가 된 빵집에서 다시 시작하다

운명이란 때때로 롤러코스터처럼 움직인다. 2005년 1월 22일, 성심당은 잿더미로 변했다. 김미진은 그날 밤을 이렇게 기억한다. "성당에서 미사를 드리고 나서는데 하늘이 시커먼 그을음에 뒤덮여 온통 먹빛이었어요. 사람들이 '불이야!' 소리를 지르고 있더라고요. 그 소리를 따라 가보니 성심당이 보이더라고요."

　본점 1층 매장과 3층 공장이 치솟는 불길에 휩싸여 있었다. 김미진은 넋을 놓고 보고 있다가 저도 모르게 성당으로 돌아왔다고 했다. 불이 나는 것을 보고 있어봤자 달라질 건 없다는 생각이 들어서였다. 김미진은 성당 문을 닫고 십자가 앞에서 외쳤다. "당신 뜻대로 하소서!" 그리고 그렇게 한참을 흐느껴 울었다. 얼마나 지났을까. 그는 눈물을 닦고 일어났다. 마음은 한결 차분해졌다. 가족에겐 따로 연락조차 하지 않았다. 남편과 큰딸은 서울에 피정避靜 가고 없었고 아들은 아르바이트를 하고 있었다. 막내딸은 학교에 있었다. 김미진은 생각했다. '전화하면 뭐하겠는가. 다들 놀라서 달려오다가 다치기라도 하면 더 큰일이지.'

　성심당이 휘청거리기 시작한 건 사실 1990년대 중반부터였다. 프랜차이즈 빵집이 들어서면서 위기가 찾아왔다. 유행이 변하면서 번화가였던 대전 원도심이 활력을 잃은 것도 성심당의 위기에 불을 붙였다. 그곳에 뿌리내린 빵집이니 도심 상권이 시들면 덩달아 어려움을 겪는 것도 당연했다. 빚이 쌓여갔고, 다들 하루하루 버티기조차 어렵다고 느낀 바로 그즈음의 토요일 저녁, 옆 건물을 태운 불이 건너와 성심당의 3층 공장이 그렇게 완전히 불타버린 것이다.

　얼마나 지났을까. 남편과 큰딸이 소식을 듣고 달려왔다. 그리고 깊은 밤 식당에 모여 늦은 저녁을 먹었다. 성심당이 잿더미로 변한 즈음이었다. TV 뉴스에서 성심당 화재 소식이 흘러나왔고 여전히 거리엔 소방차 사이렌이 울렸지만 다들 침착했다고 했다. 김미진이 입을 열었다.

"우리 지금까지 참 열심히 했지? 이제 어떻게 해야 할까." 당시 대학생이던 큰딸 임선이 피식 웃었다. "전, 학교 휴학할래요." 둘째 임대혁도 말했다. "전 어차피 입대하려고 했잖아요. 날짜를 앞당겨볼게요." 식구들은 손을 잡았다. "그래, 다들 고생했다." 그때까지만 해도 이날이 성심당의 마지막일 거라고 생각했다.

임영진은 그날을 이렇게 말했다. "그동안 최선을 다했고 열심히 살았으니 다들 그런 큰일을 겪고도 그렇게 침착할 수 있었던 것 같아요. 안타깝지만 이것이 하늘의 뜻이라면 어쩔 수 없다고, 이젠 받아들여야 한다고 생각한 거죠."

기적은 다음 날 일어났다. 뜻밖에도 다음 날 성심당 직원들이 잿더미 속에서 뒤져 찾은 집기를 꺼내 닦기 시작했다. 다들 일터를 잃게 됐다고 생각하니 안타까운 마음에 스스로 팔을 걷어붙이기 시작한 것이었다. 때는 1월, 춥고 시린 겨울날이었다. 한기가 뼛속까지 스며드는 현장에서 직원들은 잿더미를 뒤져 제빵 기계를 건져내 고쳤다. 그리고 그나마 불타지 않은 4층에서 다시 빵 구울 준비를 했다. 불탄 매장은 칸막이로 가렸다. 누군지 몰라도 '잿더미 속 우리 회사 우리가 일으켜 세우자'라고 써서 붙여놓았다. 그리고 정확히 엿새 후에 이들은 그 임시 공장에서 밀가루를 빚어 빵을 구웠다. 앙금빵과 카스텔라였다. 다들 그 빵을 꺼내 들고 엉엉 울었다. 성심당에서 빵 냄새가 나자 대전 시민들도 찾아와 줄을 서기 시작했다. 모두들 그동안 성심당이 몰락하지 않을까 걱정하고 함께 가슴 아파했기에 가능한 일이었다. 성심당 직원들은 이날 구운 빵을 모두 팔았다.

위기가 가져다준 선물

화재의 충격은 오래 가지 않았다. 매출은 금세 화재 전보다 30퍼센트가 올랐다. 김미진은 그때 비로소 앞으로 어떤 빵집을 해야 할지 알게 됐다고 했다.

그전까지 성심당은 남들과 똑같이 유행에 뒤쳐지지 않으려 애썼고 세련된 모습을 추구해왔다. 그러나 막상 잿더미가 된 가게를 보고 함께 가슴 아파해주는 동네 사람들 앞에서 성심당 식구들은 비로소 깨달았다. '우리 빵집은 굳이 세련될 필요가 없겠구나. 조금 촌스럽고 투박해 보일지언정 집밥처럼 구수하고 푸근함이 넘치는 곳으로 다시 단장해야겠다.' 처음 노천에 차려졌던 그 찐빵집, 300개를 만들면 100개를 가난한 사람들에게 나눠주던 그곳의 모습처럼 말이다.

한번 콘셉트가 잡히니 일은 일사천리로 진행됐다. 아이디어가 샘솟았다. 임영진 대표와 김미진 이사, 직원들은 맨손으로 매장 인테리어를 새롭게 바꿔나갔다. 기존의 대리석 바닥을 걷어내고 나무 마루를 깔았다. 가난한 사람이 들어와도 위화감을 느끼지 않는 편안한 빵집, 된장찌개처럼 어딘지 모르게 구수한 빵집을 만들겠다고 생각했다. 직원들은 뜨끈뜨끈한 집밥처럼 따뜻한 갓 구운 빵을 내놓기 위해 분주하게 움직였다. 제빵사는 빵 크기를 다시 키웠다. 다이어트, 웰빙 바람에 맞춰 모두가 빵 크기를 줄이던 때였다. 트렌드는 아무래도 상관없었다. '성심당이라면 이래야 한다'라는 명제가 뚜렷해졌기 때문이다. 시식은 넉넉하게 하기로 했다. 많이 먹어도 눈치 주지 않는 곳으로 만들겠다고 생각했다. 빵 봉투도 재생용지로 바꿨다. 친환경적이면서도 따뜻한 느낌을 주기 위해서였다.

큰딸 임선은 화재가 또 다른 전화위복이 됐다고 말한다. 그렇게 불이 나서 회사가 크게 어려워지고 나니 직원들 중에서도 회사를 관성적으로 다녔던 사람, 억지로 다녔던 사람, 회사에 해가 됐던 사람, 그런 사람들이 와르르 다 나가고 진짜 회사를 아끼는 사람들만 남게 됐다는 것이다. 임선은 위기가 40년 넘게 굴러온 조직을 걸러준 셈이라며 싱긋 웃었다.

우리가 눈물을 닦을 수 있는 이유

잿더미가 돼버린 빵집에서 일어선 성심당 가족들. 그들은 원래 이렇게 위기에 강한 걸까. 그들의 평상심, 가장 절망적인 상황에서도 눈물만 짓지 않고 담담히 일어날 수 있는 능력은 대체 어디서 나오는 걸까. 김미진은 이 질문에 심장병을 앓다 여섯 살에 하늘나라로 간 아들 이야기를 했다.

큰딸 임선 아래 원래 남자아이가 하나 더 있었는데, 여섯 살 때 병으로 세상을 떠났다는 것이다. 그렇지만 그 아이를 떠나보낼 때도 가족은 심하게 울지만은 않았다고 했다. 신부님이 '이 아이는 어린 나이에 떠났으니 천사가 됐을 것이다'라고 했다. 가족들은 그 말을 듣는 순간 큰 위로를 얻었다. 그렇게 아이에게 고운 화관을 씌우고 예쁜 명주저고리를 입혀서 장례를 치렀다. 관에 누운 아이는 정말로 깊은 잠에 빠진 아기

천사처럼 보였다.

지금도 가족들은 기일이 되면 다 같이 그 둘째아이 묘소에 간다. 이곳에서도 가족들은 눈물짓지 않는다. 소풍 가듯 맛있는 음식을 싸 가서 함께 먹고 낮잠 한숨 달게 자고 온다. 김미진은 이렇게 말했다. "어쩌면 우리는 그때 배웠는지도 모르겠어요. 인생은 예측할 수 없고, 절망은 내일이라도 올 수 있다는 걸요. 그래도 삶은 계속된다는 걸요…."

소수만이 아닌 모두에게 좋은 것

2006년은 화재를 딛고 일어선 성심당이 50주년을 맞은 뜻깊은 해였다. 1999년 무렵부터 임영진 대표와 김미진 이사는 새로운 공유경제를 주창한 이탈리아의 키아라 루빅Chiara Lubich(1920~2008)의 '포콜라레' Focolare(벽난로) 운동의 영향을 받고 있었다. 임 대표는 성경에서 따온 사훈 '모든 사람이 다 좋게 여기는 일을 하도록 하십시오'를 성심당 곳곳에 붙여놓기 시작했다. 회사를 위한 구체적인 비전도 이 무렵부터 세우기 시작했다.

매달 3,000만 원어치의 빵을 기부하고, 수익의 15퍼센트는 무조건 인센티브로 직원에게 돌려주기 시작했다. 임영진은 회사를 통해 모두가 잘살 수 있다면 가장 좋은 게 아닐까 생각하게 됐다고 했다. "만약 이렇게 해서도 돈을 벌 수 있다면, 그걸 제가 보여줄 수 있다면, 분명 남들도 따라 할 것이고 그렇다면 어느 순간 사회 전체가 이런 분위기가 될 수 있지 않겠어요?"

남들은 그렇게 장사해서 돈이 벌리겠느냐고 여전히 걱정한다. 그러나 자기에게 돌아오는 이익이 뚜렷한데 대충 일하는 직원은 없다고 했다. 직원들과 이익을 나눈 덕분에 오히려 안정적으로 회사를 굴릴 수 있게 됐다는 것이다.

물론 화재 이후 성심당의 재정이 금세 회복된 건 아니었다. 잇단 화재 소송을 겪으면서 회사가 어려워진 적도 있다. 전문 컨설턴트들은 직원 감축을 권했다. 그러나 임영진 대표와 김미진 이사는 포콜라레 정신을 생각했다. 그리고 컨설팅과 정반대로 직원 복지를 강화했다. 2014년에는 직원들의 역량 향상에 회사 재원을 집중 투자했고, 2015년에는 '사랑의 챔피언'이라는 제도를 만들어 회사 안에서 구체적인 사랑을 실천하고 모범을 보인 직원에겐 특진 같은 혜택을 주기도 했다. '동료 간의 사랑'은 인사 고과의 40퍼센트나 차지한다.

직원들이 가족처럼 움직여준 것은 물론이다. 직원들은 매주 50페이지 분량으로 '한가족 신문'을 만들며 화답했다. 한 주간 생겨난 성심당의 소소한 이야기, 자잘한 에피소드, 매출과 성과 등을 상세하게 기록한 신문이다. 신문만 보면 누구라도 회사의 재정 상태를 손바닥 보듯 알 수 있다. 투명 경영의 실천이다. 이 모든 과정을 거쳐 재정립된 성심당의 경영 철학은 이제 너무나 유명하다. '우리 곁에 불행한 사람을 둔 채로 혼자서는 절대 행복해질 수 없다.'

성심당 직원들은 회의 방식, 발표 방식도 남다르다. 윗사람만 말하고 흩어지는 회의는 성심당에는 없다. 말단부터 임원까지 누구나 돌아가면서 한마디씩 말해야 한다. "빵 만드는 사람들은 빵만 만들다 보니 자기 생각을 말할 기회가 많지 않아요. 그렇게 자기 생각을 자꾸 말하다 보면 스스로 일하는 이유, 목표와 지향점이 정리가 되고 논리가 뚜렷해 지죠. 그래서 가끔 외국에서 워크숍 하면 다들 '성심당 직원들은 따로 스피치 교육을 받느냐'고 물어요. 워낙 말들을 잘해서요." 임선 차장은 웃으며 이렇게 말했다.

1년에 한 번 전 직원이 함께 하는 '한가족 캠프'도 연다. 하루 매출을 포기해야 하는 것은 물론이고, 400여 명의 직원이 움직이려면 막대한 비용이 들지만 임영진 대표와 김미진 이사는 이 캠프를 무엇보다 중요 하게 생각한다. 김미진 이사는 이렇게 말했다. "오래 함께 시간을 축적 한 결과물이 곧 문화라고 믿어요. 우린 이 과정에서 이제 성심당만의 문 화를 쌓아가려고 합니다."

2016년 시무식 때 성심당 직원들이 외친 선서는 이랬다. "하나, 우리 는 서로 사랑한다. 하나, 우리는 사랑의 문화를 이룬다. 하나, 우리는 가 치 있는 기업이 된다."

60년을 이어온 뜨내기 순정

성심당의 60년, 그건 돌아보면 대전이라는 도시를 향한 순정의 시간 이기도 했다. 김미진은 함주에서 내려온 뜨내기가 지난 60년 동안 대전 이라는 도시에 순정을 바쳤고, 그러다 보니 토박이가 되었다고 했다. 성 심당의 히트 상품 중에는 초콜릿 맛이 진한 '카카오 순정'이라는 빵이 있다. 김미진은 바로 그 '뜨내기의 순정'을 오래 곱씹다가 지은 이름이라고 했다.

제아무리 진한 순정이라지만 60년 동안 한결같기는 쉽지 않다. 김미진도 한때는 '왜 우리는 강남역 뉴욕제과처럼 화려한 장소에서 빵집을 하지 않았을까' 생각한 적이 있었다고 했다. 그러나 성심당 식구들은 이제는 대전에서 빵을 파는 지금의 모습을 더없이 자랑스럽게 생각한다. 가장 대전답게, 대전 농산물을 활용해서, 대전만의 것 그리고 성심당만의 것을 만들어야겠다고 생각한다. 그것이 대전이라는 지역과 그곳에 뿌리내린 사람들 그리고 이 오래된 로컬 빵집이 오래도록 상생하는 길임을 이제 안다.

내일 또다시 망할지라도

지금 성심당이 이렇게 위기를 딛고 일어서서 큰 사랑을 받고 있지만, 2005년에 불이 났던 것처럼 또 다른 위기가 다시 닥칠 수도 있지 않을까. 삶이란 원래 예측할 수 없는 것 아닌가?

큰딸 임선이 입을 열었다. 뜻밖에도 경쾌한 목소리였다. "그거 아세요? 저희 아빠는 저금을 절대 못하게 하세요. 보험도 들지 말라고 하세요. 왜 그런 줄 아세요? 사람이 언제 어떻게 죽을 줄 알고 그런 걸 하느냐는 거예요. 그저 열심히 일하고 벌어서 쓰고, 남는 건 다 어려운 사람들 주고, 그리고 저 세상 가면 된다는 거죠! 그래서 제게 대학 가라는 얘기를 한번도 안 하셨어요. '대학 입학증 들고 오는 날 죽을지도 몰라'라면서요."

김미진 이사도 말했다. "우리가 아이들에게 매일 가르치는 게 있어요. 내일 당장 망해서 리어카를 끌게 될지라도, 즐겁고 재미있게 끌 수 있어야 한다고요. 저는 아이들에게 성심당을 물려줄 수 있을 거라고 생각하지 않아요. 이건 언제 없어질지 몰라요. 진짜 물려줄 수 있는 건, 성심당을 지금껏 끌고 온 우리의 시간이겠죠."

임영진 대표가 덧붙였다. "우리는 화재를 겪으면서 삶에서 가장 중요한 답이 무엇인지 한 번 봤어요. 답안지를 본 사람은 고민할 필요가 없죠. 위기가 언제 또 찾아올지 모르죠. 그렇지만 우리는 적어도 똑같은 방황을 되풀이하진 않을 거예요."

성심당 사람들과 헤어져 대전역으로 왔다. 대전역사 성심당 앞에서 빵을 사려는 이들이 기나긴 줄을 선 풍경이 눈에 들어왔다. 그 줄에 끼어 오래 기다린 끝에 튀김 소보로 하나를 손에 넣었다. 한 입 크게 베어 물었다. 눈물겹도록 바삭했고, 코끝이 찡하도록 달콤했다.

어쩌면 그건 성심聖心의 맛이었을 것이다.

디에고 델라 발레 Diego Della Valle
•
다이애나 비가 한꺼번에 가방을 몇 개씩 사 가고, 카를라 브루니 전 프
랑스 대통령 부인이 자주 즐겨 신는 신발로 유명한 토즈는 1900년대
초 이탈리아 카세테데테 지역 작은 구두 공장에서 시작됐다. 3대에 걸
쳐 내려온 가족 사업을 디에고 델라 발레 회장이 1970년대 맡으면서
급성장했다. 신발 하나를 만들려면 60개가 넘는 복잡한 공정이 필요하
지만, 토즈는 이것이야말로 사람 손끝에서 탄생하는 명품의 조건이라
고 말한다.

04

이윤만 생각하지 않고
문화와 나라를 살리는 기업가 정신

"길이 막혀서 조금 늦었네요. 미안합니다." 분명 조금 전에 그의 전용 헬리콥터가 머리 위를 지나 회사 건물 옆으로 사뿐히 내려앉는 걸 봤는데, 문을 열고 들어선 토즈Tod's의 디에고 델라 발레 회장은 이런 농담을 했다.

디에고 델라 발레의 별명은 '미스터 이탈리아'다. 나라 발전을 위해 종종 거금을 쾌척하고, 정치인들에겐 쓴소리를 아끼지 않는 기업인이라는 이유로 이런 별명이 붙었다. 그가 이끄는 토즈 그룹은 2015년 한 해 동안만 10억 3,700만 유로를 벌어들였다. 토즈, 페이, 로저비비에 같은 패션 브랜드를 거느린 회사다.

전통적인 제화 마을로 유명한 이탈리아 레마르케Le Marche에서 나고 자란 발레는 1975년 무렵 볼로냐 대학 법학과를 중퇴하고 할아버지 필리포, 아버지 도리노가 이어온 가업을 잇기 시작했다. 1980년대 초반엔 토즈라는 이름을 붙여 지금의 회사로 키워냈다. 이제 토즈는 이탈리아 콜로세움 복원을 위해 3,600만 달러를 지원하고, 밀라노 라스칼라 극장에 후원금 775만 달러를 내는 이탈리아 대표 기업이다. 토즈의 후원으로 콜로세움은 새 모습을 찾았다. 발레 회장은 이탈리아 레마르케와 밀라노, 카프리, 미국 뉴욕과 프랑스 파리에 저택을 갖고 있다. 토스카나 지역 유명 축구팀 ACF피오렌티나의 구단주이기도 하다.

이탈리아 레마르케 브란카도로에 있는 토즈 본사에서 발레 회장을 만났다. 이 회사 주소는 '비아 필리포 델라 발레 1번지'이다. 길 이름도 그의 할아버지 이름을 딴 것이다. 그는 품질이 뛰어난 제품을 만들어 성실히 돈을 벌고, 그 돈으로 지역 주민들을 먹여 살리고, 그렇게 한 나라를 행복하고 풍요롭게 하는 것이 회사가 해야 할 일이라고 말했다.

이탈리아에서 번 돈, 이탈리아를 위해 쓴다

토즈 본사와 맞붙어 있는 공방atelier 입구엔 자그맣고 낡아빠진 나무 의자가 하나 있다. 발레 회장의 할아버지가 구두를 만들 때 앉던 의자다. "이 의자에서 토즈가 출발했다고 해도 과언이 아니죠." 이 회사 홍보 담당 오스카 나폴리타노가 설명했다.

발레 회장은 스물두 살에 할아버지와 아버지가 운영하던 이 구두 공방을 물려받았다. 어릴 때부터 그는 가족이 운영하는 공방 한 구석에 쌓인 가죽 원단 더미에서 낮잠을 자곤 했다. 열다섯 살에는 생애 첫 신발을 디자인했다. 앞코가 뾰족한 신발이었다. 자라서 청년이 됐을 때 아버지를 따라 뉴욕 여행을 가게 됐다. 고층 빌딩과 근사한 백화점, 거리를 누비는 도시 사람들의 캐주얼한 스타일에 매료됐다. 볼로냐 대학 법학과에 입학했지만 중퇴하고 가업을 잇기로 결심했다. 스물한 살에 결혼하고 아이를 낳았다. 스물두 살에는 회사를 완전히 물려받았다.

비슷한 시기에 그는 포르투갈 전통 가죽 신발을 발견했다. 동그란 고무 돌기가 신발 밑창에 박혀 운전할 때 발이 미끄러지지 않도록 해줄 뿐 아니라, 언제 어디서나 편하고도 우아하게 신을 수 있는 신발이었다. 발레는 이를 본떠 작은 자갈 모양의 고무gommini 133개를 신발 밑창에 촘촘히 박은 신발을 새로 제작했고 고미노Gommino라고 이름 붙였다. 뻔한 광고로 이 신발을 알리는 대신 피아트그룹 아녤리 회장, 영국 다이애나 왕세자빈 등에게 신겨 홍보했다. 전략은 적중했다. 고미노는 날개 돋친 듯 팔리기 시작했고 매출은 가파르게 상승했다. 이탈리아 작은 신발 공방이 기업으로 거듭나게 된 얘기의 시작이다.

그러나 발레 회장은 전략보다 중요한 것이 품질이고, 품질이 뛰어난 제품을 만들려면 결국 사람 손에 의존할 수밖에 없다고 했다. 이 회사 공방엔 장인 900여 명이 일한다. 샘플로 신발 하나를 완성하기까지 보통 반나절이 걸리는데, 가죽을 손질하고 자르고 바느질할 구멍을 뚫고 실로 꿰매는 모든 과정을 손으로 한다. 대량 생산을 할 때는 기계를 쓰지만 그 기계마저 대부분 수동이다. 가령 바느질 기계는 장인이 하루 종일 그 앞에 붙어 앉아 손으로 눈금을 맞추면서 돌려줘야 제대로 신발이나 가방이 꿰매어지는 식이다. 발레 회장은 말했다.

"우리는 철저히 이탈리아 전통 기술에 기대어 성장했어요. 이렇게 가죽을 자르고 꿰매는 기술은 이곳 레마르케 지역처럼 전통적으로 신발 장인을 길러내는 곳에서나 구현할 수 있는 기술이고요. 이탈리아 사람들의 손 기술, 아름다움을 감별하는 남다른 능력, 성실함과 낙천적인 성격, 이런 것들이 집약돼 하나의 제품이 완성되는 거죠. 다시 말해 우리는 이탈리아 국민들의 재능 덕에 회사를 키워냈고 이만큼 성장할 수 있었습니다. 그러니 우리가 이렇게 번 돈을 이탈리아 부흥과 재건을 위해서 쓰는 것 또한 당연하죠." 그의 말은 일종의 예고이자 예언이었다.

지진 피해 마을에 공장을 세우는 이유

2016년 8월 24일, 이탈리아 중부 산간 마을 일대에 비극이 덮쳤다. 새벽 네 시쯤 규모 6.2의 지진이 발생한 것이다. 산이 흔들리고 땅이 갈라졌다. 산사태로 건물이 무너졌고 마을을 잇는 다리가 부서졌다. 잠에서 미처 깨어나지 못한 사람들이 비명조차 지르지 못하고 무너진 건물 아래에 깔렸다. 사망자만 280명이 넘었다. 순식간에 집과 일터, 가족 구성원을 잃은 마을 주민들은 할 말을 잃고 주저앉았다. 눈물조차 얼어붙을 만큼 참혹한 재난이었다. 이달 27일 마테오 렌치 이탈리아 총리가 '국가 애도의 날'을 선포하고 희생자 장례식에 참석했고 지진복구위원회를 긴급히 구성했지만, 일상을 온전히 복구하기엔 역부족이었다. 디에고 델라 발레 회장이 조용히 나선 것도 바로 이때였다.

　그가 나고 자란 곳은 마르케주 해안 도시 산텔피디오다. 이번 지진으로 마르케주 아르콰타 델 트론토에서만 지진 사망자가 50여 명이 나왔다. 발레 회장은 무너진 마을 위에 공장을 신설하고 지진 피해를 입은 주민들을 모두 고용하겠다고 했다. 그는 이탈리아 내각을 향해 지진 피해 지역 재건안을 승인하라고 촉구했다. 지진으로 집이 무너지거나 망가진 이들이 이를 고치고 새로 짓는 돈 전액을 국가 예산으로 보상 받을 수 있도록 해야 한다고 목소리를 높인 것이다. 결국 이탈리아 내각은 지진 피해 지역 재건안을 승인했다. 디에고 델라 발레 회장을 향한 인터뷰 제의가 쏟아진 건 물론이다. 그러나 그는 몇 달 뒤 이탈리아 언론과의 인터뷰에서 단 한마디만 했을 뿐이다. "많이 번 사람이 더 많이 베푸는 건 당연한 일입니다."

2000년 전 콜로세움을 복원하다

　지진이 일어나기 한 달 전쯤인 2016년 7월 1일 토즈는 역사적인 행사를 치른 바 있다. 이탈리아 로마를 대표하는 유적지이자 명소인 콜로세움을 새롭게 복원하는 것을 기념하는 행사다.

　콜로세움은 서기 70년 무렵 로마제국의 아홉 번째 황제 베스파시아누스가 공사를 시작, 서기 80년 그의 아들인 티투스 황제 때 완공된 건축물이다. 높이 48미터, 둘레 500미터의 거대한 원형 석조 건물 안에 들어선 길이 87미터, 폭 55미터의 경기장이다. 4층짜리 건물 내부엔 5만

명 넘는 사람이 들어갈 수 있었다. 이곳에서 검투사들은 치열한 결투를 벌였다. 때론 사자, 호랑이 같은 맹수와도 싸웠다. 때론 고전극이 상연되었다. 바닥에 물을 채워 해상 전투를 재연한 적도 있다. 608년 이후로는 군사 요새, 성당이나 궁전에 사용되는 석재를 공급하는 채석장으로 쓰였다. 초기 기독교 신자들이 이곳에서 여럿 순교했다는 이야기가 전해지면서 기독교의 성지로도 널리 알려졌다.

그러나 이 장엄한 건물은 오랜 세월을 견디면서 점차 원형原形을 잃어갔다. 전 세계에서 한 해 600만 명 넘는 인파가 밀려드는 관광 명소가 그 모습을 지키기 쉬웠을 리 없다. 대리석은 더럽게 찌들었고 인근을 달리는 지하철 진동에 흔들려 일부가 훼손되기도 했다. 복원도 쉬운 일이 아니었다. 필요한 예산이 한두 푼이 아니었기 때문이다. 이탈리아 정부는 민간에 지원을 호소했다. 이때 손을 든 기업이 토즈였다. 발레 회장은 2011년 1월 2,500만 유로를 내놓았다. 그는 그 이유를 이렇게 말했다. "콜로세움은 이탈리아의 상징입니다. 콜로세움이 지진 같은 자연재해에 시달리고 오랜 세월의 흔적을 안으면서 원형을 잃었다는데 어떻게 가만히 있을 수가 있습니까. 그것을 제대로 복원하는 데 우리 회사가 자금을 댈 수 있다면 오히려 영광 아닐까요?" 그는 이런 농담도 잊지 않았다. "걱정 마십시오. 콜로세움 옆에 대형 토즈 구두 모형을 놓는 일은 없을 겁니다."

토즈의 문화재 복원 지원은 다른 이탈리아 기업에도 자극을 줬다. 뒤를 이어 펜디가 트레비 분수 보수에 200만 유로, 불가리가 스페인 계단 수리에 150만 유로를 내놓았다. 발레 회장은 문화유산이 어느 나라보다 중요한 이탈리아인으로서 다른 기업들에 모범을 보인 데 자부심을 느낀다고 화답했다.

콜로세움 역사상 첫 번째 전면 수리인 이 복원 사업은 크게 두 단계로 이뤄진다. 1단계는 1만 3,600제곱미터에 이르는 대리석 표면의 먼지와 그을음을 벗겨 원래 빛깔을 되찾도록 하는 것이다. 숙련된 문화재 전문 기술자 열 명이 상온의 깨끗한 물을 표면에 뿌리고 섬세한 붓질로 오염 물질을 제거하면서 시간의 흔적은 보존하고 켜켜이 쌓인 묵은 때 아래 감춰진 본래의 빛깔을 되살렸다. 북쪽과 남쪽 출입문을 복원하고 아치 부분의 잠금 시설을 문과 난간으로 교체하는 등 그동안 훼손된 부분의 복원과 보강도 이뤄졌다. 2단계는 앞으로 검투사들과 맹수들이 경기 전에 머물던 지하 시설을 복원하는 것이 핵심이다. 2018년 말이면 어느 정도 마무리될 것으로 예상된다.

토즈 측은 1단계 복원을 마치고 콜로세움에서 축하 행사를 열었다. 이탈리아 명사들과 VVIP고객, 전 세계 기자를 초대했다. 이탈리아 문화의 속살과 면면을 화려하게 드러내는 자리이기도 했다. 세계적 지휘자 주빈 메타가 이탈리아 오페라를 대표하는 밀라노 라스칼라 극장 관현악단과 함께 무대에 올랐고, 테너 파비오 사르토리, 소프라노 페데리카 롬바르디 등 이탈리아 신예 성악가들이 오페라 명곡을 불렀다. 로시니의 〈빌헬름 텔〉 서곡으로 시작, 푸치니의 〈토스카〉 아리아 '별은 빛나건만', 베르디의 '운명의 힘' 기악 합주곡, 베르디 오페라 〈라트라비아타〉의 아리아 '축배의 노래'까지 이어졌다. 이날 행사장에 들어선 사람이라면 굳이 묻지 않아도 누구나 이탈리아 문화유산이 얼마나 풍성하고 다채로운가를 느낄 만한 자리였다. 발레 회장은 말했다. "나라가 먼저고 기업은 그다음입니다. 나라가 훌륭해야 기업도 번성하고 그 나라 사람이 행복해지죠. 기업인은 이것을 기억하고 살아야 합니다."

나라도 외면하는 문화 예술에 투자하다

콜로세움 복원 공사 후원은 그가 그동안 해온 문화 예술 후원 활동의 일부에 불과하다. 토즈 그룹은 2010년 9월 밀라노 라스칼라 극장에 520만 유로를 기부했다. 라스칼라 극장은 '이탈리아 발레와 오페라의 고향'이라는 별명으로 불릴 만큼 세계적으로 유명한 극장이다. 이탈리아 정부가 극장에 대한 특별 기금 예산을 삭감하면서 극장은 운영에 큰 어려움을 겪게 됐다. 특히 이 극장은 세트와 무대 의상을 모두 이탈리아 장인이 직접 만드는 것으로 유명했는데, 이를 지속할 예산이 바닥나버린 것이다. 토즈 그룹은 1년 동안 라스칼라 극장에 올라가는 모든 공연을 위한 제작비용을 후원했다. 또 극장과 협업해 '이탈리안 드림'이라는 영상을 제작해 2011년 봄·여름 밀라노 패션위크 기간에 공개했다. 토즈 고미노 슈즈를 제작하는 과정을 열세 명의 발레 댄서가 안무로 표현한 영상이었다. 이 영상은 베이징 토즈 파티에서도 상영됐다.

2011년 11월에는 1946년 비토리오 데시카Vittorio De Sica 감독이 만든 네오리얼리즘 걸작 영화 〈구두닦이〉의 필름을 복원하는 사업을 후원했고, 같은 해 22만 5,000파운드를 모금해 런던 화이트채플 갤러리에 전달했다. 3,000명 이상의 어린이와 30개 지역 단체의 교육과 문화 행사를 진행하도록 도운 것이다. 또 2015년 10월에는 대니 보일 감독의 연극 〈더 칠드런스 모놀로그〉를 후원했고 공연 수익금을 남아프리카공화국 흑인 거주 지역에 설립되는 아트센터 창립 기금에 쓰도록 도왔다. 발레 회장은 이에 대해 이렇게 이야기했다. "우리는 장인의 손으로 큰 기업입니다. 장인의 땀과 노력, 그들이 빚어낸 작품이 있었기에 토즈가 있었고 예술도 이와 비슷하죠. 예술가의 땀과 노력, 기술과 열정이 꽃을 피워 작품이 되고 현상이 됩니다. 우리가 때론 나라도 외면하는 문화예술 사업에 애정을 갖고 관심을 기울이는 이유입니다."

각자 기본을 지킬 때 비로소 앞으로 나아간다

발레 회장은 실비오 베를루스코니 전 총리나 안토니오 파치오 이탈리아은행 총재 같은 정치인들을 향해 종종 쓴 소리를 해온 인물이기도 하다. 2006년 베를루스코니 총리가 재선에서 이기기 위해 기업인 컨퍼런스에 난입했을 때 발레 회장이 "무슨 꼴입니까. 부끄럽지 않으십니까!"라고 외쳤다는 얘기는 유명하다. 그는 또 때때로 TV 토크쇼에서 출연해 고위 공직자들과 실시간 논쟁을 벌이고 독설을 퍼붓기도 했다. 부패한 정부와 국가 시스템을 맹렬하게 비난하는가 하면, 전통과 확고한 가치를 지키는 것, 애국심과 근면성실을 전파하는 것이 왜 중요한지 역설하는 식이었다. 몇몇 정치 블로거들은 이런 그를 두고 '돈 디에고 델라 베가'Don Diego Della Vega 라고 부르기도 했다. 〈쾌걸 조로〉라는 영화, 만화영화로 만들어진 미국 작가 존 스톤 맥컬리의 소설 《카피스트라노의 재앙》의 주인공 조로Zorro의 별명 '돈 디에고 드 라 베가'Don Diego de la Vega에서 나온 별명이다. '조로처럼 의협심에 불타는 인물'이라는 뜻이 담긴 별명인 셈이다.

발레 회장에게 이런 부분을 직접 물었다. 그는 잠시 말을 아꼈으나 이윽고 정부와 정치가 해야 할 일은 명확하다고 했다. 그는 이렇게 말을 이어나갔다.

"결국 각자가 자기 역할을 제대로 하고 격을 지킬 때 이 나라가 잘 굴러간다고 믿습니다. 우리처럼 큰 기업이 아닌 작은 회사들은 정부가 도와줘야만 잘 커나갈 수 있어요. 나라는 제대로 된 시스템을 마련하는 데 힘써야 합니다. 이 영세 기업들이 복잡한 서류 문제나 법률 문제로 골치를 앓으면서 에너지를 빼앗기지 않도록 절차를 간소화해주고, 이들을 위한 지원책을 끊임없이 내놓는 게 나라가 할 일이죠. 작은 회사들은 특히 직원들을 위한 보험이나 복지를 제대로 챙기기 쉽지 않으니 정부가 대신 챙겨줘야 합니다. 정치인들은 또한 서민들의 삶을 돌볼 줄 알아야 해요. 그게 임무이고 기본인데, 현실에선 그걸 다들 잊는 모양입니다."

서로를 존중하고 함께 살아가는 것은 의무다

토즈 그룹은 1989년 사내 어린이집을 만들었다. 이탈리아 기업으로는 최초라고 한다. 직접 둘러본 본사 어린이집은 채광 좋은 흰색 건물에 자리 잡고 있었다. 놀이터가 웬만한 동네 공원보다 넓었고, 그곳에 모인 아이 스물여덟 명은 선생님 다섯 명의 지도를 받아 삼삼오오 그림을 그리고 만들기를 했다. 교육과 야외 활동, 점심 급식까지 모두 무료다. 토즈 그룹은 2008년부터 직원들과 그 가족이 여가를 즐길 수 있도록 한 사람당 매년 1,400유로 정도의 가족 지원금을 주고, 취학 자녀가 있는 직원에겐 도서 구매비를 전액 지원한다. 직원과 그 가족들이 아플 때 수술비용, 치과 치료비용도 전액 지원한다.

토즈 그룹은 직원 교육에도 관심이 많다. 밀라노의 보코니 대학교·안코니의 ISTAO 등 연구기관과 협력해 청년 직원 스무 명을 6개월간 이곳에서 재교육 받도록 했다. 이를 '인재 공장'Talent Factory 프로젝트라고 부른다. 일반 시장에서 찾아볼 수 없는 특별한 역량을 지닌 전문가를 키워내는 것이 회사의 사명이라고 믿기 때문이다. 환경 문제에도 적극적이다. 이탈리아 본사는 철저한 에너지 저소비 건물로 지었다. 태양광과 지열을 이용해 냉·난방을 하고 빗물을 받아 재사용할 수 있는 시설도 세웠다.

발레 회장에게 왜 이런 일을 하느냐고 묻자 그는 어깨를 으쓱하며 대답했다. "의무니까요." 그게 왜 의무일까. 이번에도 그는 어깨를 으쓱하며 이렇게 대답했다. "의무니까 의무지요." 그리고 말을 이었다.

"저는 기업인입니다. 회사가 잘 돌아가게 만드는 게 제 일이죠. 회사가 잘 돌아가려면 세상의 자원을 오래 쓸 수 있어야 합니다. 그러니 환경에 신경 쓰는 것입니다. 또 회사가 잘 돌아가려면 직원이 안정적으로 오래 일할 수 있어야 하지요. 그러려면 그들의 가족 또한 행복해야 합니다. 직원과 회사가 서로 존중하는 것, 서로를 인간관계로 생각하는 것, 그것이 결국 의무라는 얘기죠. 좋은 기업은 좋은 상품을 만들고 그걸로 이윤을 내는 기업이에요. 이익을 내지 못하면 직원들을 고생시키고, 좋은 상품을 만들지 못하면 고객을 힘들게 하니까요. 그렇다면 좋은 기업은 어떻게 되느냐. 직원들을 덜 고생시키면서 그들의 뛰어난 역량을 잘 활용해 좋은 상품을 만들고, 이걸 잘 팔아서 이윤을 내면 되는 겁니다. 그러려면 직원들을 잘 보살펴야 하죠. 직원들이 살아갈 이 세상과 미래 또한 함께 신경 써야 하고요. 결국 이건 의무이고 사명인 거예요. 돈을 벌고 싶다면 말이죠.(웃음)"

진짜 언어를 놓치지 않는 기업

전용기를 타고 전 세계를 돌아다니는 발레 회장이지만 그는 틈나는 대로 집에 박혀 쉬는 걸 가장 좋아한다. 집에 있을 땐 디지털 기기 대부분은 손에 닿지 않는 곳에 두고 산다. 신문을 읽고 책을 읽고 풀을 밟고 가족들과 모여 와인을 마신다. 스마트폰과 인터넷 때문에 세상이 많이 바뀌었지만, 과연 그 덕에 우리가 더 나은 세상으로 나아가고 있는 건지 잘 모르겠다고 생각한다.

"손으로 무언가를 만지고 느끼는 것, 땀 흘려 무언가를 만드는 것, 사람들과 함께 밥을 먹는 것, 가족들과 같이 시간을 보내는 것···. 그런 것이 인간 본연의 언어 아닌가요? 이 진짜 언어를 놓치는 기업이 과연 오래갈 수 있을까요?"

발레 회장은 전 세계가 자신의 시장이지만, 자신은 그저 레마르케 사람일 뿐이라고 했다. "이곳에 진짜가 있으니까요. 단순하고 간결한 삶,

걸어 다닐 수 있는 골목, 대를 이어 같은 일을 하는 사람들…. 적어도 이곳에선 가짜가 없습니다." 그를 만나고 나니 보수保守의 진짜 의미가 뭔지, 기업인企業人의 진짜 뜻이 무엇인지 얼핏 알 것 같았다.

레이놀드 가이거Reinold Geiger

●

프랑스를 대표하는 세계적인 화장품업체 록시땅의 회장이다. 록시땅은
1976년 프랑스 남부 프로방스 지역 록시땅에서 출발한 천연 비누·유
기농 화장품을 만드는 회사이다. 가이거 회장은 1996년 록시땅 CEO가
된 후 프랑스 안에만 머무르던 록시땅을 10여 년 만에 전 세계 90개국
에서 1,500여 개 매장을 운영하는 글로벌 브랜드로 키웠다. 록시땅은
우리와 다른 사람들을 돕는다는 브랜드 철학으로 전 세계로 뻗어나가
고 있다.

05

20년 만에 세계 여성들의
마음을 사로잡은 비결

어떤 만남은 때론 운명의 지침指針을 돌려놓는다. 오스트리아 출신의 사업가 레이놀드 가이거는 프랑스 남부 프로방스에서 천연 원료로 화장품을 만드는 올리비에 보송Olivier Baussan을 친구 소개로 만나게 된다. 당시 44세였던 가이거는 본래 오스트리아에서 스키 선수로 활약했다. 경영대학원을 마치고 여러 사업을 했고 대부분 성공해 이미 큰돈을 번 상태였다. 밑지는 경영이라곤 해본 적이 없었다.

반면 보송은 위기에 처한 서른아홉 살 청년이었다. 문학을 전공했고 시를 쓰는 사람이었다. 1976년 마르세유 지역에서 쓰러져가던 비누 공장을 인수했고 천연 에센셜 오일을 넣은 비누와 화장품을 만들어 팔았다. 회사 이름은 록시땅 L'OCCITANE이라고 지었다. 문제는 회사를 키우려고 벤처캐피털의 지원을 받으면서부터 발생했다. 경영난이 더 심각해졌고, 투자자들에게 곧 회사를 빼앗길 지경이 됐다. 가이거는 보송을 만나 그의 하소연을 듣고 또 그가 내민 비누와 화장품을 살펴보았다. 탁월한 비즈니스맨인 그는 본능적으로 직감한다. '이건 된다!'

프로방스 천연 재료로 만든 비누와 화장품이었다. 올리브 오일로 만든 비누, 라벤더 오일을 추출해서 만든 핸드크림 같은 것들이었다. 백화점이나 상점에 전시된 기존의 어느 화장품과도 다르게 느껴졌다. 자연 그대로를 담아낸 듯 보였다. 신선했고 향기로웠다. 나이든 사람도 젊은 사람도 매료될 법하다고 느꼈다. 가이거는 고령사회에 접어든 선진국, 미용에 지출이 커지는 신흥국이나 개발도상국 모두에서 자연주의 화장품이 크게 성공할 것이라고 내다봤다. 프로방스 자연의 아름다움이라면 세계 시장 어느 곳을 공략해도 될 것임을 확신했다.

가이거는 그렇게 보송과 손을 잡는다. 차근차근 록시땅 지분을 사들이며 투자를 시작했고, 1994년 록시땅 경영에 직접 합류했다. 1996년엔 록시땅의 정식 CEO로 취임했다. 그는 현재 록시땅그룹 회장이다. 올리비에 보송은 현재 록시땅의 제품 개발을 지휘하는 크리에이티브 컨설턴트로 활약한다. 경영은 전적으로 가이거 회장에게 맡기고 있다. 그렇게 두 사람이 만난 지 어느덧 25년, 록시땅은 이제 전 세계 90여 개국에 매장을 거느린 글로벌 기업으로 성장했다. 2007년 서울 가로수길에 첫 번째 부티크 매장을 열었으니 한국에 진출한 지도 10년이 넘었다. 2017년 4월 한국에서 만난 가이거 회장은 이렇게 말했다.

"본래 저는 그저 투자자였죠. 이런저런 회사에 공격적으로 투자해서 돈을 많이 벌었어요. 록시땅을 운영하면서 처음으로 투자자로 사는 것보다 회사를 차근차근 세우고 제품을 개발하고 이를 통해 또 하나의 작은 세상을 건설해나가는 것이 훨씬 더 행복하단 걸 알게 됐습니다. 그런 점에서 록시땅은 내겐 첫사랑 같은 회사일지도 모르겠습니다."

프로방스 색에 사활을 걸다

가이거 회장이 1994년 경영에 뛰어들면서 제일 먼저 시작한 건 분석이었다. 보송이 내놓은 제품은 이미 무척 훌륭했다. 제품에 담긴 철학도 나무랄 데가 없었다. 하지만 가이거는 경영자였고 그만큼 현실적인 사람이었다. 2 더하기 2는 4지 4.2나 3.4가 될 수 없다고 생각했다. 제품을 어떻게 하면 소비자에게 충실히 유통하고 전달할지를 고민해야 했다. 일단 첫 매장을 파리 생루이섬 부근 작은 거리에 열었다.

이때 가이거 회장이 중요하게 생각한 건 프로방스 특유의 컬러, 즉색이었다. 록시땅 하면 떠오르는 대담한 빛깔의 화사한 매장이 이때 나왔다. 이글거리는 태양을 닮은 샛노란 간판, 연보랏빛으로 감싼 벽과 테두리, 매장 테이블이나 선반에 쓰인 반들반들한 나무의 빛깔과 재질. 그건 곧 프로방스에서 피어나는 임모르텔 꽃, 라벤더 꽃송이, 올리브 잎사귀와 열매의 빛깔이기도 했다. 걷다가도 눈길을 잡아끄는 이 아름다운 색! 매장은 금세 성공했다. 가이거 회장은 여기에 만족하지 않고 해외시장 진출을 꿈꿨다. 당시 록시땅이 처한 위기를 타개하려면 외국으로 나가는 것이 시급하다고 판단했다. 1995년 홍콩, 1996년 뉴욕, 1997년 도쿄에 매장을 잇따라 열었다. 이때도 주변에서는 그 나라에 맞춰 그 나라 사람이 좋아하는 빛깔로 매장을 새롭게 꾸미자고 했지만 가이거 회장은 반대했다. "프로방스의 빛깔, 프랑스 매장과 같은 컬러를 그대로 가져가야 한다. 그래야만 우리만의 DNA가 생긴다. 록시땅의 정체성이 생긴다. 그게 없으면 이 사업은 오래가지 못할 것이다." 그의 말은 결국 정답이었다.

3년간의 냉대를 참고 견디다

해외 진출이 처음부터 성공을 거둔 것은 아니다. 초창기엔 고전해야 했다. 홍콩과 일본에서 특히 더 쉽지 않았다. 처음엔 누구도 매장 문을 열고 들어오질 않았다. 아시아 시장에서 록시땅이라는 브랜드는 너무 낯설었다. 그러나 가이거 회장은 섣불리 매장을 철수하지 않았다. 적자를 감수하면서 계속 가게 문을 열어놓았다. 그렇게 3년쯤 지나자 소비자가 하나둘 늘어갔다. 도쿄 매장에선 어느새 사람들이 물건을 사기 위해 길게 줄을 늘어서는 모습도 연출됐다. 가이거 회장은 이때를 이렇게 회상했다.

"쉽지 않았죠. 그렇지만 그래도 견디고 움츠려야 뛰어오를 수 있다고 믿었어요. 아시아 고객의 성향을 충분히 학습할 시간이 필요하다고 판단했죠. 아시아 소비자들은 무척 까다롭지만 한번 제품을 맘에 들어하면 충성도가 무척 높은 고객이 됩니다. 이들이 우리 고객이 되기까지 그렇게 3년이 걸린 거죠. 그 3년의 시행착오가 없었다면 지금의 우리도 없었을 겁니다."

10년 적자를 단숨에 뛰어넘다

반면 처음부터 반응이 뜨거웠던 곳도 있었다. 1996년에 문을 연 뉴욕 매장이다. 매디슨애비뉴 91번지에 문을 열자마자 당초 목표보다 두 배가 넘는 매출을 기록했다. 미국에서의 성공 덕에 록시땅은 서서히 성장할 수 있는 동력을 얻게 됐다. 가이거 회장은 매장을 열기 전부터 잘될 거라는 예감은 어느 정도 있었지만 그 정도로 잘될 줄은 자신도 몰랐다고 했다.

예측의 힘은 거저 얻어지지 않는다. 가이거 회장의 경우는 경험이 약이었다. 전에 사업을 하면서 미국에 1년 정도 머물렀던 것이 큰 도움이 됐다. 미국 생활은 무척 즐거웠지만, 한편으로는 그곳 사람들이 일회용품을 쓰고 비닐봉지를 마구 버리는 풍경을 보면서 걱정이 되기도 했다. 아침에 먹을 것을 사러 마트에 잠깐만 다녀와도 비닐봉지가 집에 몇 개씩 쌓였기 때문이다. 이때 그는 속으로 생각했다. '아, 이곳에도 조만간 자연주의 바람이 필연적으로 불 수밖에 없겠다.'

뉴욕 매장이 성공하자 이후 미국에서만 여러 개 매장을 내기 시작했다. 하나같이 사람들이 몰려들었다. 미국 소비자들은 누구보다 적극적이었다. 못 보던 매장이 생기면 들어가 봤고, 써보고, 맘에 들면 샀다. 미국에서의 공격적 마케팅에서 얻은 동력으로 홍콩과 일본에서의 적자를 버틸 수 있었다. 그렇게 10년, 록시땅은 결국 적자를 딛고 글로벌 기업으로 도약하기 시작했다.

대화가 낳은 완벽한 하모니

가이거 회장은 차근차근 회사를 키워나가면서 벤처캐피털이 보유한 지분을 다시 사들이고, 회사 경영을 완벽하게 정상화하는 데 성공한다. 가이거 회장은 1996년 올리비에 보송을 크리에이티브 컨설턴트로 취임시켰다. 록시땅의 DNA와 정체성을 만든 이는 누가 뭐라고 해도 보송이고, 그가 없으면 이 회사가 더 오래갈 수 없다고 믿었기 때문이다. 철저한 신뢰가 없으면 불가능한 결정이었다. 록시땅 제품을 만드는 데 필요한 원료 발굴, 제품 디자인, 제품이 소비자에게 닿기까지 필요한 스토리텔링 개발 같은 임무를 모두 보송에게 맡겼다.

록시땅의 제품군이 해가 갈수록 다채로워진 것은 이렇게 가이거 회장이 올리비에 보송이라는 창의적인 창립자를 끝까지 곁에 두고 많은 결정권을 주었기 때문이다. 버베나, 라벤더, 장미, 작약, 벚꽃, 시어버터 같은 원료를 적극적으로 사용했고, 이 같은 재료를 채취하고 길러내는 데까지의 감동적인 이야기를 보송이 직접 전달하도록 했다. 요즘 록시땅 제품엔 점자가 박혀 있다. 시각장애인도 제품 이름을 읽고 살 수 있도록 하기 위해서다. 가이거 회장은 이런 작고 감동적인 디테일을 만들어내는 이가 올리비에 보송이며, 그의 아이디어와 철학을 존중하고 믿는다고 했다.

한때 이들도 갈등을 겪은 적이 있긴 했다. 록시땅의 최대 히트 상품인 시어버터 핸드크림을 만들면서다. 이 핸드크림은 이제 전 세계에서 2초마다 하나씩 팔려나간다. 핸드크림의 주재료는 아프리카 부르키나파소에서 생산된다. 그것이 문제였다. 가이거 회장은 프로방스가 아닌 곳에서 생산된 원료를 쓰는 것이 록시땅 이미지와 맞지 않는다며 반대했다. 보송이 그를 설득했다. 보송은 가이거를 부르키나파소까지 데려갔다. 그곳 가난한 여성들이 직접 시어버터를 생산하는 풍경을 보여줬다. 그리고 이들에게 공정한 가격을 주고 시어버터를 사는 것이 곧 기업의 사회적 책임이기도 하다고 했다. 가이거 회장의 마음도 결국 움직였다.

그래도 사업이다. 시장조사를 다시 철저히 했다. 자연주의 화장품을 사는 소비자들은 사회적 약자나 공정무역에도 관심이 높다는 리서치 결과가 나왔다. 가이거 회장은 결국 부르키나파소 재료로 록시땅 제품을 만드는 데 동의했다. 내놓자마자 시장 반응은 폭발적이었다. 곧 시어버터 구매량을 두 배로 늘렸다. 부르키나파소 여성을 위한 복지재단도 설립했다. 이 시어버터 핸드크림은 이제 록시땅의 얼굴이 됐다. 가이거 회장은 여전히 매일매일 대화를 통해 깨지고 또 배우고 커나간다면서, 그게 곧 사업가의 길이기도 하다고 했다.

원료를 비싸게 사는 게 더 이익이 되는 이유

상생은 록시땅의 또 다른 키워드다. 각 나라의 지역 파트너와 손을 잡고 그 지역의 작물을 키워내는가 하면, 그 나라만을 위한 프로젝트를 펼친다. 농장주 같은 지역 파트너는 특히 예우한다. 그들에게서 사들이는 꽃이나 작물에는 각별하게 값을 쳐준다. 가이거 회장은 그것이 곧 회사의 이익이 되는 길이어서 그렇게 한다고 했다. 알쏭달쏭한 말처럼 들렸다.

가이거 회장은 설명을 이어나갔다. 지속성, 그게 곧 답이 될 거라고 했다. 회사가 농장주에게 대가를 충분히 잘 지불하면 결국 농장주도 최선을 다해서 회사를 돕는다는 것이다. 간혹 갑자기 주문량이 밀려들어 재료가 두세 배 필요해질 때가 있다. 재료를 빨리 조달하는 게 급선무지만 마음처럼 쉽지가 않다. 이럴 때 평소 록시땅이 제값을 치르고 재료를 사줬다는 사실을 기억한 농장주들이 팔을 걷어 붙인다. 회사가 부탁하지도 않았는데 서로 연락해서 재료를 있는 대로 모아준다. 록시땅에는 늘 가장 좋은 재료를 내주고, 록시땅이 부탁한 기한을 최대한 지켜서 대주려고 노력한다. 가이거 회장은 이렇게 말했다.

"결국 우리가 평소 신뢰를 쌓아놓으면, 파트너들도 그만큼 우리에게 이익을 가져다주는 겁니다. 그야말로 수단과 방법을 가리지 않고 우리를 도와주거든요. 이들을 믿고 함께 가는 게 결국 우리에게도 남는 장사인 거죠."

모험하는 재미 없이 사업할 수 있나

로컬 회사나 농장주들이 제안하는 프로젝트를 무턱대고 믿어주는 일도 종종 저질렀다. 가령 한번은 한국 지사에서 화이트닝 제품을 내자고 요청했다. 자연주의 화장품과 화이트닝은 자칫 상충된 이미지만 남길 수 있다. 반신반의하면서 밀어줬는데 이 제품이 아시아에서만 잘된 게 아니라 전 세계에서 히트를 쳤다. 일본 매장에선 또 4월 말 벚꽃 시즌에 팔 제품을 따로 만들어달라고 했다. 그게 체리블러섬 라인이었다. 일본에서만 잘 팔리는 게 아니라 15년째 전 세계적인 베스트셀러다. 가이거 회장은 말했다.

"모험하는 재미 없이 사업할 수 있나요? 이들이 마음껏 실패할 수 있도록 판을 깔아주는 것도 제 역할이죠. 저는 리스크가 없으면 불행해지는 성격이기도 합니다. 스키 선수 출신이어서 그럴지도 모르죠. 늘 리스크를 추구해요. 스키를 생각해보면 쉽습니다. 내리막길을 마구 내달리지 않으면 더 높이 점핑하면서 날아오를 수가 없어요. 뛰어오를 수 없어요. 새로워질 수 없어요. 변화할 수 없는 거죠."

항상 작은 회사처럼 행동하다

록시땅은 '심플한 경영'으로도 유명하다. 전 세계 90여 개국에 매장을 거느린 글로벌 기업이고, 본사는 스위스 제네바에 있지만 의사결정 구조는 그 어느 곳보다 간단하다. 말단 직원이 상급자에게 아이디어를 말할 때 수직 구조의 층계를 모두 밟을 필요가 없다고 했다. 다시 말해 말단 직원이 회장에게 '아이디어가 떠올랐다'거나 '회사가 이런 점에서 달라졌으면 좋겠다'고 언제든지 말할 수 있다는 이야기다.

가이거 회장은 "누구나 나를 만날 수 있다. 나는 또 모두를 만나러 간다."고 했다. 직원들이 그를 부담스러워하지는 않을까. 가이거 회장이 빙그레 웃었다. "아뇨, 안 그럴 것 같아요. 저는 지금도 회사를 직원 100명 고용한 중소기업의 규모처럼 생각하고 운영하려고 해요. 회사가 커질수록 어렵다지만, 아직까지는 문제가 없었어요. 이게 언제 어느 정도까지 가능할까, 저도 사실 궁금합니다. 회사가 심플하려면 기본에 충실하면 돼요. 정당한 임금을 주고 직원을 존중하면 됩니다. 휴가제도·남녀고용제도·어린이집·건강보험은 각 나라 법에 맞게 철저히 잘 지켜서 운영하면 되고요. 프랑스는 가령 5주 휴가를 주고 모든 직원에겐 100퍼센트 건강보험을 제공하죠. 우리 회사가 유달리 남달라서가 아니라 프랑스가 그런 나라니까 그런 거죠. 나머지는 더 간단합니다. 직원의 말을 언제 어디선 들어주고, 모르면 묻고, 실패하면 '다시 하자'고 말합니다. 그게 다예요. 실험이라고요? 아뇨, 이건 원칙인 걸요."

한국, 그 가능성의 나라

록시땅그룹은 2012년 에르보리앙Erb Orian이라는 브랜드를 시작했다. 인삼과 대나무 같은 한국 전통 약초에서 추출한 성분을 바탕으로 만든 화장품이다. 프랑스를 비롯한 유럽, 홍콩과 싱가포르, 한국에 매장이 있다. 한국이라는 나라의 독특한 정체성과 프랑스 화장품의 기술력을 결합한 이 화장품의 결과물은 무척이나 흥미진진하다. 인삼 사포닌 성분이 든 BB크림, 동백기름이 들어간 마스크팩, 피부를 촉촉하게 해주는 유자 크림 같은 것이 지금 프랑스 파리 오페라 거리에 있는 매장에서 파리지앵들에게 불티나게 팔려나간다.

가이거 회장은 이렇게 말한다. "록시땅은 지난 25년 동안 프로방스의 가장 유명한 홍보대사로 자리매김했지만, 10년쯤 후엔 에르보리앙이 삼성을 능가하는 한국의 홍보대사가 돼 있을 수도 있습니다. 실제로 에르보리앙 제품을 써본 프랑스 기자들에게 우리는 한국이 어떤 나라이고 그곳에서 나는 재료가 어떤 것인지 이야기하고 있어요. 한국의 가능성은 곧 우리의 가능성이 될 겁니다."

디지털 시대, 대형 매장에 다시 도전하다

록시땅은 미국 뉴욕에 200제곱미터나 되는 매장을 열었다. 프랑스 파리 샹젤리제 거리에 새로 문을 연 록시땅 매장은 이보다 더 크다. 한국 코엑스에도 대형 매장을 열었다. 너나 할 것 없이 인터넷으로 물건을 사는 시대다. 매장이 없어도 장사는 할 수 있다. 그런데 왜 록시땅은 부동산 구입비나 건물 임대료를 아낌없이 지불하면서 매장을 키우는 걸까. 가이거 회장은 뜻밖에도 온라인에 적응하기 위해 오프라인에서 맹렬히 싸우는 것이라고 했다.

인터넷으로 물건을 사는 비율이 점점 더 늘어나고 있다는 것, 이젠 디지털 싸움에서 승리하지 못하면 사업이 내리막길을 걸을 수 있다는 것을 가이거 회장도 잘 알고 있다고 했다. 그리고 이렇게 말했다. "인터넷이라는 은하수를 항해하려면 그래도 내비게이션이 필요하지 않겠어요? 거리에서 아주 크고 놀라운 매장을 봤다 칩시다. 기억에 남겠죠. 들어가 보고 싶겠죠. 들어갔더니 기대 이상으로 물건을 근사하게 전시를 해놨어요. 단순히 물건만 사는 곳이 아니라 다양한 체험을 해볼 수 있도록 해놨단 말이죠? 그걸 실컷 즐기고 집에 돌아왔어요. 계속 생각이 나겠죠. 시간이 지나도 그 경험은 기억 어딘가에 남겠죠. 그렇게 시간이 지나고 인터넷 쇼핑을 해요. 그때 록시땅 매장을 체험한 기억이 나는 겁니다. 다시 말해 록시땅이라는 간판이 머릿속 불이 켜지듯 보이는 거죠. 오프라인 대형 매장은 다시 말해 디지털 항해를 할 때 꼭 필요해요. 매장이 클수록 놀라울수록 새로울수록 디지털 쇼퍼들도 기억할 거예요. 저는 그래서 지금 다시 새 도전을 하는 겁니다. 스트레스를 받기도 하고 걱정이 되기도 하지만, 뭐 어때요. 도전하지 않고서는 더 나아갈 수 없는 걸요."

그래도 여전히 미완성

사람들은 이제 록시땅 하면 '프로방스'를 자연스럽게 떠올린다. 록시땅은 이제 자연주의 화장품의 대명사가 됐다. 그동안 이 회사가 꿈꿔온 대부분을 이룬 것이 아닐까. 궁극적으로 꿈꿔온 회사의 형태는 이제 다 갖춘 것이 아닐까. 그러나 가이거 회장은 그건 아직 못 봤을 것이라며 슬쩍 윙크를 했다.

"2년 안에 페이스케어 라인을 혁신할 겁니다. 지금까지 보지 못한 전혀 새로운 화장품을 내놓을 거예요. 우리 회사는 아직도 미완성입니다.

2년 후에 다시 만나시죠. 그때쯤이면 어쩌면 록시땅의 궁극적인 목표와 색깔에 대해서 다시 이야기할 수 있을지도 몰라요. 이야기는 아직 끝나지 않았어요. 그러니 꼭 다시 만납시다."

필립 도르나노 Philippe d'Ornano

●

혁신과 품질, 기업가 정신이라는 세 가지 기본 가치를 추구해 세계 최
고의 화장품회사로 거듭난 시슬리의 대표이다. 결코 품질과 타협하지
않는 기업의 고집과 철학으로 전 세계 100개 이상의 국가에서 성공 스
토리를 써오고 있다. 모든 제품의 공정에 한 치의 허술함을 허용치 않
는 엄격함을 원칙으로 삼고, 자신의 연구소를 식물화장품학 전문 연구
소로 거듭나게 했다. 더불어 최고의 화장품을 개발하기 위해 최고의 천
연식물만을 원료로 사용하고 있다.

06

진짜는 비싸도 팔린다, 품질을 타협하지 않는 고집

2015년 89세로 세상을 떠난 위베르 도르나노Hubert d'Ornano 가 살아생전 가장 자주 했던 말은 '급할 것 하나도 없다'였다. 1999년 출시된 안티에이징 크림 시슬리아는 제품 개발에만 꼬박 10년이 걸렸 다. 막상 완성된 크림은 소비자가격을 매겨보니 1,250프랑(당시 약 25만 원)이나 됐다. 연구소장이 낙담한 표정으로 말했다. "이건 너무 비싸서 아무도 안 살 거예요. 10년을 낭비했군요." 도르나노는 그에게 대답했 다. "원하는 제품이 나왔는데 뭐가 걱정입니까. 파는 건 이제 내게 맡기 세요." 이 크림은 이후 전 세계에서 수백만 개가 팔려나갔다.

그의 첫째 아들 필립 도르나노도 태평하긴 마찬가지다. 가장 큰 위기가 언제였냐는 질문에 그는 어깨를 으쓱하며 대답했다. "제가 워낙 낙천적인 성격이라서요. 매일이 위기일 수도 있겠지만, 지나고 보면 또 별 것 아녜요. 대수롭게 생각할 필요가 별로 없죠…." 그의 사무실 벽에는 저 멀리 밀려오는 파도를 마주하는 작은 돛단배 사진이 큼지막하게 걸려 있었다.

이 가족이 운영하는 회사는 프랑스를 대표하는 화장품회사 시슬리 Sisley다. 1976년 위베르 도르나노와 그의 아내 이자벨이 함께 경영을 시작한 이래 숨 가쁜 성장 곡선을 그려왔다. 현재 100여 개국에 4,000명 넘는 직원이 일하고 있다. 특히 최근 10년 사이 직원 수가 네 배가량 증가했다. 파리 8구 중심 프리드랑 5번가 사무실에서 만난 필립 도르나노 시슬리 회장은 그 비결을 이렇게 설명했다. "돈과 시간, 그 두 가지에 너무 목숨 걸지만 않으면 됩니다."

모두가 말렸던 쉰 살 아버지의 도전

시슬리의 창립자 위베르 도르나노는 1926년 3월 폴란드 남동부 루블린 근교에서 태어나 어린 시절을 폴란드에서 보냈다. 1920년 초 폴란드는 러시아로부터 막 독립한 상태였다. 제2차 세계대전이 발발하기 직전인 1939년 8월 31일 위베르는 두 살 터울 형인 미셸과 함께 프랑스 파리로 건너갔다. 그다음 날 새벽 4시 30분 히틀러는 폴란드를 침공했다.

전쟁은 어린 그를 강하게 만들었다. 프랑스로 건너왔지만 프랑스어

246 ·

를 할 줄 몰랐다. 폴란드를 줄곧 그리워했다. 새로운 곳에서 적응하기 위해 남보다 열심히 공부했다. 로스쿨에 진학했고, 누구보다 빨리 독립을 꿈꿨다. 스무 살 무렵엔 미셸과 함께 장달브레라는 향수회사를 차렸다. 이후엔 화장품회사 올랑을 시작했다. 올랑은 곧 엘리자베스아덴, 에스티로더 같은 미국 대기업과 경쟁하는 프랑스 명품 화장품으로 거듭났다. 하지만 형이 국회의원에 당선되면서 회사를 더는 운영하기 어렵게 되자 위베르는 1976년 올랑을 매각하고 떠났다.

위베르는 어디에도 매이지 않은 빈 몸이 됐다. 이미 쉰 살이었다. 그래도 처음부터 다시 시작하고 싶었다. 본래 경쟁을 즐기는 성격이었다. 전 재산을 걸고 새 도전을 해보고 싶었다. 쓰러져가는 작은 화장품회사 시슬리를 인수했다. 식물에서 추출한 천연 성분으로 화장품을 만들고 싶었다. 주위에선 '미친 짓'이라고 했다. 1970년대의 경제 상황도 녹록지 않았다. 유일하게 그를 독려한 건 아내 이자벨이었다. 이자벨은 지금 아니면 언제 또 이런 일을 해보겠느냐고 했다. 예상대로 처음엔 쉽지 않았다. 처음 4년은 투자만 해야 했다. 5년이 지나자 손실을 메울 자금이 겨우 모이기 시작했다. 이후 19년 동안은 수익 전부를 사업에 재투자했다. 밑 빠진 독에 물 붓기였다. 그러나 그 덕에 그 독은 깊고 넓어졌다.

집밥으로 뚫은 유통망

올랑에서 함께 일했던 동료 여덟 명과 모차르트 거리 사무실에서 일을 시작했다. 사업 초반에 이들이 믿을 건 '사람'뿐이었다. 아내 이자벨은 요리를 잘했다. 폴란드 왕족의 후예답게 감각이 뛰어났고 무엇이든 좋은 것을 고를 줄 아는 안목을 갖추고 있었다. 프랑스 지역 향수 상인들을 시시때때로 집에 초대해 만찬을 대접했다. 식사는 맛있었고, 테이블 세팅은 독창적이었다. 상인들은 이자벨의 센스와 식사 내내 '시슬리 제품을 한번 써보고 이야기하자'고 말하는 위베르의 열정에 감동했다. 도르나노 부부는 그렇게 천천히 판매처를 넓혀갔다.

해외에 진출하는 방식도 비슷했다. 캐나다 홀트렌프루 백화점, 뉴욕 버그도프 굿맨 회장 등이 프랑스에 왔을 때 집으로 초대해 점심을 먹었고 이들과 긴 대화를 나누며 유통망을 하나하나 뚫어나갔다. 매장 직원들도 마찬가지로 대했다. 도르나노 부부는 전 세계 주요 매장을 직접 찾아다니며 그곳에서 일하는 직원들에게 식사를 대접했다. 미국 댈러스 매장에서 일하는 판매원들을 만나러 갔을 때 이자벨은 직접 싸온 아침식사를 차렸다. 위베르는 커피와 차를 날랐다. 판매원들은 이자벨의 '집밥'과 위베르의 '서비스'에 금방 매료됐다.

전 세계 매장을 돌며 이렇게 일한 덕분에 이자벨 도르나노는 금세 여러 나라 말을 익혔다. 잔주름이 깊어졌고 머리칼은 희게 셌지만 지금도 이자벨은 영어, 프랑스어, 폴란드어, 스페인어, 멕시코어 등을 써가며 각국 여성들의 피부가 어떤지, 그들을 위한 화장법은 어떤 것이 좋은지 유창하게 이야기한다.

느려도, 비싸도 우리는 만든다

위베르 도르나노는 1976년 회사를 시작하면서 '피토테라피'라는 것에 빠져 있었다. 식물에서 천연 성분과 에센셜 오일을 추출하고 보존해 이를 약이나 화장품으로 개발하는 일이었다. 어릴 때부터 숲을 돌보고 말과 젖소를 키운 위베르였다. 그는 본능적으로 식물 추출물, 천연 성분이 뜰 것임을 예감하고 있었다. 화장품은 개발하려면 연구소장이 필요했다. 올랑의 전 연구개발 소장이자 세계화장품협회 회장인 에그몽 데스페루아를 영입했고 파리 북서부 젠느빌리에 작은 연구소를 세웠다.

이들은 식물 섬유질에서 최상의 분자를 추출하는 한편, 합성보존료 대신 에센셜 오일을 사용해 유통기한을 늘리는 것에 집중했다. 위베르의 요구 조건은 명확하고 단순했다. "한번 출시하면 다시 제품을 업그레이드할 필요가 없도록 만듭시다. 유행에 이리저리 휘둘리지 않고 포뮬러를 늘 한결 같은 것으로 유지해도 좋도록 만듭시다."

1980년 출시된 시슬리의 첫 번째 베스트셀러 에밀씨옹 에꼴로지끄가 그렇게 탄생했다. 감촉이 편안하고 가벼운 에멀전 로션이었다. 세상에 나온 지 37년이 지났지만 이 제품은 지금껏 그 성분과 제조법은 물론이고 포장까지 첫 원형 그대로다.

1990년에 나온 자외선 차단제 쉬뻬 에끄랑 쏠레로 비자쥬는 데이크림과 선크림을 합친 것이다. 경쟁사 제품보다 네 배나 비쌌다. 이걸 누가 사겠느냐고 회사 내부 연구원들조차 부정적인 의견을 내놨지만 위베르는 완강했다. 오히려 '세상에서 가장 비싼 선크림'이라는 슬로건을 내걸고 팔았다. 결과는 대히트였다.

1999년에는 안티에이징 화장품 시슬리아를 출시했다. 미국 출장을 자주 다니던 이자벨이 미국 여성들은 너무 바빠서 여러 개 화장품을 바를 수가 없으니 한 가지 제품만 발라도 수분 공급부터 탄력·잔주름 케어까지 되는 화장품을 만들어야겠다고 제안한 게 시작이었다. 무려 50여 가지 성분을 넣은 화장품을 만들기 시작했다. 연구에만 10년이 걸렸다. 필립 도르나노는 당시를 이렇게 회상했다. "여동생과 매일같이 농담처럼 이야기를 주고받곤 했어요. '시슬리아는 과연 나올 수 있기는 한 거야? 연구만 계속하다가 못 내놓는 것 아닐까?' 그러던 어느 날 아버지가 집으로 돌아와서 '드디어 준비가 끝났다' 하시더라고요 처음엔 그 말조차 안 믿었어요. '에이, 정말요?' 했죠."

시슬리아는 한 개 1,250프랑 가격에 나왔다. 당시로선 대단히 비싼 제품이었다. 그런데도 내놓자마자 6개월 만에 10만 개가 팔렸다. 현재까지 수백만 개 이상 팔렸다. 2005년에는 30만 원가량 하는 항스트레스 자외선 차단 로션을 내놨다. 필립 도르나노는 이렇게 말했다. "당시이 제품을 개발하면서 친구에게 '바르면 스트레스도 풀리고 자외선과 외부 환경으로부터 피부를 보호할 수도 있는 로션을 만들려고 해' 그랬더니 친구가 짜증을 내면서 말했어요. '야, 무슨 화장품이 그렇게 복잡하냐. 누가 그런 어려운 걸 사려고 하겠어?' 그 후에도 제품 가격을 정할 때 회사에선 다들 걱정했어요. '이렇게 비싼 자외선 차단제를 누가 사겠어요?' 그렇지만 결국은 성공했죠."

급하면 안 되는 이유

필립 도르나노가 시슬리의 프랑스 판매 책임자가 된 건 스물네 살 때다. 파리 정치대학에서 법학과 경제학을 전공한 그는 뉴욕타임스그룹에서 일자리를 제안 받고 미국으로 떠날 준비를 하고 있었다. 그보다는 동생 마크가 회사를 물려받고 싶어 했다. 1986년 당시 스무 살이던 마크는 프랑스 중부 도시 오를레앙으로 차를 몰고 가던 중 대형 트럭과 충돌하는 사고로 그만 숨졌다. 필립은 결국 시슬리에 남기로 했다. 아버지 위베르는 그에게 영업부터 맡겼다. 차를 몰고 다니면서 프랑스 전역 시슬리 매장을 다니며 제품을 팔라고 했다. 필립 도르나노는 일주일에 1,500킬로미터씩 운전하면서 다녔다고 했다.

가장 먼저 판 화장품은 마스카라였다. 리옹에 있는 매장 직원에게 판 게 시작이었다. 전국 매장을 돌아다니면서 숱한 여성 손님과 이야기를 나눴다. 어떤 손님은 매장에 들어올 땐 얼굴이 영 어두웠다. 자신감이 통 없는 표정이었다. 한참 이야기를 나누면서 이런저런 제품을 얼굴에 바르도록 해주고 립스틱이나 파운데이션으로 얼굴을 밝혀주면 손님의 표정이 확 달라지는 게 보였다. 어두운 얼굴에 반짝 불이 들어오는 느낌이었다. 도르나노는 그때 '이 사업이 생각보다 참 인간적이구나' 싶었다고 했다.

"립스틱 하나, 마스카라 하나가 별것 아닌 것 같지만 그렇지 않았어요. 그 덕분에 얼굴이 밝아지는 순간 여성의 마음에도 불이 들어오더라고요. 자신의 삶이 밝아지고, 사회적인 관계가 달라지더라고요. 게다가 우리는 노화까지 다루는 일을 하잖아요. 늙어가는 사람들의 자존감이 걸린 문제이기도 해요. 그때 비로소 알았죠. 아버지가 왜 그렇게 '급할 것 없다'고 하셨는지. 이건 정말 급하게 만들면 안 되는 거구나, 아무리 시간이 걸려도 최고를 찾아내야 하는 일이구나…. 그때 알았죠."

우리는 축적을 판다

2017년 2월 시슬리는 파리 중심가에 스파와 휴식을 한꺼번에 즐길 수 있는 공간인 메종시슬리를 열었다. 많은 브랜드가 이런 장소를 계획할 때 전문 스타일리스트를 기용하고 새 건축 자재와 장식용품을 잔뜩 사다 공간을 채운다. 그러나 시슬리는 이자벨 도르나노가 평생 수집해온 빈티지 장식과 가구 중 일부를 가져다 공간을 채웠다. 타일부터 조명까지 모두 이자벨이 골랐다. 필립 도르나노 회장은 바로 그것이 '시슬리의 방식'이라고 했다.

"우리는 과시하기 위한 소비를 하지 않습니다. 꾸준히 애착을 가지고 모아온 것들을 보여줄 뿐이지요. 이렇게 공간을 통해 오래 켜켜이 쌓인 시간을 보여줄 수 있는 것 또한 아무나 할 수 있는 건 아니라고 믿으니까요."

어머니 이자벨은 현재 시슬리의 크리에이티브 디렉터다. 직원들은 그를 '마담 도르나노'라고 부른다. 그는 곧 시슬리의 아이콘이기도 하다. 이자벨은 1974년부터 파리 케도르세 거리에 있는 아파트에서 줄곧 살았다. 파리 국제박람회가 열린 1920년에 지어졌다는 이 아파트에는 그가 위베르와 함께 평생을 모아온 예술품이 가득하다. 요즘도 이 아파트엔 파리를 드나드는 숱한 예술가들이 찾아와 사교 모임을 갖는다. 이자벨은 그들과 대화하면서 손수 지은 집밥을 내놓고 함께 천천히 먹고 마시는 것을 즐긴다. 매일 아침저녁으로 걷는다. 여전히 스키, 수영, 골프와 승마를 즐긴다. 이자벨은 이렇게 말했다.

"나는 평생 일했고 다섯 아이를 키웠습니다. 바쁘게 살면서도 시슬리라는 브랜드를 남편과 함께 천천히 공을 들여 정착시켰고요. 틈이 날 땐 예술품을 모았습니다. 아름다움에 둘러싸여 사는 것이 행복했기 때문이지요. 이 아파트는 나와 남편이 그렇게 오랫동안 시슬리를 개척해 오면서 수많은 이들과 교류해온 공간이기도 합니다. 대화가 쌓여 혁신이 됐고 시간이 쌓여 역사가 됐어요. 우리 브랜드는 따로 광고 모델을 두지 않아요. 딸 엘리자베스와 내가 종종 카메라 앞에 설 뿐이에요. 이제 나는 나이 들었지만 사람들은 내 나이 든 모습을 보면서 아름다움이 뭔지 생각해보게 된다고들 합니다. 우리는 결코 찰나의 아름다움을 팔지 않습니다. 오랜 시간이 축적돼 나온 결과물을 내밀 뿐이에요."

믿으면 오래간다

시슬리는 사람과의 인연을 중시하는 회사로도 유명하다. 1997년 우리나라가 IMF 외환위기를 겪을 무렵, 당시 한국 유통을 담당하고 있던 홍병의 현재 시슬리코리아 사장이 위베르에게 회사가 어려움을 겪고 있어 한국에서 시슬리 제품 수입을 중단해야 할 것 같다고 했다. 그러자 위베르는 잠시 생각하더니 홍병의 사장에게 자신이 자사주를 매입할테니 한국에서 시슬리 유통을 맡아 달라고 했다. 그때 한국 유통회사에서 시슬리코리아로 고용된 직원이 80명이었다. 현재 시슬리코리아 직원은 340명이다. 필립은 믿으면 더 오래가고 잘되는 법이라고 했다.

아르헨티나에서도 비슷한 일이 있었다. 심각한 경제위기가 온 나라를 덮친 때였다. 많은 회사가 도산 위기에 처했다. 아르헨티나 매니저 카스트로 조반니는 시슬리 본사가 매장을 철수할 거라고 생각하고 도르나노를 찾아와 눈물을 흘리면서 떠나지 말아달라고 했다. 도르나노는 그런 매니저를 향해 이렇게 말했다. "그럼 당신이 직접 시슬리 유통을 맡아주시오. 지금 가지고 있는 재고로 유통업을 시작하면 될 게요. 지금은 무척 어렵고 힘들겠지만 조금 지나면 경기는 다시 좋아질 거요. 그때까지 같이 견뎌봅시다." 시간이 몇 년 흘러서 아르헨티나 매장은 남미 최고 매출을 자랑하는 매장이 됐다.

2003년 시슬리는 루아르 강변 블루아에 있는 공장을 매입했다. 재정난에 허덕이고 있는 공장이었다. 공장 직원들은 혹시 시슬리라는 새 주인을 맞으면 해고되지 않을까 걱정했지만 그런 일은 일어나지 않았다. 오히려 이자벨과 위베르 도르나노는 공장 직원들 모두를 불러놓고 크리스마스 파티를 했다. 10년이 지난 지금 공장 직원은 네 배로 늘었다.

회사가 커지면서 관리부·연구개발부·국제물류센터 직원들 숫자도 늘어만 갔다. 250명이 넘었다. 사람이 넘치자 파리 외곽 젠느빌리에 있는 유통센터 자리도 비좁아졌다. 새로운 물량을 처리하기 힘들 만큼 업무에도 차질이 생겼다. 일부는 또다시 구조조정이 벌어지는 건 아닐까 노심초사했다. 그러나 시슬리 본사는 단 한 명도 해고하지 않았다. 2009년 파리 북서부 생투앙로몬에 부지를 구입했고 2011년부터 1월부터 새 유통센터를 운영하기 시작했다. 물류 처리량은 네 배나 늘었다. 지난 10년 동안 블루아 공장과 생투앙로몬 유통센터에 일하는 직원은 두 배 이상으로 증가했다.

이제 프랑스에 있는 시슬리 직원만 1,000명이 훌쩍 넘는다. 현재 시슬리는 90여 개 나라에서 제품을 판매 중이다. 전 세계 직원 수만 4,000여 명, 100여 개 나라에서 뽑힌 이들이 함께 일한다. 매출의 85퍼센트가 수출에서 나온다.

2007년에는 시슬리-도르나노 재단을 설립했다. 기부금의 97퍼센트는 재단 설립 취지에 맞게 사용된다. 노트르담 드 라솜시옹 성당의 돔과 프레스코화 복원을 위해 기금을 댔고, 프랑스 완화치료재단과 함께 위독한 병에 걸린 아동의 완화 치료를 위해 공동 연구를 진행하기도 했다. 의학 분야에서는 '다운증후군의 유전학적 연구를 위한 시슬리-제롬-레준 국제상'을 시상한다. 필립 도르나노는 "우린 세상이 희망적이라고 낙관적이라고 아직 믿는다. 시슬리-도르나노 재단은 그런 우리의 믿음을 실천하는 곳이다."라고 했다.

서로 진솔하게 이야기할 수 없다면 회사가 아니다

시슬리 직원의 87퍼센트는 여성이다. 이 회사에서 가장 중요하게 생각하는 가치는 '소통'이다. 직원을 뽑을 때도 다른 사람과 의사소통을 잘하는 이에게 점수를 더 많이 준다고 했다.

창립자 위베르 도르나노 때부터 시작된 전통이다. 살아생전 위베르는 모든 직원과 말을 섞었고, 늘 방문을 열어두었다. 누구나 쉽게 찾아와 하고 싶은 말을 할 수 있도록 하기 위해서였다. 필립 도르나노 역시 전 세계를 돌며 직원들과 스킨십을 갖는다. 한국 직원들과는 북한산 등반을 했고 산에서 내려와서는 간장게장을 함께 먹었다. 2017년 6월 시슬리 파리 본사 사무실을 찾았을 때도 분위기는 크게 다르지 않았다. 사방이 통유리로 둘러싸인 공간이었다. 어디서나 직원들이 오가는 모습, 수다 떠는 모습이 훤하게 내다보였다. 필립 도르나노와 대화를 나누는 도중에도 몇몇 직원이 지나가면서 필립 도르나노 회장에게 웃으면서 손을 흔들었다. 처음부터 이런 장면을 꿈꾸며 사무실을 꾸몄다고 했다. 필립 도르나노가 회사를 맡으면서 바라고 기대했던 풍경이 딱 이랬다고 했다.

"전 세계 어느 시슬리 지사를 가도 대체로 이런 분위기예요. 저는 투명성을 사랑합니다. 회사는 결국 팀워크니까요. 아무리 우리 회사가 가족 기업이라지만, 4,000명의 직원과 사이가 나빴다면 여기까지 올 수 없었겠죠. 서로 이야기를 있어야 하고 토론할 수 있어야 해요. 그 과정을 통해 최선을 찾아나갈 수 있으니까요. 서로 대화할 수 없다면, 속마음을 털어놓을 수 없다면, 어쩌면 그곳은 이미 회사가 아닐지도 모르죠."

하마터면 남들처럼

살 뻔했다

크리스 브로너

●

광고나 마케팅 비용으로 단돈 1달러도 쓰지 않지만 착한 제품으로 미국에서 업계 1위를 달성한 유기농 화장품 닥터브로너스의 전략 고문이다. 닥터브로너스는 화학 제품을 쓰지 않고 유기농 원료만을 사용해 친환경적이고 인체 친화적인 세정제를 만드는 회사다. 마약 정책 개선, 지속 가능한 농업, 평등한 임금과 공정 무역, 동물 보호 등 다양한 사회공헌 활동에도 힘쓰며, '우리는 모두가 하나다'ALL ONE라는 경영 철학을 지켜나고 있다.

07

세상 모두와 잘 살기 위해
회사를 꾸려나간다

어떤 물비누는 소명召命을 위해 팔린다. 미국 유기농 화장품 판매 1위를 자랑하는 닥터브로너스Dr. Bronner's 비누와 물비누 포장지엔 영어로 적힌 구호가 빼곡하다. 포장지에는 '우리는 모두가 하나다'All one, '모든 것은 건설적이고 도덕적인 토대 위에서 이뤄져야 한다'The Moral ABC 같은 구호가 가득 적혀 있다. 화장품 포장치곤 거창하고도 철학적이다.

우리 모두가 하나인 이유

이야기는 독일에서 시작된다. 에밀 하일브로너Emil Heilbronner는 1908년 독일 라우파임에서 비누 공장을 하던 유대인 집안에서 태어났다. 할아버지인 엠마누엘 하일브로너는 자신의 오래된 집을 고쳐 비누 공장으로 만들었다. 그 아들 베르톨트가 공장을 물려받았고 또 그의 아들인 3대손 에밀은 어릴 때부터 가업을 이어받기 위해 독일 길드의 비누 제조 학교를 다니면서 마스터 자격증까지 땄다.

당시 독일엔 반유대주의가 들끓고 있었다. 에밀 하일브로너는 살아생전 종종 언론과의 인터뷰에서 다섯 살 때 겪은 일을 이야기했다. 동네 친구 하나가 그를 집으로 초대했다. 신이 나서 놀러 갔지만 아이들은 그와 놀 생각이 없었다. 그를 가운데 두고 빙 둘러싸더니 '빌어먹을 유대인놈!'이라고 외치면서 양동이에 든 오줌을 머리 위에 끼얹었다. 울면서 집으로 뛰어간 그는 어머니를 붙들고 물었다. "엄마, 유대인이 대체 무슨 뜻이야?"

시간이 지날수록 유대인에 대한 차별은 극심해졌고, 에밀은 점점 급진적인 유대인 해방주의자로 자라났다. 그러나 아버지는 완강하고 고집스러운 사람이었다. 에밀은 그와 자주 부딪쳤고 답답함을 느꼈다. 1929년 미국으로 건너갔다. 그곳에서 석유화학회사 컨설턴트로 일했고 스스로를 '닥터'라고 부르기 시작했다. 1948년에는 캘리포니아에 '닥터브로너스 매직솝'을 론칭했다.

본격적으로 사업하기 직전인 1936년 에밀 하일브로너는 이름부터 고친다. 독일에서 히틀러의 통제와 유대인 차별이 얼마나 숨막히고 끔찍한지 충분히 경험한 터였다. 새 이름은 엠마누엘 테오도르 브로너Emmanuel Theodore Bronner였다. 이 이름엔 여러 뜻이 담겼다. 첫째, 유대인으로서 하나님을 섬기는 그의 종교관과 세계관을 담았다. '엠마누엘'엔 '하나님이 우리와 함께 계시다'는 의미가, '테오도르'에는 '하나님의 선물'이라는 속뜻이 있다. 둘째, 성에서 하일Heil을 떼고 브로너로 고친 건 '하일'이라는 단어가 나치즘과 관련 있기 때문이었다. 당시 히틀러를 향한 경례, 즉 나치 경례를 하기 위한 구령이 '하일 히틀러!'였다.

1942년에는 부모님이 결국 유대인 수용소로 끌려가 숨졌다는 소식을 듣게 됐다. 1939년 발발한 제2차 세계대전으로 이미 여러 친척을 비롯한 많은 유대인이 학살당했다는 소식을 들으며 매일 절망하고 있던 터였다. 브로너는 주저앉았다. 가슴이 터질 것만 같았다. 질문이 머릿속에 가득 찼다. '우리는 앞으로 어떻게 살아야 하나.' '인생에서 가장 중요한 것은 무엇인가.' 그는 결국 인류가 하나가 되지 않으면 안 되고, 평화가 없으면 무엇도 의미가 없다는 대답을 얻는다. 그 말들을 깨알같이 적기 시작했다. '우리는 모두가 하나다', '모든 것은 건설적이고 도덕적인 토대에서 이뤄져야 한다', '일하고 성장하라'Work and Grow. 이런 문구를 빼곡하게 포장지에 찍어 물비누와 비누를 만들었다. 미국 전역을 돌며 이런 자신의 생각을 강연했고, 강연이 끝나면 비누를 나눠줬다. 사람들은 강연만큼이나 비누에 열광했다. 닥터브로너스 매직숍이 그렇게 시작됐다.

이제 닥터브로너스 매직숍은 엠마누엘 테오도르 브로너의 아들 짐

브로너, 그의 큰아들과 작은아들 데이비드와 마이크의 손을 거쳐 3대째 사업의 뿌리를 뻗고 있다. 창립자 엠마누엘이 장사 그 자체보다는 이를 통해 자신의 철학을 널리 전파하는 데 더 관심이 많았듯 그 자손들도 회사를 통해 '더 나은 세상'을 구현하려고 애쓴다고 했다.

2015년에는 미국에서 출발한 글로벌 인증기관 비랩B-lab의 심사를 거쳐 이익을 사회와 나누는 기업을 일컫는 이른바 '비콥'Benefit Corporations에 가입했다. 비콥이 되려면 기업이 얼마나 사회적 책임을 다하고, 그 이익을 사회에 나눴는지를 180여 가지 항목에 걸쳐 2년에 한 번씩 심사를 받아 200점 만점에 80점을 넘겨야 한다. 닥터브로너스 외에도 아웃도어의류업체 파타고니아, 아이스크림회사 벤앤제리스 등 50여 개 나라 2,000여 개 기업이 비콥 인증을 받았다. 닥터브로너스는 비콥 인증에서 200점 만점 중 149점을 받았는데, 인증 최소점수인 80점은 물론 인증 회사 평균치인 97점보다 훨씬 높은 점수였다.

비콥, 모두의 이익을 위한 회사

"자, 이제 이 자리에서 비콥이 될 것을 약속하는 한국 기업이 나올까요?" 2017년 4월 서울 한양대 백남학술정보관 국제회의실에서 열린 비콥에 관한 국제 컨퍼런스 자리였다. 사회자가 이렇게 묻자 장내는 순식간에 조용해졌다. 국내 유명 대기업과 중소기업 간부들이 한데 모인 자리였다. 이 자리에 강연자로 참석한 닥터브로너스의 전략고문이자 사회공헌 부문 책임자 크리스 린 브로너는 마이크를 쥐고 이렇게 말했다.

"회사는 혼자 운영할 수 없죠. 결국 우리는 모든 문제를 같이 풀어갈 파트너, 조력자가 있어야만 경영을 하고 돈을 벌 수 있어요. 그들 모두에게 좋은 일을 한다면, 우리에게도 좋은 결과가 오지 않을까요? 비즈니스를 잘한다는 것도 결국 그런 것 아닐까요?" 대만계 미국인인 크리스는 닥터브로너스의 현재 공동대표인 데이비드 브로너, 마이크 브로너와 함께 회사를 운영하는 전략고문이고, 데이비드의 아내다.

사장 월급이 말단 직원의 다섯 배를 넘지 않는다

비콥이 되려면 까다로운 심사 기준을 통과해야 한다. 비콥에 가입하자고 제안한 건 크리스였다. 비콥이 된다는 것은 사회적인 단체나 신념이 맞는 곳에 회사 수익의 대부분을 기부하더라도 주주가 회사 운영진을 고소할 수 없다는 것을 의미했다. 닥터브로너스는 주주가 따로 없는 가족 기업이었지만, 이익을 사회와 나눠도 좋다는 법적 보호를 받는다는 점이 특히 매력적이라고 생각했다. 조건을 맞추려면 그만큼 노력이 필요하다. 닥터브로너스는 매년 수익의 30~40퍼센트 가량을 사회에 환원하고 있다. 2016년에는 전체 매출액의 8.5퍼센트, 세금 납부 전 수익으로 치면 40퍼센트를 사회에 환원했다. 지금껏 매년 수익의 3분의 1가량을 각종 사회단체에 기부해왔다.

이들이 이렇게까지 하면서 비콥이 되려고 노력하는 건 한마디로 '느슨해지지 않기 위해서'다. 회사는 혼자만의 소유물이 아니다. 여럿이 함께 일하고 돈을 버는 공동체다. 지배구조가 투명해야 하고, 서로의 복지와 행복을 위해 신경 써야 한다. 회사가 자리하는 지역사회도 돌봐야 한다. 환경도 생각해야 한다. 그러나 일을 하고 돈을 벌다 보면 이 모든 기준은 점점 뒤로 밀려나기 쉽다. 비콥의 심사 기준에 맞추다 보면 느슨해져가는 긴장의 끈을 조일 수 있다. 크리스 브로너는 이렇게 말했다.

"우리는 그동안 가족 중심으로 회사를 운영해왔고 즐겁게 번 돈을 세상을 위해 쓰려고 노력했지만, 그것만으로는 아무래도 부족하죠. 내부 규칙을 문서화하고 체계화해놓지 않으면 언젠가는 흩어지거나 무너질 수 있거든요. 사람은 유혹에 약하지만 단단한 시스템이 있으면 그 유혹을 이길 수 있겠죠."

물론 쉽지만은 않다. 가장 어려운 건 모든 회사의 규정을 문서화하는 작업이었다. 비콥 인증을 받으려면 모든 과정에서 문서가 필요했지만, 닥터브로너스는 가족 기업인 만큼 내부 규칙을 모두 문서로 만들어놓고 있지는 않았다. 크리스는 이렇게 말했다. "제가 회사에 처음 들어왔을 때는 직원이 열다섯 명이었는데 지금은 190명입니다. 회사는 지난 10년 동안 다섯 배 성장했습니다. 회사가 커질수록 소통이 얼마나 중요한지, 이 모든 것이 시스템으로 정착되도록 힘쓰는 것이 또 얼마나 중요한지 느껴요."

닥터브로너스는 비콥 심사 기준보다도 더 까다로운 자체 규율을 만들어 지키는 회사이기도 하다. 월급에 대한 규정이 특히 그렇다. 이 회사에선 사장 급여가 말단 직원의 다섯 배를 넘지 못한다. 직원들끼리의 임금 격차를 최소화하기 위해서다. 회사 운영자나 간부와 말단 직원의 월급 차이가 점점 벌어지는 현상을 줄이겠다는 의지의 표현이다. 또 제일 적게 받는 직원이라도 법정 최저임금보다는 20~30퍼센트 많은 돈을 받을 수 있도록 하고 있다. 닥터브로너스에선 이를 '생활 임금'living wages이라고 불렀다. 인간다운 삶을 누릴 수 있는 기본적인 임금이라는 뜻이다.

인건비가 늘어나면 그만큼 경영이 어려워지고 성장도 더뎌지는 건 아닐까. 크리스는 짧게 보면 그렇다고 했다. "직원들을 귀하게 여긴 덕에 치열한 경쟁에서도 살아남을 수 있었어요. 지난 10년 동안 다섯 배로 성장했으니까요. 훌륭한 직원들이 헤드헌터의 몇 마디나 연봉 협상에 따라 왔다 갔다 하지도 않고요. 그 덕에 회사에서 돈을 많이 들여 직원들에게 가르쳐온 지식과 경험이 차곡차곡 쌓여왔죠. 회사가 발전한다는 건 결국 직원들이 같이 늙어간다는 뜻이기도 해요."

비폭력, 평화 그리고 유기농

1948년 엠마누엘 테오도르 브로너가 닥터브로너스를 론칭할 때부터 이 회사는 모든 제품을 천연 유기농 원료로 만드는 것을 원칙으로 삼아왔다. 미국 유력 매체들도 닥터브로너스가 1940~50년대 내놓은 페퍼민트 캐스틸솝 등을 두고 그동안 '제2차 세계대전 이후 처음으로 나온 천연 유기농 제품'이라고 평가해왔다.

왜 유기농이었을까. 엠마누엘이 초창기 〈뉴욕타임스〉나 《하퍼스》, 《바자》 같은 언론 매체와 가졌던 인터뷰를 살펴보면 어느 정도 답이 나온다. 그는 "내게 사업이란 곧 내가 하고 싶은 말을 널리 알리는 과정과도 같다."고 했다. 그는 스스로를 사업가로 여기기보단 정치운동가, 기독교운동가, 반전·비폭력 운동가로 여겼다. 닥터브로너스 제품이 1960~70년대 히피 문화를 주도한 젊은이들에게 집중적인 사랑을 받으며 회사가 성장한 것도 이와 맥락을 같이 한다. 당시 젊은이들은 닥터브로너스 매직숍으로 폭스바겐 차량을 세차했고, 그들이 즐겨 입던 최신 유행의 나팔바지를 빨거나 호수에서 목욕을 할 때도 닥터브로너스 제품을 애용했다. 천연 성분으로 만든 비누인 만큼, 이 제품을 써도 자연이 파괴되지 않는다는 점에 열광했다는 것이다. 닥터브로너스가 광고나 마케팅 없이 미국 전역에서 입소문만으로 인기를 얻기 시작한 것도 이 덕분이었다.

현재 닥터브로너스 공동 대표인 마이크 브로너는 2014년 이메일 인터뷰에서 이런 말을 했다.

"먹는 음식도 아니고 몸에 바르는 화장품까지 그렇게 꼭 유기농, 천연 제품을 써야 할 필요가 있느냐는 질문을 받을 때가 간혹 있습니다. 저는 '물론'이라고 답합니다. 피부는 그 위에 닿는 모든 걸 흡수해요. 금연 패치가 효과 있는 이유죠. 마늘을 얇게 잘라 팔목에 올려놓으면 입에서도 마늘 냄새가 나고, 페퍼민트 기름을 발에 바르면 입안에서 페퍼민트 향을 느낄 수 있어요. 농약 잔여물이나 유전자 변형 성분 등이 들어간 비누나 화장품을 계속 쓰면 그 성분이 몸에 축적될 수밖에 없죠. 유기농을 써야 하는 또 다른 이유는 그 제품을 몸에 바른 순간을 넘어, 그 제품을 나중에 물로 씻어냈을 때의 영향까지 생각해야 하기 때문입니다. 물을 오염시키지 않는 화장품이라면 몇 세대가 흘러가도 안전하게 쓸 수 있습니다. 화장품의 시작은 내 얼굴이지만 그 마지막은 내 아이가 겪을 미래입니다."

닥터브로너스는 2003년 미국 유기농 인증기관 중에서도 가장 공신력이 있다고 알려진 오레곤틸스 인증OTCO을 받았고, 미국 농무부 산하 유기농 프로그램National Organic Program 규정에 따라 또다시 국제 인증을 받았다. 미국 내에서도 유기농 바디케어 제품을 가장 많이 생산하는 회사로 공인 받게 된 것이다. 일반 플라스틱보다 비싼 재활용 플라스틱을 용기로 쓰는 노력 등이 빛을 발했다. 2005년 미국 농무부가 '식품 외에는 더는 농무부 유기농 인증을 해줄 수 없다'라고 선언했을 때 닥터브로너스는 워싱턴DC 연방고등법원에 농무부를 고소하기도 했다. 매일 쓰고, 피부에 직접 쓰는 화장품에도 반드시 유기농인지 아닌지 확인해주는 인증 작업이 필요하다는 주장이었다. 결국 법규는 재조정됐고, 닥터브로너스는 현재까지 미국 농부무 유기농 인증을 자랑하는 제품을 내놓는 기업으로 남았다.

공정하게 대해야 오래간다

닥터브로너스는 제품을 만드는 원료를 사들일 때 공정한 무역의 원칙을 지키는 회사로도 알려져 있다. 2007년 스위스 인증기관 IMO와 협력해 바디케어 화장품회사로는 최초로 공정무역을 하는 회사임을 공식적으로 알리기 시작했다.

가령 비누나 화장품, 코코넛 오일을 만들려면 에콰도르, 가나, 케냐,

멕시코, 스리랑카, 팔레스타인 같은 곳에서 원료를 사들여야 한다. 회사는 이 농부들에게 정당한 임금을 주는 한편, 이들이 제대로 일할 수 있도록 이들이 사는 동네에 학교나 우물과 병원을 지어준다. 유기농으로 처음부터 끝까지 농작물을 재배해서 넘겨주는 농부에겐 이들에게 주기로 한 돈의 10퍼센트를 더 얹어주기도 한다. 이들을 통해 더 좋은 원료를 공급 받아야만 회사가 꾸준히 운영될 수 있다고 믿기 때문이다. 크리스린 브로너는 이는 지속성의 문제이기도 하다고 했다.

이 회사는 유전자재조합 생물체GMO의 확산을 막는 데도 적극적이다. 먹거리나 바를 거리가 GMO에 의해 망가지고 있다고 믿기 때문이다. 닥터브로너스는 이에 GMO 식품을 시장에 내놓을 땐 의무적으로 이를 표기하도록 하는 법을 통과시키라고 미국 정부에 촉구했다. 관련 NGO 활동에도 막대한 금전을 쏟아 부으며 이를 지원했다. 미국 정부는 2016년부터 GMO 라벨 표기 의무화를 시작했다.

동물 실험을 반대하는 이유

닥터브로너스는 동물 실험을 거쳐 화장품을 만들지 않는 회사로도 널리 알려져 있다. 이는 창립자 엠마누엘 테오도르 브로너가 주장했던 '우리는 모두 하나다' 정신에서 비롯한 것이다. 지구상 모든 인류는 인종과 종교를 떠나 하나이며, 사람뿐 아니라 우리와 함께 사는 동물과도 똑같은 행복과 평화를 누려야 한다는 주장에서 시작됐다는 것이다.

이 회사는 단순히 동물 실험을 하지 않는 것에서 그치지 않고, 동물

학대나 공장식 사육 자체를 강하게 반대하고 이를 위한 운동을 펼치고 있다. 2014년 이후로 닥터브로너스는 미국과 영국을 비롯한 나라의 동물보호 단체에 100만 달러 넘는 금액을 기부해왔다. 미국동물애호회, '도살 대신 자비를'Compassion Over Killing, 세계가축애호협회, '인간다운 리그'The Humane League, 더굿인스티튜트, 식물기반식품협회 등이 그것이다.

크리스 브로너는 이에 대해 이렇게 말했다. "그래서 우리는 원료를 공급 받는 농장도 신중하게 고릅니다. 우리 제품에는 동물성 재료가 하나도 없지만, 식물을 공급하는 대다수 농장에서는 가축을 함께 사육하니까요. 이들 농장 중에서 가축을 좁은 공간에 가둬두거나 공장식 사육으로 길러내는 곳과는 거래를 하지 않습니다. 반대로 동물을 방목해 기르면서 그 배설물을 비료로 사용하고 자연적인 밭갈이를 하는 곳과 기쁘게 거래하죠."

매주 월요일은 전 직원이 채식하는 날

동물 보호, 채식 같은 단어는 여전히 우리에겐 먼 나라 이야기처럼 느껴진다. 크리스 린 브로너는 바로 그런 점 때문에 회사에서도 '고기 없는 월요일' 캠페인을 시작했다고 했다. 닥터브로너스 직원들은 월요일엔 다 같이 고기를 먹지 않는다는 얘기였다. 회사 카페테리아에서 주는 채식을 먹거나 각자 채식 도시락을 싸온다고 한다. 크리스는 "모두가 채식을 매일 할 필요도 없다. 이렇게 일주일에 하루만 지켜도 몸도 가벼워질 뿐 아니라 동물들과 함께 더불어 사는 우리 지구도 편해진다."고 했다.

그렇다고 고기를 먹는 것을 무조건 반대하는 건 아니다. 가능하다면 자유롭게 풀을 뜯어 먹으며 건강하게 자란 동물로 만든 고기를 먹으라고 권장한다. 그래서 회사는 푸드트럭을 운영한다. 자연 방목 고기로 요리한 음식이나 그 재료를 푸드트럭에서 판다. 직원들의 호응도 높다. 수요일엔 채식 메뉴를 공짜로 나눠주기도 한다. 이른바 '건강한 수요일' Wellness Wednesday 프로젝트다.

회사 내표인 데이비드와 크리스 부부 역시 철저한 채식주의자, 즉 비건vegan이다. 그의 딸은 태어날 때부터 락토lacto, 즉 단백질은 우유, 달걀, 치즈만 먹는 채식주의자다. 딸은 종종 학교 점심시간에 친구들에게 "고기 먹고 싶지?"라는 놀림을 당하기도 하지만 태연하게 "전혀"라고 대답한다고 한다. 크리스는 이렇게 말했다.

"그래도 다행인 건 사람들이 조금씩 변하고 있어요. 가령 〈뉴욕타임스〉의 한 유명한 음식평론가는 '나는 매일 저녁 여섯 시 이후로는 채식주의자가 될 거야'라고 선언했대요. 채식이 꼭 엄격하고 힘들 필요가 없는 거죠. 저 같은 경우는 음식물 쓰레기를 비료로 만들어서 집 뒷밭에 뿌리고, 그걸로 야채를 길러 먹어요. 사람들이 '날씬한 비결'을 물으면 전 늘 이 얘기를 들려주죠! 변화라는 게 별것 아녜요. 오늘 저녁 한 끼부터 바꾸면 시작하는 거예요."

그래도 말이 쉽지, 이런 결심을 계속 지켜나가는 게 어디 말처럼 쉬울까. 이들을 괜히 따라 했다가 또 하나의 작심삼일이 될까 걱정이 됐다. 크리스에게 이런 이야기를 조심스레 털어놓자 그는 활짝 웃으며 이렇게 대꾸했다.

"작심삼일이면 어때요? 또다시 결심하면 되죠! 작심삼일을 그렇게 반복하다 보면 그게 결국 또 다른 신념이 되는 건데요!"

제4장

손익만 따지는
계산기를 버려라

확신의 기적

최시영
●

세계 3대 디자인상 중 하나인 레드닷디자인어워드에서 2017년 본상을 수상한 건축가 최시영은 업계에서 트렌드 리더로 손꼽힌다. 산 자를 위한 납골당을 짓기 위해 숱한 고정관념과 싸운 그는 이천의 납골당 호텔을 만들어 대한민국의 장례 문화를 바꾸는 일에 앞장서고 있다. 또 밭도 예쁠 수 있다는 걸 보여주겠다며 2013년 밭농사에 뛰어들었다. 농사 짓는 건축가, 밭 가꾸는 디자이너의 텃밭 '파머스대디'는 가든카페로 유명하다.

01

세상 어디에도 없는
특별한 건축을 선물하다

내비게이션에 건축가 최시영이 불러준 주소를 입력했더니 뜻밖에도 '호텔'이 떴다. 그는 분명 '내가 묻힐 곳을 보여주겠다'고 했었다. 2017년 10월 18일, 경기 이천시 마장면까지 차로 한 시간쯤 달려갔다. 산자락이 낮게 깔린 곳이었다. 갖가지 가을꽃과 수크령이 한껏 흐드러진 정원, 드넓은 잔디와 연못, 담백한 건물들이 보였다. 인부 몇 명이 밭에 가을 국화를 새로 심고 있었다. 대체 여기 어디 묻히겠다는 건가 두리번거릴 때 최시영이 뒤에서 어깨를 툭 쳤다. "뭘 그리 찾아요? 여기 맞아요. 여기가 호텔이고 납골당이죠." 단번에 알아차리기 힘든 말이었다.

죽음에 대한 인식을 바꾸는 납골당 호텔

최시영이 말하는 '여기'는 경기도 이천 마장면에 있는 '에덴파라다이스 메모리얼 리조트'다. 리조트에 들어서면 정원부터 보인다. 정원 면적만 1만 447제곱미터로 유럽 성城이나 궁전에서나 볼 수 있는 규모다.

넓기만 한 건 아니다. 이 영국풍 정원엔 갖가지 수종과 풀꽃이 그림처럼 들어차 있다. 어느 것 하나 대충 심은 것이 없다. 측백나무·편백나무·블루엔젤·산딸나무, 수크령(억새식물), 속새(상록양치식물), 데이지·국화·바늘꽃까지. 곳곳엔 원래 그곳에 있었던 것처럼 나무 벤치가 앉아 있다.

정갈한 풍채를 자랑하는 호텔 이름은 에덴파라다이스. 카페 '라파', 도서관, 외식 디렉터 노희영이 만든 레스토랑 '세상의 모든 아침' 그리고 티하우스가 오목조목 그 곁에 들어섰다. 누가 봐도 납골당이 있을 법한 장소로 보이진 않는다. 최시영은 누구든지 이곳에 오래 앉아 있고 싶은 기분이 들도록 꾸몄다고 했다.

"생각해보세요. 이곳은 사랑하는 사람이 묻힌 곳 아닙니까. 이보다 아름다운 쉼터가 있겠어요? 그렇지만 다들 그렇게 생각을 안 하죠. 나도 그랬어요. 원래 부모님 유골을 안성에 모셨는데, 거긴 몇 해를 가도 낯설었어요. 갈 때마다 '자주 못 와서 죄송해요' 중얼거리고 얼른 나왔죠. 오래 있기가 쉽지 않았어요. 그 근처 밥집조차 들러본 적이 없어요. 차갑고 무섭고 어딘지 모르게 마음이 무거워지는 곳이었으니까요. 여긴 정반대죠. 아기자기해요. 꽃과 나무가 있고 호수가 있죠. 아이들 풀어놓고 산책하기도 좋고, 볕 좋은 날 머물러 있어도 괜찮죠. 내 사랑하는 이가 묻힌 곳에서 나도 쉬다 가는 겁니다."

너는 흙이니 흙으로 돌아갈 것이니라

그럼에도 이곳에 왔다면 예배당과 납골당까지 반드시 둘러보고 가야 한다. 이 모든 공간 미학의 백미가 압축된 곳이기 때문이다. 소망교회를 비롯한 기독교 교단이 연합해 '어둡고 두려운 죽음의 공간을 부활체에 합당한 밝고 따스한 안식처로 변화시키겠다'는 의지로 만들어가는 곳이다. 그럼에도 과시하는 방식으로 지어지지 않았다. 기독교 재단이 건축주라면 대개 예배당을 눈에 가장 잘 띄는 곳에 크고 높다랗게 짓고 싶어 했을 것이다. 그러나 이곳 예배당인 부활교회는 숨어 있다. 언덕 너머 푸른 잔디와 연못, 측백나무 울타리 사이에서 조용히 사람을 기다린다.

부활교회 앞 연못정원엔 박장근의 조각 '긍휼을 구하는 기도 손'이 세워져 있다. 이곳은 자연장 시설이기도 하다. 화장한 유골을 유수流水 시설을 통해 뿌려 안장한다. 유골은 유수를 통해 걸러지고 또 걸러져 정원으로 흘러간다. '너는 흙이니 흙으로 돌아갈 것이니라'(창세기 3장 19절)는 메시지를 그대로 재현한 곳이다. 첨탑 지붕의 부활교회는 검박하고 우아하다. 보령석, 징크패널 같은 금속 지붕재, 목재만으로 마감됐다.

예배당 아래가 납골당, 즉 봉안당이다. 4,000기까지 수용할 수 있는 시설이 들어섰다. 이곳은 비어 있음을 지향한다. 스물여섯 개의 복도는 서로 막힌 듯 뚫려 있다. 어느 곳에서도 뒤를 돌아보면 자기만의 빈 공간이 있다. 선큰가든에는 아이비 과의 덩굴식물 속새가 심어져 있다. 트래버틴(우윳빛 석회암), 보령석, 자갈 그리고 박장근의 조각으로 마무리했다. 최시영은 "대개 납골당엔 좋은 장소가 따로 있고 외지고 소외된 공간이 따로 있다. 이곳엔 그런 곳 없이 어디에나 밝고 환한 빛이 들어차고, 어디서든 선큰가든 등을 통해 바깥 자연 풍광을 볼 수 있도록 했다."고 했다.

관심 쏠리는 곳을 찾는 감

최시영은 지난 30년 동안 타워팰리스, 헤르만하우스 등 당대 가장 트렌디한 건축물을 설계해왔다. 실내 건축으로 특히 유명했다. '몇 평형 집에는 방 몇 개, 화장실 몇 개' 식의 획일화된 한국 인테리어 공식을 깬 주인공이기도 하다. 요즘 유행하는 여백의 미를 자랑하는 공간을 이미 1990년대 초 제안했다. 1990년대 말에는 평택 북시티, 인천공항 아트 디렉터로 참여했다. 2002년 완공된 서울 도곡동 타워팰리스에는 방을 줄이고 음악감상실, 서재 등 취미를 즐길 수 있는 패밀리룸을 넣어 또 화제를 모았다. 그런 그가 '납골당 호텔'을 지은 것이다. 왜 굳이 납골당이었을까. 최시영은 사람들의 관심이 결국 그쪽으로 향하리라는 확신이 있어서 그랬다고 했다.

"미국 LA 포레스트론Forest Lawn 공원묘지를 가본 적이 있어요. 마이클 잭슨 같은 유명인사가 묻힌 곳이죠. 묘지였지만 공원이었어요. 주말엔 그곳에서 결혼식도 열리죠. 레이건 대통령도 그곳에서 결혼했으니까요. 사랑하는 이가 묻힌 곳에서 내가 결혼을 한다, 얼마나 아름다운가요. 그동안 우리는 입고 먹고 마시고 꾸미는 것에 집중했지만 앞으로는 달라요. 잠들고 쉬고 죽고 살아내고 태어나고 결혼하는, 오래오래 우리가 머무를 곳을 찾겠죠. 난 그게 납골당이라고 확신했어요. 어둡지 않고 밝고 따스하고 아름답고 평온한 곳. 오래 머무르고 싶은 곳. 납골당이 그렇게 변할 수만 있다면, 이건 분명 우리나라의 문화를 또 한 번 바꾸는 장소가 될 거라고 믿은 거죠."

쉽지는 않았다. 혐오시설이 들어선다는 이유로 산 너머 주민들까지 '땅값 떨어진다'고 항의하고 시위했다. 그러나 완공되고 나서 분위기는 달라졌다. 자꾸 현장에 나와 감시와 우려의 눈길을 보내던 시청 관계자들조차 막상 완성된 모습을 보고 '기왕이면 호텔을 더 늘려 지어달라' 부탁했다. 생각했던 납골당과 완연히 달랐기 때문이다. 요즘 이곳엔 주말이면 아이 손을 잡고 와 밥 먹고 차 마시고 산책하는 이들로 붐빈다. 최시영은 애초에 이걸 허락한 건축주도 보통 사람은 아니라고 했다.

"애초 이곳 땅 주인이 호텔 사업을 했어요. 호텔 지어 장사하려고 골조까지 올렸는데, 근처에 한 대기업이 25층짜리 호텔을 짓는다는 거죠. 땅 주인이 그 말에 '난 망했구나' 하면서 손 놓은 거예요. 누가 저더러 그분 안됐으니 상담 좀 해주래요. 찾아가서 그랬어요. 여기에 텃밭과 정원을 정성껏 꾸미면 대기업 건물이 들어오든 말든 잘될 거라고요. 근데 영 '무슨 소리 하느냐'는 표정만 지으시더라고요. 나중에 한 교회 목사님이 납골당 지을 곳을 찾다가 이곳을 알게 되셨어요. 제가 그래서 목사님께 호텔이랑 같이 지어보자고 제안한 거죠. 근데 목사님이 뭘 알아도 잘 아는 분이에요. '그 납골당 호텔, 장례 문화를 바꿀 수 있을까요' 하시더라고요."

7억 원 부도 내고 엉엉 울던 과거의 경험

모든 것은 사실 밭에서 시작됐다. 최시영은 스스로를 가리켜 '밭 가꾸는 디자이너, 농사짓는 건축가'라 말한다. 트렌디한 건축이란 건축은 도맡아온 그가 별안간 농사 이야기를 꺼냈을 때 처음엔 다들 의아해했다.

젊은 시절 그는 지금의 일을 제대로 시작하기 전 경기도 광주 아버지 땅에서 농장 관리인을 하며 소도 키우고 각종 작물도 기른 적이 있었다. 그러나 그 일이 결코 즐겁지 않았다. 아버지는 평생 그가 하고 싶은 것을 반대해온 사람이었다. 미술 하고 싶어 하는 그를 주저앉혔고, 건축하겠다는 그에게 '어디 잘 되나 두고 보자' 했다. 결국 최시영은 집을 나와 건축가가 됐다.

15년쯤 그 땅엔 얼씬도 하지 않았다. 그렇게 잘나가던 1995년 어느 날이었다. 7억 원짜리 어음을 못 막아 결국 부도를 내고 말았다. 첫째아들 태어나기 일주일 전이었다. 1988년 서울올림픽을 넘기면서 우리나라 1인당 국민소득이 2,000달러 수준에서 1만 달러로 치솟던 시기이기도 하다. 너도나도 '이젠 집이다' 했다. 최시영은 그때 전국 곳곳을 돌며 주택 설계를 하고 시공했다. 들어오는 일은 가리지 않고 다 받았다. 그런데 그렇게 일하다 덜컥 부도가 났고, 하루아침에 알거지가 된 것이다. 산부인과 병동에서 분만실 들어간 아내를 기다리며 엉엉 울었다. 최시영은 그때 '꼭 금방 일어나겠다'고 이를 갈았다고 했다.

바닥 칠 때 떠오르는 법이다. 최시영의 몸값은 부도 이후 오히려 치솟았다. 부도 이후 망가진 자존심을 회복하기 위해 일부러 보통 다른 설계사보다 두세 배 높은 가격을 불렀고, 시공도 직접 안 했다. 계약서를 반드시 써야만 일을 시작했다. 그런데도 다들 최시영만 찾았다. 1988년 분양가 자율화로 건설업체가 앞 다퉈 대형 고급 주택을 짓기 시작하면서 그의 이름이 브랜드로 통하기 시작했기 때문이다. 1년도 채 지나지 않아 빚을 모두 갚았다. 최시영은 "당시 국내 주상복합 건물은 거의 다 지었던 것 같다."고 했다.

쓰러지자 비로소 밭이 보였다

모든 것이 제자리를 찾은 듯 보였다. 그는 다시 톱 건축가 반열에 올랐고 회사는 쉬지 않고 굴러갔다. 그런데 그 반전이, 전화위복이, 또다시 화근이 됐다. 일은 자꾸 밀려들었고, 숨 돌릴 시간조차 모자랐다. 계약할 때마다 부담돼 죽을 것만 같았다. 클라이언트들은 늘 시간을 충분히 주질 않았다. 매번 약속이라도 한 듯 다들 '빨리 해달라'고 했다. 그런데도 닦달하면 그는 말이 안 되는 일정에도 작업을 어떻게든 해내곤 했다. 그렇게 일이 끝나면 또 다음 프로젝트가 쉴 틈도 없이 기다리고 있었다. 그야말로 소진의 연속이었다. 마지막까지 짜내서 일했다고 생각했을 때, 또다시 남은 방울을 찾아 짜내야 했다. 최시영은 그 순간을 이렇게 설명했다. "그렇게 억지로 기름칠하면서 바퀴를 굴리던 어느 날 탁 하고 부서졌어요. 더는 굴러갈 수가 없었어요. 시쳇말로 '멘붕'이 온 거죠."

일종의 공황(恐慌)이었다. 숨이 잘 쉬어지지 않았다. 사무실을 박차고 나와 무작정 차를 달렸다. 도착한 곳은 뜻밖에도 아버지가 그에게 물려준 경기도 광주 텃밭이었다. 평생 '건축가 같은 것 하지 말고 밭이나 일구라'고 잔소리한 아버지였다. 그는 땅이니 밭이니 꼴도 보기 싫었다. 대학 졸업하고 집 나와서는 아버지도 밭도 돌아보지 않고 살았다. 그런데 무의식중에 그곳에 닿은 것이다. 사람 손길이 닿지 않은 땅은 폐허가 돼 있었다. 사람 키만 한 잡초가 빽빽했다. 최시영은 "그때 나도 모르게 낫을 찾고 있었다."고 했다.

같이 차 몰고 간 직원과 되는 대로 낫을 휘둘렀다. 온몸이 아파 몇 주를 고생했다. 팔을 제대로 들지도 못했다. 그런데 이상한 일이었다. '아, 내가 미쳤지. 이 짓 왜 했지' 하고 돌아와서 쓰러져 잠들었는데도 다음 날 눈뜨면 상쾌했다. 몸은 아프고 죽을 것 같은데 그 기분이 뜻밖에도 괜찮았다. 그도 모르게 '그곳에 언제 또 가지' 하고 있었다.

닥치는 대로 책을 읽고 주위 농부를 붙잡고 물어가며 밭일을 배웠다. 잡초 없애고 가지 치는 법을 익혔다. 지방 출장, 외국 출장을 다녀도 그 동네 논밭만 보였다. 도시만 다니던 건축가는 어느덧 일본, 베트남, 미얀마, 영국, 네덜란드 농촌 마을을 헤매고 있었다. '우리나라 밭은 왜 이렇게 하나같이 밋밋하고 안 예쁠까'라는 의문도 그 무렵 품게 됐다. 그리고 이런 생각을 하게 됐다. '이제는 밭이구나! 앞으로는 밭을 디자인해야 하는 시대가 곧 오겠구나!'

아들이 농부가 되길, 가장 뜨는 직업이 될 테니까

밭 디자인을 다시 배웠다. 둘째 아들을 데리고 영국 글래스고부터 콘월까지 돌며 유명한 밭과 정원을 찾아다녔다. 땅을 갈아엎지 않고 토양 재배로 작물을 키우는 '베드'bed 개념을 익혔다. 2010년 초쯤에는 광주광역시에서 화학비료나 퇴비를 주지 않고 자연 그대로 경작하는 농부 송광일을 만났다. 2년째 그가 시키는 대로 농사를 지어봤다. 모든 것이 세상 속도와 정반대였다. 때 돼야 물 줄 수 있었고, 때 돼야 열매를 맺었다. 잘못 심은 것은 맘대로 뽑지도 못했다. 그것조차 생명이었기 때문이다. "용담초를 볕 잘 드는 곳에 심었는데 도통 꽃이 피지 않는 거예요. 나중에야 그늘에 심어야 한다는 걸 알고 4년 전 옮겨 심었어요. 올해는 그 용담이 드디어 꽃을 피웠죠. 그 꽃을 볼 때의 감격은 신만이 아실 거예요." 그는 자신의 광주 텃밭에 이름을 붙였다. '파머스대디'Farmer's Daddy였다. 둘째아들이 농부가 되어 이곳을 물려받았으면 하는 욕심을 이름에 담았다.

남의 것을 베끼지 않고, 내 방식대로 트렌드를 만들다

부도 이후로 최시영은 이미 외국 것을 베껴 가져오는 건축가가 아니었다. 그가 곧 트렌드였다. 그가 관심 있어 하는 것은 곧 세상 사람들이 관심 있어 하는 것이 되곤 했다.

한때는 그것이 책이었다. 최시영은 1990년대 말 홍대에 우리나라 대학가에 들어선 최초의 북카페 아티누스를 지었다. 사람들이 책이 있는 공간을 선망하게 될 것을 확신했기 때문이다. 이 건물은 1999년 디자인 부문 환경문화상을 받았다. 2008년엔 평택 북시티의 아트디렉터로 일했다. 그 후엔 여행이었다. 숱한 여행에서 테마를 찾았다. 주택 디자인에 모로코 리야드 문화를 도입한 적도 있다. 리야드에는 '눈높이를 맞춰 대화해야 진심을 나눌 수 있다'는 메시지가 담겨 있다. 그는 소파를 상대적으로 낮게 만들고, 가운데에 작은 테이블을 놓는 등 인테리어에 리야드 정신을 반영했다. 부산 퀸덤, 창원 더시티 세븐 자이가 대표적이다. 그 후엔 물水이었다. 건축에 물을 적용했다. 돌과 물, 나무로 집 안에 자연을 끌어들였다.

쓰러지고 나서 광주 텃밭을 땀 흘려 일구면서 그의 관심은 이제 또 새로운 것을 향하게 됐다. 그게 밭이었다. 초록이었다. 흙이고 정원이었다. 도시 생활에 지친 사람들은 필연적으로 초록에 빠질 수밖에 없다는 것을 예감했다. 2017년 '플랜테리어' 유행이 오기 전에 이미 그는 사람들의 관심이 어디로 향할지 직감한 것이다. 2013년 비닐하우스를 새로 디자인한 것도 그래서였다. 둥글고 낮고 전국 어딜 가나 똑같이 생긴 비닐하우스 원형을 바꿔놓고 싶었다. 뾰족한 지붕에 창문까지 있는 반듯하고 예쁜 서양식 비닐하우스에 유리로 마무리한 '글라스하우스'를 지었다. 그 안에 화분도 놓고 에스프레소 기계와 카페 의자까지 채워 넣은 '스쿠프가든'scoop garden('국자만 한 정원'이라는 뜻)을 디자인했다. 서울 가로수길에 스쿠프가든이 들어서자 그 자투리 공간에 사람이 밀려들었다. 경기 용인시 논두렁 옆에는 '알렉스 더 커피'라는 카페를 세웠다. 비닐하우스처럼 생긴 간이 유리집이었다. 한껏 차려입은 사람들이 주말이면 외진 농촌 마을까지 찾아와 그곳에서 사진 찍고 차 마시고 갔다. 2012년 광주비엔날레에선 '밭을 디자인하다'라는 주제로 전시를 열었고, 2016년에는 서울 여의도 전경련회관 꼭대기 층 레스토랑 '세상의 모든 아침'을 농장 콘셉트처럼 꾸며 뜨거운 화제를 뿌렸다. 최시영은 텃밭, 초록, 자연이라는 주제에 결국 사람들이 열광할 수밖에 없다는 것을 알았기에 밀고 나갈 수 있었다고 했다.

이메일도 못 읽는 트렌드세터

최시영은 이제 곤충에도 관심이 생겼다고 했다. 여행을 다니면서 영국이나 일본 같은 선진국에선 이미 곤충을 반려 대상으로 여기는 문화가 정착된 것을 눈으로 직접 보고 온 터였다. 사슴벌레 한 마리에 1억 원이 넘는 경우도 봤다. 영국에서 무당벌레는 요즘 '레이디버드'lady bird라는 애칭으로 불린다. 행운을 가져다주는 대상처럼 여겨지는 것이다. 벌레에 대한 관심은 텃밭에서부터 시작됐다. 유럽 사람들은 대개 자기만의 텃밭을 가꾼다. 밭을 일구면 그곳에서 진딧물이 생기고, 진딧물을 잡아먹는 무당벌레가 많아질 수밖에 없다. 최시영은 1인당 평균소득이 많은 나라일수록 선진국일수록 곤충 문화는 더 발달할 것이라고 했다.

이토록 그의 관심은 늘 가장 '빠른 곳'을 향하지만 정작 최시영 자신은 지독한 아날로그형 인간이다. 이메일 주소가 없다. 모든 이메일 연락은 비서가 대신 받고, 그를 위해 메일을 일일이 프린트해서 책상에 놓아둔다. 태블릿PC 같은 기기도 거의 다룰 줄 모른다. 뉴스는 반드시 아침 일찍 일어나 종이신문을 펼쳐가며 본다. 인터넷 클릭으로 뉴스를 볼 수 없다고 믿는다. 모두가 건축 도면을 컴퓨터 프로그램으로 만드는 시대에 최시영은 여전히 자를 들고 다닌다. 직접 선을 긋는다. 최시영은 "내 방식이 고리타분할 수 있지만, 결국 이게 더 맞는 길이라고 믿는다."라고 했다. 트렌드세터는 유행에 휘둘리는 법이 없었다. 다만 자신이 하고 싶은 것만 할 뿐이다.

아버지를 향한 미움이 지금껏 나를 키웠다

최시영은 한 달 전 부모님 유골을 자신이 지은 이천 납골당으로 옮겼다. 평생 엄청나게 미워한 아버지였다. 학창 시절 내내 미술대회 상을 휩쓸다시피 했지만 아버지가 볼까 봐 상장을 몰래 가방 깊이 숨기고 다닐 정도였다. 아버지처럼 늙기 싫었다. 무섭고 두려웠다. 그를 겨우 용서하게 된 것도 돌아가시기 직전이었다. 아버지가 물려준 땅을 만지고 그곳에서 농사를 지으면서 아버지를 또다시 이해하고 용서하게 됐다.

"아버지는 원래 사업을 하셨고 뒤늦게 과수원과 농장을 하셨습니다. 환상을 품고 일을 시작했지만 막상 해보니 농사가 만만치가 않았을 거예요. 아버지는 나 또한 당신처럼 환상을 갖고 건축 하겠다고 덤볐다가 넘어질까 걱정했을지도 모르겠어요. 잘못 심은 풀처럼 함부로 캐내진 못하고 조바심 내며 화내고 소리쳤을 수도 있는 거죠. 하지만 나는 그 덕에 고집스럽게 잘 자랐으니 이 또한 축복인 것 같습니다."

누가 뭐라 하든 맨주먹으로 헤쳐왔다. 그 역시 아버지 덕이었을지도 모른다. 평생 건축가로 살아오면서 종종 '싸움닭' 소리도 들었고 때론 '콧대 높다'는 힐난도 받았지만, 남들이 안 해본 것을 해내려면 좋은 말만 듣고 살 수는 없다고 생각했다. 그리고 이제 최시영은 납골당 호텔 카페에 앉아 있다. 그는 잠시 말을 끊고 측백나무 빼곡한 곳으로 시선을 돌렸다.

"사실 많이 걱정했어요. 아버지가 새로 옮긴 이곳을 과연 편안해하실까 걱정된 거죠. 꿈에 나타나서 '너 왜 날 옮겼냐'고 꾸짖으실까 봐. 아직까지 꿈에 나타나지 않은 걸 보면 아버지도 이곳이 맘에 든 게 아닐까요. 실은 오늘도 이곳에 와서 속으로 중얼거렸어요. '아버지, 저 또 왔어요. 아버지가 싫어서 도망다닐 때도 있었지만, 앞으로는 자주 보시게 될 거예요. 꽃 보듯 풀 보듯 햇빛 보듯 그냥 저를 편히 대해주세요' 했죠."

그가 말을 마칠 무렵 도드람산 너머 구름이 낮게 깔렸다. 자잘한 빗방울이 후드득 꽃밭으로 떨어져 내렸다. 가을비였다.

우영미

●

1998년 솔리드옴므라는 남성복 브랜드를 통해 단조로운 정장 일색이
었던 국내 남성복 시장에 '캐주얼'이라는 개념을 처음으로 뿌리내린 디
자이너이다. 2002년 자신의 이름을 내걸고 프랑스 파리에 진출해 콧대
높기로 유명한 세계 4대 패션쇼(파리·밀라노·런던·뉴욕)에서 자신만
의 독특한 패션 철학을 뽐내며 최정상 디자이너 반열에 올랐다. 세컨드
브랜드를 통한 회사 볼륨 키우기에 한눈 팔지 않고 묵묵히 하이패션의
길을 걷고 있다.

02

돈에 현혹되지 않고
묵묵히 가는 디자인의 힘

2017년 6월 초 프랑스 파리 쁘렝땅 백화점 계단을 오르내리던 우영미는 문득 숨을 멈췄다. 어디선가 '언니, 잘 해' 하는 환청이 들렸다. 2015년 암으로 세상을 떠난 막냇동생 우장희의 목소리가 귓가에 울리는 것만 같았다. 우영미와 25년을 함께 일했던 동생이다. 쇠약해진 몸으로 더는 버틸 수 없어 회사 전무직을 내려놓던 날, 그는 언니를 바라보며 딱 한마디 했다고 했다. "잘 해."

기뻐해도 좋을 날이었다. 그가 평생 일궈온 두 남성복 브랜드가 모두 파리에서도 콧대 높기로 유명한 쁘렝땅 백화점에 단독 매장으로 들어선 것을 눈으로 확인한 날이었다. 1988년 국내에서 시작한 남성복 솔리드옴므 Solid Homme는 2017년 7월 이 백화점 2층에 버젓이 단독 매장을 열었다. 2002년 파리에서 첫 쇼를 시작한 최고급 남성복 브랜드 '우영미'Wooyoungmi는 이보다 앞선 2017년 1월 이 백화점 4층에 따로 간판을 내걸었다. 파리만 이 두 브랜드에 자리를 내준 것이 아니다. 솔리드옴므는 미국 식스피프스 백화점 등 해외에 15개 매장을, '우영미'는 프랑스 봉마르쉐·쁘렝땅 백화점, 영국 해러즈 백화점 등 해외 33개 매장을 거느리고 있다. 국내 대기업 패션회사가 수년간 돈을 쏟아부으며 투자해도 해내지 못한 일이다. 한국 디자이너로선 유일무이한 성과다. 2018년엔 데뷔 30주년을 맞았다.

서울 신사동에서 우영미를 만났다. 오전 열한 시에 그는 선글라스를 낀 채 말했다. "돌아보면 스스로도 대견하지만, 사실 그만두고 싶을 때도 참 많았어요. 더는 못 견딜 것 같은 순간도 있었고요. 멈추고 싶을 때마다 나를 채찍질한 건 동생이었죠…." 말끝에 선글라스 아래 콧날이 붉어지는 것이 보였다.

나를 지탱해준 느티나무 같던 동생

우영미의 동생 우장희 전무는 2015년 암으로 세상을 떠났다. 담대하고 용감한 성격이었다. 우영미가 꼼꼼한 완벽주의자였다면, 우장희는 보다 즉흥적이고 도전을 즐겼다. 우영미가 일하면서 해도 될까 갈등할 때 우장희는 언제나 옆에서 언니에게 딱 한마디를 던지곤 했다. "해야 되는 거 아냐?"

2002년 파리 진출 때도 그랬다. 필연적인 선택이었다. 국내 남성복 시장은 턱없이 좁았다. 그 속에서 대기업과 경쟁하면서 옷을 만들었다. 백화점은 시시때때로 이들을 볶아냈다. 그들이 우영미에게 만들기 싫은 옷도 만들어달라고 조르면 매출을 위해 어쩔 수 없이 만들어야 하는 때도 있었다. 답답했다. 자신이 만들고 싶은 옷을 만들어 속 편하게, 더 많은 남자에게 입히고 싶었다. 그때 우장희는 말했다. "그럼 해외로 나가면 되겠네."

한참을 또 고민했다. 중국으로 가야 하나, 유럽으로 가야 하나. 여기 저기 둘러보고 알아본 끝에 '그래도 파리'라는 결론이 섰다. 쇼에 나가야 했다. 변변한 에이전시 연락처 하나 없었다. 동생과 함께 무작정 움직였다. 일단 쇼에 내놓을 옷을 이고 지고 일단 파리로 날아갔다. 한밤중 파리 공항에 내리자마자 비가 쏟아졌다. 짐은 많고, 택시는 안 잡혔다. 우영미는 그때 속으로 생각했다. '나 여기 왜 왔지?' 그때였다. 동생이 택시를 불러 세우며 외쳤다. "언니, 가자!"

외국이 먼저 알아본 될성부른 나무

우영미는 늘 소심하고 조용한 우등생이었다. 원래는 미대를 가려 했다가 1978년 성균관대 의상학과에 입학했다. 1986년에는 대학생 대표로 뽑혀 일본 오사카 인터내셔널 패션 콘테스트에 나갔다. 프랑스 에스모드, 영국 세인트마틴, 이탈리아 마랑고니 같은 쟁쟁한 패션학교 출신 디자이너 지망생들이 한꺼번에 몰리는 자리였다. 심사위원 중에는 일본의 전설적인 디자이너 이세이 미야케도 있었다. 우영미는 이 대회에서 3등상을 받았다. 첫 인터뷰도 〈아사히신문〉 기자와 했다. 한국에선 그런 대회가 있는지도 잘 모를 때였다. 다른 나라 학생들은 학교 교장까지 대동하고 왔는데, 우영미만 혼자 몸이었다. 그때 처음 봤다. 외국에선 패션 디자인을 어떻게 하는지. 한국에서는 우영미 혼자 옷본 뜨고 미싱 돌렸는데, 외국 학생들은 선생까지 팀을 짜 움직였다. 패턴사부터 스타일리스트까지 따로 있었다. 기가 죽으면서도 약이 올랐다. 그때 우영미는 이런 생각을 했다. '언젠간 내가 실력으로 다 이긴다!'

연예인과 말 안 섞는 조용한 디자이너

반도패션(LG패션의 전신), 뺑뺑 같은 회사를 다니다 1988년 서울 신사동 작은 가게에서 솔리드옴므를 론칭했다. 재봉사 두 명 데리고 시작한 가게였다. 하늘하늘한 여성복보다 무덤덤한 남성복을 좋아했던 우영미였다. 솔리드옴므라는 이름도 다른 색깔이 섞이지 않았다는 뜻의 영어 단어 solid에서 따왔다. 이름처럼 무채색 원단을 섬세하게 바느질한 옷을 내놨다. 이문세, 이승철, 신승훈, 이승환, 윤상 같은 발라드 가수가 앞 다퉈 그를 찾기 시작했다. 배우 박중훈, 신현준 등도 수시로 가게를 찾아왔다. 그러나 우영미는 옷 만드는 건 즐거웠지만 연예인이 많이 오는 건 조금 힘들었다고 했다. 성격상 그들과 말을 잘 섞지 못했기 때문이다. 연예인 단골손님이 오면 반갑다고 살갑게 인사하고 농담도 주고받을 줄 알아야 하는데, 그런 걸 워낙 못했다. 하루는 그런 우영미에게 영화배우 박중훈이 물었다. "선생님, 왜 여기 연예인들이 계속 오는지 알아요?" 옷이 좋아서 그런 것 아니냐고 하자 박중훈은 웃으면서 대꾸했다. "그것도 맞는데, 선생님이 우리가 하는 말을 잘 듣지도 않고 금방 잊어버리잖아요. 그래서 말이 새나갈 걱정이 없어서 그래요."

백화점에 입점했고 매장은 금세 30여 개로 불어났다. 2002년부터는 '우영미'라는 이름을 내걸고 해외 진출을 시작했다. 우리나라 디자이너들이 해외에서 쇼만 하고 돌아와 국내에서 옷을 팔던 것과 달리, 우영미는 파리에 직접 법인을 만들고 유럽 바이어를 대상으로 옷을 팔았다. 2011년에는 우리나라 디자이너 최초로 프랑스 파리 의상조합 정회원이 됐다. 정회원이 되려면 파리에서 꾸준히 활동해야만 하고, 프랑스 패션계 안팎 전문가로부터 검증을 거치는 것은 물론, 여러 브랜드 디자이너에게 추천을 받아야만 한다. 우영미는 "그야말로 맨땅에 헤딩하다 피가 나는 나날이었다."고 했다.

첫 쇼는 파리 호텔방에서 재봉틀을 돌려가며 옷을 준비했다. 쇼 당일엔 다리미 하나 빌릴 데가 없어서 발을 동동 굴렀다. 쁘레따 뽀르떼 관계자는커녕 변변한 에이전트 하나 알지 못했기에 겪은 설움이었다. 몇년을 그렇게 일해도 파리는 줄곧 냉정했다. 디자이너가 돈을 벌려면 쇼만 해선 안 되고 편집매장에 옷을 걸고 바이어에게 상품을 팔아야 한다. 유명 편집매장을 다 돌았지만 끊임없이 거절당했다. 한국이라는 나라가 워낙 생소해 믿을 수 없다는 이유였다. 3년쯤 매일같이 거절당했다. 그러던 어느 날 한 유명 편집매장 매니저가 우영미를 향해 이렇게 말했다. "너는 그래도 좀 다르구나?"

파리에서 쇼를 하는 디자이너가 한둘이 아니지만, 꾸준히 하는 디자이너는 없다는 설명이었다. 게다가 모르는 나라에서 온 디자이너니 그냥은 못 믿는다는 것이다. 결국 우영미가 몇 년을 꾸준히 버티는지, 그가 내놓는 컬렉션이 얼마나 일관성이 있는지 한참을 지켜보고서야 그의 옷을 매장에서 받아준 것이다. 우영미는 고마워 눈물이 날 지경이었다고 했다.

한번 편집매장에 입점하자 우영미 옷은 곧 바이어들에게 입소문이 나기 시작했다. 회사는 이후 줄곧 가파른 상승세를 탔다. 2006년 프랑스 봉마르셰 백화점에 입점했고 같은 해 파리 마레 지역에 단독 매장을 냈다. 동생 우장희는 봉마르셰에 입점하는 날 우영미에게 이렇게 말했다. "언니, 지금 내가 보고 있는 게 진짜 맞지?" 당시 우영미는 그를 바라보며 이렇게 대답했다고 했다. "너 없었으면 못했다."

쌀독이 비어도 꽃을 사던 아버지

우영미는 1남 4녀, 다섯 남매 중 둘째 딸이다. 큰언니 우경미와 셋째 동생 우현미는 지금 함께 공간 디자인 회사를 운영하고 있다. 남매 대부분이 예술 계통 일을 하는 셈이다. 다 아버지 때문이다.

철이 없어도 너무 없는 아버지였다. 경북 영주에서 유복하게 자랐고 일본 유학 다녀온 후엔 미군 부대에서 일을 받아 건물 짓는 일을 했다. 인스턴트커피도 귀하던 시절, 아버지는 매일 아침 파이프 담배를 입에 물고 그라인더로 원두를 갈아 커피를 내려 마셨다. 남들은 우영미 네가 엄청난 부자인 줄 알았지만, 사실 그의 집엔 쌀 한 톨 없을 때도 많았다. 저축이라고는 모르는 아버지였다. 돈을 많이 벌 땐 대궐 같은 3층집에 산 때도 있었지만, 금세 빚쟁이에게 몰려 내쫓기기 일쑤였다. 그 와중에도 아버지는 《보그》,《마리끌레르》 같은 외국 잡지를 쌓아놓고 읽었고, 매일 꽃을 사다 화병 가득 꽂아두었다. 옷장을 열면 로브가운부터 트렌치코트까지 아버지 옷이 한가득이었다.

영화에나 나올 법한 연둣빛 클래식 자동차를 몰고 다니기도 했다. 아버지가 그 자동차로 학교까지 데려다주겠다고 하는 날이면 우영미는 마음이 조마조마했다. 중고로 산 차였는데 겉보기만 근사할 뿐 보통 낡은 게 아니었기 때문이다. 걸핏하면 멈춰 섰다. 우영미는 당시 학교에서 공부 좀 한다고 도도하게 고개 들고 다니는 아이였다. 아버지랑 그런 차를 타고 학교에 가면 다들 구경 나올까 봐, 그런데 그때 아이들 앞에서 차가 멈춰 서기라도 할까 봐 겁이 났다. 제발 그냥 걸어가게 해달라고 아버지를 졸라야 했다.

한번은 아버지가 직접 집을 지었다. 집은 따뜻하고 편해야 하지만, 아버지는 특이하게 짓고 싶어 했다. 결국 집은 오각형이 됐다. 바람이라도 불면 지붕이 덜컹거렸다. 네 딸은 그 집에서 다같이 누워 뒤척이며 이런 다짐을 했다고 했다. '절대로 아버지 같은 남자와 살지는 않겠다.'

"우리 자매는 결국 다들 정말 평범한 남자를 골라 결혼했죠. 그동안 참 오랫동안 속으로 아버지를 원망하고 또 미워했어요. 그렇지만 지금은 때론 밉고 또 때론 아니죠. 아버지의 그 허세와 무절제 덕에 우린 돈이 그렇게도 없으면서 값비싼 그릇에 밥을 나눠 먹었고, 옷 하나를 지어

입어도 남다르게 입었으니까요. 그땐 그토록 아버지가 싫었지만, 그 덕에 우리 남매 모두 진짜 멋있고 근사한 게 뭔지 몸으로 익혔으니까요."

아버지는 치매를 앓다 2014년 눈을 감았다. 말년에 시력을 거의 잃고 앞도 제대로 보지 못했다. 그런데도 숨지기 직전까지 영국 빈티지 찻잔에만 커피를 담아 마셨고 큰딸이 무심코 둘러준 고급 머플러를 만지며 "이건 진짜 좋은 거네."라고 중얼거렸다고 한다. 아버지 발인 날, 다섯 남매는 아버지 관에 그 머플러를 넣어드렸다.

"사는 게 참 재밌죠. 저는 지금 그런 아버지를 닮은 남자를 생각하며 옷을 만드니까요. 디자인을 할 때마다 그 젊은 시절의 아버지가 떠올라요. 그럴 때마다 심장 어딘가가 아릿하게 아프죠."

100년 가는 브랜드를 만들 때까지

우영미는 업계에서도 욕심 없고 숫기 없고 타협할 줄 모르고 뻣뻣하기로 유명하다. 그동안 숱한 대기업이 우영미에게 브랜드를 팔라고 접근해왔다. 홈쇼핑 채널은 모두 우영미에게 라이선스를 팔아서 돈을 좀 벌라고도 했다. 우영미는 쇠심줄 고집이었다. "생각 없다", "돈 안 벌어도 괜찮다", "나는 내가 하고 싶은 옷을 그냥 만들겠다"고만 대답했다.

한번은 그런 그에게 한 대기업 회장이 찾아와 매장을 보여달라고 했다. 한참 둘러보고 나서 그는 질문을 퍼부었다. '이거 만들어서 얼마나 버느냐.' '옷 이렇게 깐깐하게 만들면 뭐 하나.' '홈쇼핑 안 하고 라이선스 안 팔고. 돈 벌겠냐.' 그의 눈에 우영미 옷은 너무 비싸고 너무 공들여 만든 럭셔리였다. 돈이 될 장사 같지 않아 보였을 것이다. 톱 디자이너들이 앞 다퉈 홈쇼핑에 뛰어들 때 독야청청 해외 시장만 파는 것도 이해가 되지 않았을 것이다. 우영미는 당황하지 않고 이렇게 답했다. "회장님, 원래 패션이 수지가 안 맞는 일이에요. 대기업이 패션 가지고 수지 내려고 해서 자꾸 안 좋은 일이 생기는 거죠. 패션은 축적입니다. 일단은 계속 들이부어야 해요. 돈과 시간과 노력을 쌓고 또 쌓아야 돼요. 그게 몇 십 년은 지나야 비로소 꽃이 핍니다. 저는 그래서 버텼고 앞으로도 버틸 겁니다. 우리도 100년 가는 브랜드 하나쯤은 있어야 하는 것 아닌가요." 그날 그 회장님은 우영미의 옷을 잔뜩 사들고 우영미에게 악수를 청하고 총총 사라졌다.

그래도 닮는다

2014년 우영미는 큰딸 정유경을 '우영미'의 크리에이티브 디렉터로 앉힌다. 큰딸 정유경은 어릴 때부터 엄마가 일하는 사무실에서 원단을 만지고 미싱 돌아가는 소리를 들으며 자랐다. 늘 일하는 엄마가 야속해서 '나는 결혼하면 워킹맘 같은 건 절대로 안 할 거다'라고 했는데, 막상 결혼 후 임신해서 만삭인데도 꾸역꾸역 일하고 있는 자신을 보고는 새삼 보고 배운 게 참으로 무섭다는 걸 알았다고 했다.

그건 우영미가 그만큼 지독하게 일한 엄마였기 때문일 것이다. 아이 낳기 일주일 전에도 비행기 타고 출장을 다닐 정도였다. 항공사에서 만삭 임산부를 못 태운다고 해서 의사 진단서에 사인까지 받아서 갔다.

"나는 천재는 아니지만, 기왕 시작한 일은 끙끙대면서 어떻게든 해야 하는 사람이었어요. 딸도 그걸 보면서 은연중 닮아가고 있는 거겠죠."

딸과 일하는 건 그래도 쉽진 않다. 하나부터 열까지 부딪힌다. 날마다 수행하는 기분으로 작업한다고 했다. 그런데 그렇게 딸과 종종 싸우면서 우영미는 문득 깨달은 게 있다. 딸아이가 동생 장희랑 많이 닮았다는 사실이다. 하고 싶은 말을 서슴없이 하고 표현이 늘 거침없다는 점 또한 그랬다. 우영미는 결국 이런 생각을 하며 마음을 다시 가다듬는다.

'그래, 디자이너는 절대 혼자 일하면 안 돼. 장희가 떠나니 신神이 내게 딸아이를 보내주신 건지도 몰라. 디자이너는 늘 다른 누군가와 소통하면서 껍질을 벗고 배워야 하니까. 나와 다른 사람과 대화하고 부딪히다 보면 진짜 내가 하고 싶은 것을 알 수 있으니까. 장희가 오랫동안 나란 사람을 비추는 거울이었듯, 지금은 딸이 그런 존재가 되는 걸지도 몰라.'

다시 부딪히기 위해

우영미는 요즘 시간이 날 때면 108배를 하고 금강경을 읽는다. 스스로가 어떤 사람이고 정확히 누구인지를 제대로 알기 위해 홀로 침잠하는 과정이다. 그렇게 홀로 조용히 절하면서 몸을 단련하고 자신에게 집중하는 동안 문득 한 가지를 알게 됐다고 했다. 그건 '나는 누가 뭐라 해도 결국 이룰 수 없는 꿈을 꾸는 사람이다'라는 사실이었다.

"처음엔 단색 옷감이 좋아서 솔리드라고 이름 붙였지만, 돌아보니 어느덧 그 단어는 '단단하다'는 뜻의 말이 된 것 같아요. 누가 뭐래도 꿋

꿋이, 홈쇼핑 안 하고 대기업에 내 브랜드 안 팔고 이만큼 왔으니 그만큼 단단해지기도 했겠죠."

이제 우영미는 솔리드옴므를 통해 유럽부터 중국 시장에서까지 새로운 도전을 하려고 준비중이다. 2014년 처음 해외에 진출한 솔리드옴므는 영국 런던의 4대 백화점으로 불리는 해롯에 첫 입점한 이후로 이미 영국 15개 매장에 진출한 상태다. 파리 쁘렝땅 백화점에도 들어갔다. 미국 식스피프스애비뉴와도 전략 제휴를 맺고 곧 진출할 준비를 하고 있다. 솔리드옴므는 이미 국내에서 가장 성공한 남성복 브랜드이고, 해외에서도 곧 그런 사례가 될 가능성이 높아 보였다. 그러나 우영미는 들뜨지 않는다. 다만 이렇게 말할 뿐이었다.

"해야 할 일을 하다 보면 어쩌다 여기까지 오기도 하더라고요. 돌아보면 불가능한 길 같긴 했는데 별것 없었어요. 그냥 일했고 그냥 버텼던 거죠. 그래서인지 성과가 보일 때마다 흥분되기보단 이런 생각이 들어요. '아, 나 또 부딪힐 일이 생겼구나. 더 깎이고 넘어질 일이 생겼구나.' 한 계단 넘겼으면 그건 또 다른 계단이 앞에 있을 거라는 얘기니까요."

그래도 훗날 동생을 만나면 들려주고 싶은 이야기가 따로 있을 것 같았다. 우영미는 이 말에 선글라스를 고쳐 썼다. 그리고 이렇게 말했다. "너에게 '언니 그것밖에 못 했어?'라는 말 안 들으려고 버텼다고요. '잘해' 그 한마디 때문에 이만큼 달려왔다고요."

그의 콧날이 다시 붉게 물들었다. 찻잔 위로 눈물 한 방울이 툭 떨어졌다. 단단한 눈물방울이었다.

이승우

●

국내 최대 온라인 중고 거래 장터 '중고나라' 대표이다. 대한민국 국민 세 명 중 한 명이 가입한 최대 규모의 카페를 만든 그는 자신에게 있는 불필요한 물건이 남에게는 소중하게 사용될 수 있음을 깨닫고 사업에 뛰어들었다. 현재 중고차 스타트업까지 인수하며 중고 거래의 분야를 확대하고 있다. 이 밖에도 전체 인원 중 10퍼센트를 중증 장애인으로 고용하여 '남들이 발견하지 못하는 가치를 발굴하는 회사'라는 가치를 실천하고 있다.

03

쓸모없는 고물을
최고의 보물로 만든
중고나라 대통령

'중고나라' 대표 이승우가 2012년 초 결혼하고 처음 산 가구는 12만 원짜리 3인용 소파였다. 싼 맛에 샀지만 누워 있으면 허리가 아팠다. 한 달을 참다 자신이 운영하는 인터넷 장터에 9만 원에 내놓았더니 10분도 안 돼 연락이 왔다. 동네 파출소 순경이었다. "고 사이즈가 우리 파출소 민원 응접용으로 딱이겠소!" 순경은 바로 화물차를 불러 소파를 실어 갔다.

"그 소파는 내겐 잘못 사들인 물건이었지만 순경 아저씨에게는 안성맞춤이었던 거죠. 나는 소파를 치워서 속 시원했고 순경 아저씨는 찾던 소파를 싼값에 들였다고 흡족해했고요. 물건이라는 게 그렇게 돌고 돌다 보면, 모두에게 좋을 수도 있겠구나 싶었습니다."

2003년 12월 네이버 카페로 처음 문을 연 중고나라는 현재 우리나라 최대 온라인 커뮤니티이자 중고 거래 장터로 꼽힌다. 이들이 내건 구호는 자원의 선순환. 누군가가 쓰다 내놓는 물건이 또 다른 누군가에게 넘어가는 과정에서 좋은 일이 생긴다는 뜻을 담았다. 저성장 시대에 딱 맞는 얘기여서일까. '카페'였던 중고나라는 어느덧 '나라'가 됐다. 연간 방문자 수가 1억 9,000만 명, 회원 수는 네이버 카페와 모바일 애플리케이션을 합쳐 2,100만 명 정도다. 2016년 한 해 성사된 중고 거래 건수는 6,000만 건에 이른다. 대한민국 사람 열 명 중 네 명은 중고나라를 이용하고 있다는 뜻이다.

서울 삼성동 사옥에서 만난 이승우는 처음 카페를 열 때만 해도 이 정도로 사람이 몰려들 줄 몰랐다면서 자신의 휴대전화에서 중고나라 사이트를 열어 보였다. "이젠 1초에 58명씩 찾아오고, 1초에 세 건씩 새 중고 거래가 등록되는 곳이 됐어요. 지금 제가 말하는 동안에만 벌써 중고 거래 아홉 건이 등록됐어요. 그사이 174명이 왔다 갔고요…." 말을 맺는 사이, 방문자 끝자리 숫자가 또 바뀌었다.

1초에 58명 왔다 가는 장터

2014년 드라마 '별에서 온 그대'에선 주인공 전지현이 아끼던 가방을 중고나라에 몽땅 내놓는 장면이 나왔다. 중고나라 게시판에 물건을 등록하면서 전지현은 실수로 상대역 배우 김수현의 전화번호를 연락처로 남겼다. 김수현은 이후 끊임없는 문자메시지 세례를 받았다. '운포인 가요?' '에눌은 안 되는 건가요?' 같은 내용이었다.

중고나라라는 한 온라인 커뮤니티가 어디까지 우리 삶에 파고들었 는지를 보여주는 드라마 장면이 아닐 수 없었다. 이승우도 이 얘기를 하 자 고개를 끄덕였다.

"맞아요. 중고나라 회원들끼리만 쓰던 인터넷 용어가 어느덧 보통명 사가 돼버렸어요. 운포(운송비 포함), 택포(택배비 포함), 에눌(물건 값 깎 아줌), 미개봉(뜯지도 않은 중고품), 쿨거래(기분 좋은 거래), 드림(돈 안 받 고 그냥 줌) 같은 말을 너도나도 쓰는 세상이 된 거죠. 그게 나중엔 드라 마 대사로도 쓰이고. 어느덧 이 시대의 문화가 된 겁니다. 카페를 만든 건 저와 초창기 멤버들이었지만 지금의 중고나라는 제가 만든 게 아닌 거죠."

초창기 중고나라에선 카메라, 렌즈, 한정판 CD 같은 것들이 많이 팔 렸다. 처음엔 아무래도 수집벽이 있는 사람들이 주로 찾는 공간이었다. 아내 몰래 쌈짓돈으로 값비싼 물건을 수집하는 남자들 말이다. 특수한 곳으로 여겨졌다는 뜻이다. 그러다가 2008년 미국 금융위기가 터지면 서 불황이 왔고, 너도나도 중고를 사고팔기 시작했다. 중고나라 회원은 그때 한번 폭증한다. 회원이 200~300만 명에서 갑자기 500만 명을 넘 어섰고, 금세 1,000만 명이 되고 곧 2,000만 명이 됐다.

돌아보면 우연이기도 하고 또 운명이기도 했다. 애초 중고나라를 처 음 만들 때만 해도 이승우는 '중고' 자체가 장사가 될 거라는 생각을 하 지 못했다. 그저 미국 페이팔 같은 온라인 결제 시스템을 만들어서 그걸로 돈을 벌어보고 싶었을 뿐이다. 그렇게 고민해서 개발한 프로그램이 바로 '안전결제'였다.

이 시스템이 잘 돌아가는지 테스트하려면 커뮤니티가 필요했다. 사람들이 이 프로그램을 이용해서 뭔가를 사고팔아야 했다. 아무래도 중고품을 사고팔 때 이 프로그램이 유용하겠다는 생각이 들었다. 그래서 중고나라를 운영하기 시작했다. 정작 안전결제 프로그램은 당시 크게 히트한 미국 페이팔에 밀려 빛도 제대로 보지 못했다. 이승우도 그렇게 낙담하고 있었다.

풀어놓고 키운 병아리가 알 많이 낳는 닭이 되는 경우는 종종 있다. 중고나라가 딱 그랬다. 아예 그냥 놔둔 것은 아니었다. 애정을 많이 쏟았다. "별별 사업을 했다 망했다를 반복하는 와중에도 카페 관리만큼은 철저하게 했어요. 게시판에 불평불만이 올라오면 바로바로 처리해주려고 애썼고 사람들 관심이 뜨거운 분야가 특별히 눈에 띄면 그것도 바로바로 정리해줬어요. 가령 출산용품, 교복, 유아책, 장난감, 중고폰 같은 것에 관심이 폭증하면 이를 따로 잘 보이는 카테고리로 빼서 정리해주는 식으로요." 빅데이터가 어떻게 움직이는지를 경험적으로 공부한 셈이었다.

중고나라는 무료로 운영했다. 수수료를 받을 수도 있었지만 그러고 싶진 않았다. 이러한 운영 방식은 시장 갈 때 입장료 안 받는 것과 비슷하다고 생각했다. 이승우에게 이곳은 누구나 손쉽게 오고가는 일종의 장터였다. 사람들은 이곳 중고나라에 모여서 와글와글 만나고 그가 벌여놓은 판에 모여 떠들었다. 그런 걸 보는 것만으로도 재밌고 즐겁다고 생각했다. 사람과 사람을 연결시켜주고 있다는 희열, 처음엔 그게 다였다. 그러나 중고나라는 그가 미처 알아차리지 못하는 사이에 거대한 사업 모델로 자라나고 있었다.

실패와 오지랖이 쌓이고 쌓여

이승우의 어머니는 서울 영등포 지하상가에서 옷을 팔았다. 여섯일곱 살 무렵부터 이승우는 일하는 어머니를 따라다니며 그 곁에서 혼자 놀았다고 했다. 지하상가 어느 집이 장사가 잘되는지, 어느 곳에 사람이 많이 몰리는지 어린 눈에도 훤히 보였다. 어릴 때부터 그렇게 장사하는 풍경을 쳐다보는 것이 즐겁고 재밌었다.

1999년 광운대 법대에 갔고 남들처럼 행정고시를 준비했지만, 영 재미가 없었다. 대학 강의도 상법 위주로 골라 들었다. 2002년 어느 날, 도서관에서 신문을 뒤적이다가 '중국 시장 뜬다'는 제목의 기사가 눈에 들어왔다. 엉덩이가 근질거렸다. 책을 덮고 상하이 행 비행기를 타고 날아가 상하이 구석구석을 돌아다녔다.

한 백화점에서 영국 축구 유니폼 브랜드 엄브로Umbro를 파는 걸 봤다. 한국에선 10만 원가량에 팔리는 유니폼이 2~3만 원가량이었다. 바로 한국으로 돌아와 어머니에게 300만 원을 빌린 뒤 상하이로 날아가 엄브로 유니폼 300만 원어치를 샀다. 첫 장사였다. 중국 도매상을 찾아가 정식으로 물건을 산 것도 아니었다. 그냥 백화점에 가서 옷 300만 원어치를 덜컥 산 것이었다. 그렇게 산 옷을 들고 서울에 들어왔다. 막상 장사를 시작하려니 막막했다. '이걸 어찌 파나' 싶었다. '도카닷컴'이라는 온라인 쇼핑몰을 하나 만들어 옷을 팔기 시작하니 뜻밖에도 내놓자마자 축구 애호가들에게 금세 다 팔렸다. 스물여섯에 그렇게 돈 버는 맛을 알게 된 것이다.

도카닷컴은 창업 1년 만에 축구 관련 쇼핑몰 매출 1위를 기록했다. 비결은 피드백이었다. 누군가 인터넷 게시판에 질문을 올리면 답은 무조건 10분 안에 달아줬다. 물건 떼러 가는 길에도 질문이 올라왔다는 전화를 받으면, 차 세우고 답을 단 다음에야 다시 떠나는 식이었다. 그렇게 빠르게 피드백하면서 입소문을 탔다.

자꾸 올라서면 내려갈 일이 더 생기는 법이다. 월 매출은 1억 5,000만 원까지 나왔지만 4년쯤 지나자 매출이 야금야금 떨어졌다. 포털사이트에서 키워드 광고를 시작하면서 축구 관련 1위 사이트였던 도카닷컴이 슬슬 타 사이트에 밀려나기 시작한 것이다. 급한 마음에 '쿠거'라는 브랜드를 만들어 스포츠 유니폼도 만들어 팔았다. 옷은 잘 팔렸지만 재고 관리가 쉽지 않았다. 업체에 꼬박꼬박 현금을 줘야 사업이 돌아가는데 늘 돈이 모자랐다.

이번엔 식당에 손을 댔다. 부침 요리와 막걸리를 파는 가게였다. 역시 쉽지 않았다. 걸핏하면 아르바이트생이 잠적했고, 주방일 하는 사람도 자주 그만뒀다. 결국 2년 만에 문을 닫았다. 2007년에는 외국 회사로부터 소송도 당했다. 그가 만들어 파는 옷이 해외 브랜드 업체의 상표권을 침해했다는 주장이었다. 그야말로 엎친 데 덮친 격이었다.

소송비용만 1억 원 넘게 들여가면서 2년 넘게 싸우다가 막판에 합의

했다. 그렇게 회사를 문 닫고 나니 수중에 딱 3,000만 원이 남았다. 이상한 일이었다. 그런데 오기가 치밀었다. 이대로 끝낼 수는 없겠다는 생각이 들었다. 이승우는 그 돈을 들고 공장을 알아봤다. 그렇게 마지막 옷을 찍었다. 물건이 나오자 팔기 위해 쌓아둘 곳도 문제였다. 월세 20만 원짜리 지하 단칸방을 얻어 티셔츠 500박스를 들여놓고 마지막으로 옷을 팔았다.

자포자기하는 심정이었다. 세상일은 오묘했다. 다 포기하고 시작한 장사였건만 물건은 일주일 만에 다 팔렸다. 마지막 상자를 치울 무렵, 청년 이승우의 마음도 한결 가벼워져 있었다. 그는 조용히 콧노래를 불렀다. 그리고 속으로 이런 생각을 했다. '그래, 그까짓 돈 없어져도 또 벌면 되는 거구나! 돈에 연연하면서 살 필요는 없는 것이겠구나!'

네가 잘돼야 나도 잘된다

사업을 다 정리하고 나니 중고나라가 보였다. 회원 수는 이미 3,000만 명에 육박하고 있었다. 때마침 신발 가게를 하다가 쫄딱 망하고 마지막 남은 재고를 정리하고 싶어 하는 사람을 만났다. 시험 삼아 그에게 남아 있다는 신발 4,800켤레를 '공동구매'라는 이름으로 중고나라에서 팔아봤다. 일주일도 안 가서 몽땅 팔렸다. 그때서야 비로소 이승우는 깨닫는다. '내게 이런 자산이 있었구나!' 그가 만든 장터에 그토록 많은 사람이 오가고 있었구나 싶었다.

중고나라와 연계된 별도 온라인 장터 '위코마켓'을 구축했다. 공동

구매 프로젝트는 연달아 성공했다. 연매출은 금세 10억 원까지 올랐다. 1년간 랭키닷컴 집계 기준, 공동구매 사이트 1위로 등극했다. 주위에서는 다들 이제 진짜 돈벌이를 하게 됐다고 했다. 그러나 그는 이 위코마켓으로 벌어들인 수익의 일부를 아동복지센터에 기부했고, 위코마켓 사이트는 아예 굿네이버스에 기부했다.

망했다가 겨우 일어났을 때였다. 누굴 도와줄 처지는 아니었을 수도 있었다. 결혼하고 첫 아이가 태어난 직후이기도 했다. 그래도 했다. 당시 우연히 거실에서 틀어놓은 TV에서 흘러나온 뉴스 때문이었다. 어느 40대 가장이 통닭을 사 들고 집에 가다가 길에서 퍽치기 강도에게 당해 숨졌다는 소식이었다. 충격이었다. 재앙이 누구에게나 닥칠 수 있다는 생각이 들었다. 그렇게 변을 당한 가족은 어떻게 살까 싶기도 했다. 무작정 남을 도와야겠다는 생각이 들었다. 내가 누군가를 꾸준히 도우면 내게 무슨 변고가 일어나도 날 도와줄 사람이 있을 거란 생각이 든 것이다. 이승우는 남이 잘돼야 나도 잘될 수 있다는 원칙을 그때 그렇게 알게 됐다고 했다.

다 기부하고 굿네이버스 직원으로 2년인가 일하기도 했다. 한 달에 200만 원쯤 받았다. 처음엔 물론 아깝기도 했다. 하지만 그래도 괜찮았다. 이승우는 이렇게 말했다. "망했을 때 이미 한번 제대로 배웠으니까요. 돈이라는 건 또 벌면 되고, 경험은 어찌됐던 남는다는 사실을요!"

기업으로 거듭난 커뮤니티

중고나라 이용자는 기하급수적으로 늘어갔다. 이용자가 늘어나자 문제점도 함께 커졌다. 사기 거래가 함께 늘어난 것이다. '입금 먼저 하자고 해서 돈을 넣었더니 곧바로 도망갔다'는 식의 신고가 끊이질 않았다. 중고나라 운영진이 사기 판매자를 경찰에 신고하고 그를 강제 탈퇴시키는 식으로 열심히 조치를 했지만 역부족이었다. 이쯤 되자 자원봉사자들이 나타났다. 카페 운영을 돕겠다는 이들이었다. 이들과 함께 내규를 만들기 시작했다. '이용자 수칙 및 이용 제재 규정'은 점차 빽빽해졌고 길어졌다. 그래도 사기 거래를 완전히 근절할 순 없었다.

2014년 이승우는 결국 중고나라를 법인화하기로 결정한다. 회사 이름은 '큐딜리온'이었다. '질문'question과 '엄청난 수'dillion라는 뜻의 두 단어를 합친 말이다. 한마디로 세상의 모든 질문을 소화하는 회사가 되고 싶다는 다짐을 담았다. 2015년에는 엔젤 투자자 및 벤처캐피털에서 80억 원가량을 투자받았다. 강남 테헤란로 한복판 빌딩에 사무실도 차렸다. 서울 창동 상가 건물 구석에 사무실을 차려놓고 옷을 팔던 청년 이승우가 어느덧 버젓한 기업의 대표가 된 것이다.

2016년 4월 개선 사항을 반영해 새롭게 내놓은 중고나라 모바일 앱은 두 달 만에 100만 건 이상의 다운로드를 기록했다. 사기 거래를 막기 위한 '큐싸인'이라는 시스템도 개발했다. 사기꾼이 즐겨 사용하는 사기 패턴을 읽어내는 시스템을 개발한 것이다. 이승우는 "앞으로 중고 거래를 할 때 빅데이터 분석을 통해 상대편이 사기꾼이라는 결론이 나오면 거래 상대자에게 빨간불 경고가 보이는 식으로 한층 더 진화된 서비스를 준비하고 있다."고 했다.

지체장애인과 고물상이 스타가 되는 회사

최근엔 폐쇄형 공동구매 쇼핑몰 '비밀의 공구', 직접 방문해서 중고품을 실어가는 '주마' 서비스도 시작했다. 2017년 1월 시작된 '비밀의 공구'는 현재 가입자 수가 벌써 10만 명이 넘는다. 싸고 품질 좋기로 소문난 물건을 짧은 시간에 팔아치우는 공동구매 쇼핑몰이다. 이곳엔 아무나 들어갈 수 없다. 검색해도 보이지 않는다. 이곳에 먼저 입장한 회원에게 초대를 받고 가입 절차를 밟아야만 물건을 살 수 있다. '유통 질서를 해친다'는 비난을 피하기 위해 이승우는 이 서비스를 폐쇄 형태로 운영했다. 미리 가입된 회원 중 누군가가 초대하지 않으면 이 사이트를 찾아낼 수가 없도록 한 것이다.

잘될 것이라는 예상은 그야말로 보기 좋게 적중했다. 거래액이 2016년 8월 3,000만 원에서 그해 12월에는 8억 원을 넘어섰다. 비밀의 공구에선 'MJ'Multi Jockey라 불리는 이들이 홈쇼핑의 쇼핑 호스트처럼 뛰어다닌다. 이들이 직접 어떤 물건을 팔지 기획하고, 유통망까지 확보한 다음 실시간 동영상 방송으로 물건을 파는 식이다. 국내뿐 아니라 해외에서 물건을 파는 MJ도 있다. 은퇴한 개그맨 출신이 이 중 제법 된다. 개그 프로그램이 사라져 갈 곳을 잃은 개그맨들이 이젠 MJ로 새로운 길을 찾게 된 것이다.

이들은 누구보다 적극적으로 공동구매를 진행한다. 때론 이해를 돕기 위해 공장이나 생산지를 방문하고, 옷을 입어보거나 직접 먹어보는 식의 '시범'도 몸을 아끼지 않는다. 그래서일까. 이들이 내놓은 물건은 대부분 완판된다. MJ 전대위가 소개한 '추억의 아케이드 게임기'는 2016년 10월에 공동구매를 시작하자마자 두 시간 만에 준비된 50대를 모두 팔았다. 한 대당 50만 원으로, 총매출은 2,500만 원이었다. 두 시간 만에 2,500만 원어치를 판 번 것이다. 회원들이 더 팔라고 요구하면서 2차 공구도 진행했다. 200대를 또다시 모두 팔았다. 이런 과정이 반복되면서 몇몇 MJ는 덕분에 월 매출을 몇 억씩 올리게 됐다.

'주마 서비스'도 화제다. 중고 물품을 팔 때 가장 힘든 것이 덩치 큰 물건을 옮겨야 한다는 점이다. 이승우는 여기에 착안해 직접 화물운반 기사가 찾아가 팔고 싶은 중고 물품을 치워주고 팔아주고 사주는 식의 서비스를 시작하기로 했다. 기사는 전국 곳곳에 퍼져 있는 수백 명의 고물상을 활용하면 된다고 생각했다.

고객의 수요를 정확히 읽은 서비스였다. '우리 집에 와달라'는 요구가 빗발쳤다. 공급이 수요의 절반을 따라가기 어려울 정도가 됐다. 전국 고물상들도 반색했다. 장사하기 쉽지 않은 요즘에 중고나라와 손을 잡자마자 찾는 이가 폭발적으로 늘었다. 요즘 중고나라와 일하는 고물상 기사들은 예전과 달리 돈을 상당히 번다고 했다. 이승우 대표는 이렇게 말했다.

"이 고물상 기사분들이 '중고나라 덕분에 살 만해졌다'고 하시는 말들으면 기분 참 좋죠. 중고나라는 사실 이렇게 내 낡은 물건이 누군가에게는 보물이 된다는, 이른바 '자원의 선순환' 개념을 내세운 커뮤니티였어요. 주마 서비스는 바로 이 자원의 선순환을 보다 적극적으로 실천하는 서비스였고요. 일부러 의도한 건 아니었는데, 이 서비스를 하면서 함께 일하는 분들 형편이 나아지는 효과까지 보게 됐네요. 이젠 이런 서비스를 아예 베트남과 같은 외국에까지 확대하고 싶어요. 요즘 같은 저성장 시대에 우리뿐 아니라 다른 나라 사람들도 함께 잘살아봐야죠."

2016년 이승우는 뇌병변, 지체장애인 네 명을 정직원으로 채용했다. 이들은 중고나라에 올라오는 사기·불법 거래를 감시하고 신고하는 일을 담당한다. 이들은 뜻밖에도 일을 대단히 잘해냈다. 책임감이 투철했다. 하루 270건이 넘는 사기 거래를 잡아내기도 했다. 작년에는 이들 장애인 직원 전원에게 우수사원 시상을 했다. 장애인 직원은 올해 일곱 명으로 늘었다. 이승우는 이들에게서 일하는 자세를 처음부터 다시 배우고 있다고 했다.

사람과 사람을 연결한다

이승우에게 중고나라란 결국 '장사하도록 판을 깔아주는 곳'이다. 다들 '혼밥' 하고 '혼술' 하는 시대지만, 장사는 그렇게만 해선 이뤄지지 않는다. 반드시 사람들이 실제로 만나서 부딪혀야만 이뤄진다. 그런 점에서 중고나라는 가장 적극적으로 사람을 만나고 부딪히도록 도와준다. 이승우는 스스로 사람들을 골방에서 나와서 만나도록 하는 데 재능이 있는 건지도 모르겠다고 했다.

영등포 지하상가에서 옷을 팔았다는 이승우의 어머니는 여전히 중고나라가 어떤 곳인지 이해하지 못한다. '거기가 뭐하는 곳인지 도대체 모르겠다'고 말하기도 한다. 그러나 이승우는 이렇게 말한다. "어머니가 그렇게 헷갈려하셔서 오히려 기분이 좋아요. 그만큼 우리 회사는 한꺼번에 여러 가지 일을 복잡하게 하고 있고, 수많은 사람들의 이해관계를 풀어가면서 모두가 행복하도록 돕는 곳이라는 생각이 들어서요."

그의 어머니는 중고나라를 아직도 '고물상' 정도로 받아들인다고 했다. 그 고물상, 참 사람 냄새 나는 곳이라고 말해주고 싶다.

정웅

●

줄 서서 사 먹는 이태원 빵집 '오월의 종' 파티시에다. 시멘트회사를 다니던 평범한 직장인이었다가 서른이 넘어 빵을 만들기 시작했다. 기본에 충실한 빵을 만들던 그는 3년 만에 가게 문을 닫기도 했지만 자신의 의지를 쉽게 꺾지 않았다. 담백하고 질리지 않는 빵 맛이 입소문을 타면서 단골이 늘었고 이제는 3호점까지 열어 더 많은 사람에게 기본 빵 맛을 보여주고 있다.

04

실패한 파티시에에서
성공한 빵집의 표본으로 거듭나다

보증금까지 모두 날리고 2007년 가게 문을 닫았다. 빵 열 개를 만들면 아홉 개가 팔리지 않은 탓이었다. 온종일 분유 한 통 살 돈조차 벌지 못한 시절이었다. 빵집 '오월의 종' 주인 정웅은 "돌아보면 여기까지 온 게 신기하다."고 했다.

결과만 놓고 보면 이 빵집의 옛 이야기는 그저 거짓말 같기만 하다. 오월의 종은 이제 '성공한 동네 빵집'의 표본으로 불리기 때문이다. 서울 한남동과 영등포에 세 지점을 거느린 이 빵집은 줄 서서 사 먹는 곳으로 유명하다. 오전 열한 시에 문을 열자마자 빵 사려는 손님들이 길게 늘어서고, 오후 두세 시만 되면 대부분의 빵이 팔려나가서 살 수가 없다. '오월의 종 빵을 사러 지방에서 올라왔는데도 결국 허탕 쳤다', '일본에서 찾아왔는데도 결국 못 먹고 간다'는 글이 인터넷 게시판에 올라올 정도다. 대기업이 여러 차례 인수하려 했으나 실패했다고 소문난 빵집 중 하나이기도 하다.

서울 한남동 지점에서 만난 정웅은 만나자마자 대뜸 아무래도 가게 수를 줄여야겠다고 말했다. "손님이 너무 많으면 빵에 몰두할 시간이 줄어들거든요. 지금껏 기업이 되지 않으려고 애써왔어요. 지금도 전 사업가가 될 생각은 없습니다." 그가 건넨 명함엔 대표 같은 직함도, 셰프나 파티시에 같은 유행처럼 쓰는 수식어도 없었다. 그저 '제빵사'라고 적혀 있을 뿐이었다. 정웅은 고개를 끄덕였다. "네, 그게 저예요." 아침 열 시. 가게엔 갓 구워낸 빵 냄새가 짙은 안개처럼 낮게 깔렸다.

이토록 지독한 빵 가게

오월의 종엔 없는 게 많다. 시식 빵이 없고 포장 서비스가 없고 케이크가 없다. 할인 행사도 하지 않는다. 밸런타인데이, 가족의 달 5월에도 예외가 아니다. 심지어 빵집 장사가 가장 잘된다는 크리스마스엔 아예 가게 문을 닫는다. 사람들이 오로지 빵만 보고 빵을 사는 가게를 해보고 싶은 주인 정웅의 욕심 때문이다. 주인 얼굴이나 알록달록한 간판, 예쁜 포장이나 1+1 이벤트 말고 정말 빵만 보고 사 가길 바랐다.

"왜냐하면 여기는 빵집이니까요."

시작은 빵과 거리가 멀다. 대학에서 무기재료공학을 전공했고, 졸업

후 시멘트회사에 연구원으로 취직했다. 이후 무역회사로 옮겼고 거래처 직원과 결혼했다. 한 달 수십억 원어치의 계약을 따낼 정도로 일을 잘했다. 그러던 어느 날 '지금의 틀을 벗어나고 싶다'는 생각이 들었다.

문득 화장실 창밖으로 제빵학원이 보였다. 그날 깨달았다. '내가 지금껏 저 창문 밖에 뭐가 있는지 보지도 않고 살았구나.' 정웅은 사표를 쓰고 제빵학원을 다니겠다고 했다. 사장도 주변 친구들도 모두 그를 뜯어말렸다. 다들 '너 같은 공돌이가 난데없이 빵을 굽겠다니 미친 것 아니냐'고 했다. 그를 지지한 건 뜻밖에도 아내였다. 아내는 하고 싶은 게 있으면 그냥 하라고 했다. 정웅은 그때 아내에게 이런 부탁을 했다. "딱 4년만 시간을 줘. 그다음부턴 밥벌이를 꼭 할게."

사표를 내고 서른세 살에 제빵학원을 다니기 시작했다. 남들처럼 외국 유학까지 다녀올 여유 같은 건 없었다. 2년 동안 하루 여덟 시간씩 빵을 만들었다. 자격증을 따고 나선 홍대 리치몬드 제과점, 압구정 정글짐 베이커리에서 일했다. 가게에서 그는 가장 나이 많은 직원이었다. 매일 새벽부터 일어나 화장실 청소 같은 온갖 허드렛일을 했다. 나이 어린 선배들이 그에게 반말을 했고 그를 호되게 부려 먹었지만 개의치 않았다. 시키는 건 뭐든지 해야 했다. 4년 안에 홀로 서겠다고 한 아내와의 약속을 지켜야 했기 때문이다.

누구보다 성실하게 일한 덕에 정글짐에선 곧 반죽을 맡을 수 있었다. 반죽은 빵의 꽃이다. 매일 사람 키보다 큰 반죽 기계를 세 개씩 혼자 돌렸다. 기계 하나에 밀가루가 80킬로그램 넘게 들어간다. 혼자 매일 240킬로그램이 넘는 밀가루를 나르고 치댔다. 완성된 반죽을 여기저기 나르는 것도 그의 몫이었다. 맨 어깨로 반죽 무게를 견디며 계단을 쉬지 않고 오르내렸다. 고통이라는 포장지를 벗기면 선물이 튀어나오는 법이다. 정웅이 견딘 이 시간의 무게는 역시 결국 그에게 약이 됐다. 이 기간을 이 악물고 버텨낸 덕에 정웅의 체력은 지금도 20~30대 못지않게 좋다. 매일 새벽 네 시부터 밤 열두 시까지 쉬지 않고 빵을 만들어도 쉽게 지치거나 피곤해하지 않는다. 정웅은 이렇게 말했다. "지금 제가 이만큼 일하게 된 것도 다 그때 혹독하게 훈련한 덕분입니다. 그 시간이 없었다면 지금의 저도 없는 거죠."

딱딱한 빵만 파는 이상한 빵집

2004년 5월 오월의 종이라는 이름으로 일산에 가게를 열었다. 서른일곱일 때였다. 가게 이름은 대학 시절 즐겨 듣던 팝그룹 비지스의 노래 '퍼스트 오브 메이'First of May에서 따왔다. 이 빵집은 여러모로 이상했다. 사람들이 즐겨 찾는 달콤한 케이크는 팔지 않았다. 파운드케이크, 고로케, 소시지빵, 카스텔라도 없었다. 호밀빵, 바게트 같은 딱딱하고 담백한 정통 발효 빵만 팔았다. 사람들은 빵이 딱딱하고 맛이 없다고 했다.

팔리지 않는 빵이 수두룩하게 쌓여갔다. 빵이 안 팔리고 산처럼 쌓이니 가게 문을 열면 특유의 발효 향이 코를 찔렀다. 시큼한 효모 냄새를 맡고 상한 빵을 판다고 경찰에 신고한 사람도 있었다. 안 팔리는 빵을 버리기 아까워 창가에 장식처럼 놔뒀더니 연말쯤엔 크리스마스트리만한 높이까지 쌓였다. 건물 주인이 장사가 이렇게 안 돼서 어떡하느냐며 종종 20~30만 원어치씩 빵을 사가기도 했지만, 결국 3년 만에 문을 닫았다. 그새 아이 둘이 태어났는데 생계는 여전히 아내가 책임지고 있었다. '4년만 견디면 밥벌이하겠다'는 약속도 그렇게 무너져버린 것만 같았다. 정웅은 낙담했다.

기적처럼 받은 빚 5,000만 원

아무것도 할 수가 없었다. 그저 하루하루를 견뎌냈다. '이제 실패했다', '끝났다'는 생각마저 들었다. 그 무렵 누군가가 한남동에 괜찮은 가게 자리가 났는데 가서 한번 보고나 오라고 했다. 돈 한 푼 없는데 가게를 보고 오는 게 대체 무슨 소용인가 싶었다. 그래도 가게 구경이나 해보겠다는 심정으로 찾아갔다. 가게 터는 작았다. 그래도 좋아 보였다. 문제는 돈이었다. 정웅은 그렇게 쓱 가게를 둘러보고 서둘러 자리를 떠나려고 했다. 이때 어느 중년 여성이 그에게 말을 걸었다.

"어떻게 왔수?" "가게 보러 왔는데요." "뭐 할 건데?" "빵 가게요. 근데 돈이 없어서 못 해요."

그 여성이 대뜸 이렇게 물었다. "얼마가 모자라는데?" 정웅은 짜증이 났다. "한 푼도 없어요." "그러니까 그래서 얼마나 없는데?" "정말 한 푼도 없다니까요!" 그 여성은 이때 이렇게 대꾸했다. "그럼 내가 빌려주면 되나?" 그 여성은 인근 부동산 주인이었다.

5,000만 원을 그 자리에서 빌려 가게를 얻었다. 몇 년 뒤 정웅이 그녀에게 대체 뭘 보고 처음 만난 사람한테 돈을 빌려줬느냐고 묻자 그

부동산 주인은 이렇게 대답했다고 한다. "내가 여기서 몇 십 년을 살아서 얼굴만 봐도 이 사람이 몇 년 일할지 알거든. 근데 당신은 앞이 안 보이더라고. 미래가 안 보였어. 답이 영 나오는 얼굴이 아니었어. 그만큼 깜깜해 보였어. 그래서 도와줬어."

미련하게 빚고 무모하게 굽고

기적처럼 얻은 가게인 만큼 보통 사람이면 '이번엔 장사에 꼭 성공하겠다'고 생각했을 텐데 정웅은 반대였다. 가게가 또 언제 망할지 모르니, 이번엔 정말 원 없이 하고 싶은 것만 하자고 결심했다. 새벽부터 밤까지 매일 천연 발효종을 기르고 밀가루를 반죽해 빵을 빚었다. 바게트, 캉파뉴, 사워도우빵처럼 사람들이 딱딱하고 심심해서 안 먹는다고 말하는 빵일수록 빚고 또 빚었다. 그건 베이킹이 아니라 차라리 실험에 가까웠다. 필라멘트 전구를 개발하는 에디슨처럼 정웅은 계속 버리고 빚고 다시 버리고 또 빚었다. 달콤한 빵, 입에 착 감기는 빵에는 관심이 없었다. 딱딱한 빵, 구수한 빵, 그래서 밥 대신 먹을 수 있는 빵, 한 끼 끼니가 되는 빵, 빵의 본질을 담은 빵만 파고들었다. 진짜 빵은 결국 밥이라고 믿었기 때문이다. 만드는 법도 A부터 Z까지 몸에 소금물이 배듯 확실하게 익히고 싶었다. 빵의 시작, 빵의 기본을 알고 싶었다.

손님은 당연히 뒷전이었다. 때론 손님이 찾아와서 이런 빵 저런 빵을 고르면서 말을 걸었다. 그런 손님의 말붙임이 빵 만드는 데 방해가 된다고 가게 문을 걸어 잠근 적도 있었다. 인근 동네 사람들이 '저 빵집 주인

제정신이 아니다'라고 할 정도였다. 그러나 그도 사람이었다. 육신이 너덜거릴 때까지 빵을 만들다 보면, 가끔 빵에 지쳐 쳐다보기도 싫은 날이 생기곤 했다. 그럴 땐 무작정 가게 문을 닫고 고수부지에 앉아 온종일 하늘만 봤다. 하루 종일 멍하니 있으면 다시 팔을 걷어붙이고 반죽과 몸싸움을 벌이고 오븐 화력 앞에서 신경전을 벌일 기운이 천천히 솟았다. 그럴 땐 밤이고 낮이고 가리지 않고 다시 가게로 향했다. 그렇게 꼬박 3년이 흘렀다.

처음으로 빵이 모두 팔린 날을 정웅은 아직도 기억한다. 그때까지만 해도 정웅은 실컷 힘들여 만든 빵을 매일 내다버리곤 했다. 팔리질 않았기 때문이다. 빵을 버리는 게 일과였다. 그런데 어느 날 정신 차려 보니 버릴 빵이 없었다. 다 팔린 것이다. 이상했다. '오늘 대체 무슨 일이 있나' 했다. 그다음 날도 빵이 다 팔렸다. 그렇게 시작되었다. 빵이 매일 오후만 되면 다 팔려나갔다. 그건 마치 한두 방울 떨어지던 물방울이 모여 어느 날 갑자기 컵 표면 밖으로 와르르 흘러넘치는 것과도 비슷했다. 한번 다 팔려나간 빵은 계속 그렇게 매일 모두 팔려나갔다. 정신 차려 보니 오월의 종은 오후만 되면 먹고 싶은 빵을 쉬이 살 수 없는 유명한 가게가 돼 있었다.

그렇게 안 팔리던 빵이 대체 왜 갑자기 팔려나가기 시작했을까. 정웅은 아직도 그 답은 잘 모르겠다고 했다. 그건 어쩌면 축적의 힘이었을 것이다. 3년 동안 한두 명씩 찾아오던 손님이 그 시간을 버티니 축적돼서 그렇게 많아진 것일 수도 있고, 입소문의 힘일 수도 있다. 어찌 됐건 그렇게 사람들이 줄을 한번 서니 다들 '저 집 빵이 뭐가 다른가' 하고 더 찾아왔다. 줄 서는 곳에 더 사람이 몰리는 '지극히 한국적인 현상' 덕을 보기도 했다고 분석하는 이도 있다.

그러나 일식당 '이꼬이'의 정지원 셰프는 다른 분석을 내놨다. "새벽 네 시부터 밤 열두 시까지 매일같이 부단하게 노동을 하면서 빵을 구워 냈어요. 그 집에선 매일 빵 굽는 냄새가 났을 기예요. 처음엔 시큼했겠죠. 낯설었을 거예요. 그러나 맡으면 맡을수록 그 구수하고 향긋한 냄새에 차츰 길들여졌겠죠. 가게에 가면 빵만 쳐다보는 무뚝뚝한 아저씨가 있어요. 처음엔 기분 나빴겠죠. 그러나 다음 날도, 그 다음 날도 그 아저씨는 빵 외에 관심이 없어요. 저 빵 뭔가, 궁금해지기 시작했겠죠. 3년은 그렇게 고객이 학습되고 체화되고 빵을 받아들이는 시간이었을 거예요. 정웅 파티시에가 홀로 근육으로 빵을 빚고 땀으로 빵을 완성하는 시간이 쌓이고 쌓이는 동안, 고객은 그 빵을 은연중에 배우게 됐을 거예요. 코로 먹고 눈으로 먹었을 거예요. 그리고 결국 혀로 받아들이게 되는 거죠."

궁극의 빵, 극한의 빵

정웅의 요즘 일과는 2004년 처음 가게를 열 때와 거의 달라진 게 없다. 새벽 네 시에 일어나 반죽을 시작하고, 가게 문을 닫고도 밤 열두 시까지 다음 날 영업을 위한 재료를 준비한다. 다른 빵집들이 오전 여덟아홉 시에 문을 열고 출근길 손님을 맞는 것과 달리 오전 열한 시에야 가게 문을 여는 건 그때 비로소 바게트가 다 구워지기 때문이다. 정웅은 새벽 네 시부터 반죽해서 구우면 열한 시에야 바게트가 완성되고, 그전에 문을 열려면 밤을 새워야 하는데, 그렇게 일해선 가게를 꾸준히 운영할 수가 없다고 했다.

다른 빵집들이 최고급 수입 밀가루와 버터를 쓴다고 홍보하는 것과 달리, 정웅은 여전히 어디서나 살 수 있는 국산 밀가루로만 빵을 만든다. 오월의 종 빵이 2,000~3,000원으로 비교적 가격이 저렴한 이유도 여기에 있다. "재료가 좋으면 당연히 맛이 좋겠죠. 그렇지만 빵은 별식이 아니라 주식이니 늘 쉽게 구할 수 있는 재료로 만드는 게 맞다고 생각해요. 결국은 사람이 얼마나 공을 들여 만드느냐에 따라 맛이 달라지겠죠."

잘 팔리는 빵은 더 많이 만들고, 안 팔리는 빵을 적게 내놓는 식의 계산도 여전히 하지 않는다. 전날 밤에 내일 어떤 빵을 만들지를 정하는데, 보통은 남은 재료와 다음 날의 날씨를 보면서 어떤 빵을 구울지 결정한다. 효모가 워낙 날씨에 민감하기 때문이다.

정웅에겐 여전히 남들이 어떤 빵을 먹느냐, 요즘은 어떤 빵을 많이들 사 먹느냐에 큰 관심이 없다. '내가 어떤 빵을 만들고 싶은지'가 더 중요하다. 그에겐 여전히 빵은 끼니다. 주식이다. 유행을 거스르는 것이고, 끊임없이 변주되는 어지러운 세상사를 비켜 익어가는 한 덩이 구원 같은 것이다. 그래서 그는 여전히 기본, 기초에 집중한다.

정웅은 요새도 오월의 종에 취직하는 직원에게 늘 똑같은 숙제를 내준다. '왜 빵은 밀가루에 물을 붓고 반죽해서 만들까'를 생각해서 답을 하라는 것이다. 이 질문 앞에서 직원들은 머리를 긁적이곤 한다. 그의 답은 이랬다.

"왜 사람이 밀을 빻고 물을 붓고 발효종을 넣어 빵을 굽기 시작했는지부터 알아야 진짜 제빵사인 거예요. 밀가루를 그대로 먹을 수도 있었어요. 발효종을 넣어 구우면서 빵은 비로소 소화가 가능한 음식이 됐어요. 그걸 알고 일해야 돼요. 제대로 된 제빵사라면 밀가루의 분자식도 쓸 줄 알아야 한다고 믿습니다."

그래서 정웅은 '여기 빵이 맛있는지는 잘 모르겠는데 소화는 잘 되는 것 같다'는 동네 할머니들의 평가를 들을 때가 여전히 가장 행복하다고 했다.

"소화가 잘 된다는 건 매일 먹어도 괜찮다는 뜻이거든요. 제 빵이 단 맛이나 풍미에 현혹되지 않고 먹는 진짜 주식, 진짜 음식이 됐다는 뜻일 테고요. 저는 여전히 손님이 줄 서는 가게, 뜨는 가게를 운영하고 싶진 않아요. 그저 한결 같은 빵, 질리지 않는 빵을 파는 가게를 하고 싶을 뿐이죠."

인터뷰를 마치고 정웅이 구워낸 바게트를 하나 샀다. 빵 껍질은 그의 말투처럼 딱딱했다. 그 껍질을 있는 힘껏 깨물었다. 뜻밖에도 폭신하고 따뜻한 속살이 씹혔다.

하마터면 남들처럼

살 뻔했다

문광자

●

문익점 23대손 디자이너 문광자는 대책 없는 무명 사랑으로 유명하다. 무명의 아름다움과 깊은 손맛 그리고 전통미를 독보적으로 표현하여 격조 높은 오뜨 꾸뛰르를 완성한다. 1967년부터 '드맹'이라는 가게를 열어 벌써 50년 넘게 무명으로만 옷을 제작하는 그녀는 100년 수명을 가진 무명 천에는 그만의 위엄과 카리스마가 있다고 말한다. 뚝심 있게 한 가지 소재만을 고집해온 그 자신과도 닮았다.

05

무명 옷 25년,
수백만 땀으로 기운 사랑과 운명

'평양의전에 붙어서 유학을 가게 됐어. 네 어머니와 결혼한 직후였으니 아내와 생이별을 하게 된 게지. 네 어머니가 손바느질해준 흰 무명 두루마기를 입고 기차에 올랐는데 그렇게 눈물이 나는 거야. 그 땐 기차가 달리면 석탄가루가 눈발처럼 흩날렸어. 그 속에서 실컷 울다 소맷자락으로 눈물을 닦고 보니 새하얗던 옷이 어느새 꾀죄죄해져 있는 거야.'

패션 디자이너 문광자는 어릴 적 전남 보성에서 의사를 한 아버지가 자신을 무릎 위에 앉히고 들려줬던 이 얘기가 아직도 또렷이 기억난다고 했다. 성품이 평생 한결같고 담백한 아버지였다. 어린 문광자는 당시

이런 생각을 했다고 했다. '잿빛 눈물 묻은 두루마기라니…. 참말 아름답다!'

어쩌면 운명이었을 것이다. 반평생을 무명 옷에 천착해온 문광자가 2017년 9월 데뷔 50주년을 맞았다. 2017년 9월 광주 한옥호텔 오가헌에서 문광자는 50주년을 집대성하는 쇼를 열었다. 모델들이 무명천으로 지은 여성용 슈트, 코트, 재킷, 드레스를 입고 낮은 돌담 옆을 바람결이 스치듯 걸었다. 문광자는 이들 옷 위에 꽃과 나무, 나비와 새 등이 새겨진 십자수를 손으로 일일이 오려 하나하나 붙였다. 그가 평생 모은 빈티지 십자수를 손으로 오려 붙인 것이라고 했다. 옷은 시간과 땀, 핸드메이드의 숨결로 완성됐다. 컬렉션 주제는 '찬양'. 기독교 신자인 그는 지난 50년을 신 앞에 내놓는 심정으로 쇼를 준비했다고 했다. 200여 명의 관객은 모델 한 명 한 명이 나올 때마다 숨을 죽였다. 기침 소리 하나 들리지 않았다.

대한민국을 대표하는 오뜨 꾸뛰르

문광자 옷은 우리나라에서 대단히 희귀한 완벽한 맞춤옷, 즉 오뜨 꾸뛰르haute couture다. 아직까지도 때론 드레스를, 때론 슈트를 한 땀 한 땀 손으로 깁는다. 그래서 한 벌에 때론 수백만 원씩 한다. 조선대 의상학과를 졸업하고 서울국제복장에서 수학한 후 고향 광주에 돌아와 스물세 살 때부터 옷을 짓기 시작했다. 본래는 광주 YMCA에서 '드맹' 연구소 간판을 걸고 의상실을 오픈했고 1968년 첫 패션쇼를 개최했다. 스물여섯 살엔 정신과 전문의 이무석 박사(전 전남대 의대 교수)와 결혼했고 아이 셋을 낳았다. 일과 가정을 동시에 꾸려야 했다. 문광자는 고민 끝에 그가 사는 마당 넓은 한옥집에서 일을 지속했다.

손님들은 이 집을 두고 '드맹 안집'이라고 불렀다. 당대 멋쟁이는 죄다 문광자 집으로 몰려들었다. 현재 드맹 대표인 문광자의 딸 이에스더는 당시 유치원생이었다. 섬돌에 놓인 신발을 보며 '아, 오늘 누가 또 오셨어요?'라고 묻곤 했다. 손님들이 옷을 맞추고 가봉만 하고 떠나면 문광자는 새벽까지 옷 패턴을 직접 떴다. 옷을 맞출 수 있는 곳이 많지 않던 시절, 어떤 이는 시집가면서 결혼식장에서 입을 웨딩드레스와 결혼후 사계절 입을 옷까지 40벌 넘는 옷을 한꺼번에 맞춰달라고 주문하기도 했다. 문광자는 그때마다 손님 얼굴과 몸매, 분위기에 맞춰 매번 다른 옷을 만들었다. 단추 하나, 소맷단 하나도 다른 것을 골랐다. 그야말로 단 한 명을 위해 손바느질을 해서 내놓는 극도의 하이엔드 옷이었다.

50년이 흘렀지만 드맹 옷이 이렇게 오뜨 꾸뛰르를 지향하는 건 여전하다. 광주와 청담동에 매장 하나씩만 있다. 대량 생산을 아예 시도해보지 않은 건 아니다. 때론 서울과 광주 지역 몇몇 콧대 높은 백화점이 입점을 요청했고 해외 진출 제안도 있었다. 그러나 문광자는 결국 지금처럼 값비싼 옷을 천천히 하나씩 적게 만드는 방식을 택했다. 드맹 단골고객이 바로 그 점 때문에 평생 드맹을 찾는다는 사실을 알기 때문이다. 문광자는 너털웃음을 웃었다.

"큰돈 긁어모으기엔 진작에 그른 거죠. 아주 엉터리 비즈니스에요. 그래도 어떡하나요. 내 옷이 그렇게 함부로 팔리지 않아서, 귀하고 드물어서, 어디 가도 비슷한 것이 없어서 내 옷이 제일 좋다는 단골 고객들이 있는 걸요. 이들 기대를 버리고 살 순 없죠. 애당초 나는 한 방향으로만 흘러가는 배를 탔던 거예요."

묵직한 무명 사랑

문광자는 1992년부터 무명 옷을 본격적으로 짓기 시작했다. 만남은 운명이었다. 무명 천이 처음 손에 닿는 순간 불꽃같은 전율이 일었다고 했다. 거친 듯 묵직했고, 수수한 듯 도도했다. 게다가 제대로 짜낸 무명 필은 물에 빨수록 빛이 났고 오래 묵어도 짱짱했다. 빨아 입을수록 아름다웠고 손때가 묻을 때조차도 근사해 보였다. "진실하고 변함없는 사람, 그런 사람의 어깨를 쓸어내리는 기분이었어요. 내가 평생 찾아 헤맨 그 무엇을 만난 기분 말이에요." 그가 문익점 23대손이라는 사실이 새삼 의미심장하게 다가오기도 했다. 문광자는 "목화 씨앗 하나가 그렇게 내 안에 심어졌다."고 했다.

문제는 무명이 그 투박한 겉모습과 달리 대책 없이 값비싼 원단이라는 점이다. 우리나라에 무명 천을 짜내는 명인이 더는 없다. 그래도 포기할 순 없었다. 무명 옷을 짓는 건 어느덧 그에겐 소명에 가까운 일이었다. 시집 올 때 친정어머니가 짜준 무명필을 가지고 있다는 사람은 다만나고 다녔다. 그렇게 집집마다 다니며 옷장 속에 묵혀 있던 무명 1,000여 필을 겨우 구했다. 한때 경기도 양주시와 손잡고 목화를 재배하고 무명필을 직접 생산하는 방법을 찾아보기도 했지만 이마저도 뜻대로 되진 않았다. 문광자는 지금 갖고 있는 무명필을 다 쓰고 나면 그 때부터가 참말로 걱정이라고 했다.

드맹 대표 이에스더도 비슷한 말을 했다. "요즘도 무명을 가지고 있다는 사람을 만나면 묻지도 따지지도 않고 일단 사요. 정말이지 대책 없는 비즈니스죠. 그래도 계속하게 되는 건 무명이 정말 좋은 옷감이기 때문이에요. 보통 70~80년 된 옷감을 얻고, 때론 100년씩 됐다는 옷감도 봤어요. 그렇게 오래됐는데도 우리 무명은 웬만해선 삭지 않아요. 빨면 다시 새것이 돼요. 나라 차원에서 부디 이 좋은 우리 전통 옷감을 다시 지어낼 수 있도록 도와줬으면 좋겠어요."

무명 옷을 지을수록 욕심이 났다. 이 옷감으로 어떤 드레스, 어떤 패티코트, 어떤 재킷을 지어도 기품이 흐르기 때문이다. 기왕이면 흰 무명 외에도 다채로운 빛깔을 지어보고 싶었다. 마침 전남 벌교 사는 염색 장인 한광석을 만났다. 그는 보통 사람이 아니었다. 1,000평 밭에서 직접 농사를 지어 거둔 쪽을 항아리에 담고, 거기에 개울물, 석회, 잿물 붓는 과정을 차례로 거쳐 천연 염료를 만들었다. 어른 하나 들어갈 만큼 큰 항아리에 쪽을 가득 채워도 나중에 얻는 염료는 한 바가지뿐이다. 그런데도 그는 매년 사계절 흐름에 맞춰 염색을 했다. 봄에는 쪽 씨를 뿌리고, 잎이 무성해지는 여름엔 쪽을 거두고, 가을엔 옷감에 물을 들였다. 문광자는 한광석을 만나면서 예술적 흥분을 경험했다. 진달래 가지를 태운 잿물로 물들인 옷감, 통대바구니가 넘치도록 가득 따낸 홍화 꽃잎을 짓이겨 색을 낸 옷감 등을 그렇게 만났기 때문이다.

문광자는 생각만 해도 설렌다는 표정으로 지그시 눈을 감았다. "가령 검은 무명 옷은 먹과 숯가루를 들여 물들인 것이거든요. 그렇게 나온 검정 무명 천은 세상 어떤 잉크로 물들인 옷과도 비교가 안 되게 그윽한 멋을 내요. 이런 옷감을 한번 만지면 손에서 놓을 수가 없어요. 제아무리 비싸다 한들, 제아무리 수지가 안 맞는다 한들, 나는 결국 이 무명 천으로 새 옷을 짓고 마는 거예요."

2003년 미국 뉴욕 소호 앤섬갤러리, 2005년 하와이 비숍뮤지엄에서 무명 드레스 전시도 열었다. 2004년, 2014년에는 《무명》이라는 제목의 책도 펴냈다. 문광자는 책에 이렇게 썼다.

'출산의 고통만큼이나 힘들다는 베 짜기를 통해서만 얻을 수 있는 미천한 옷감이 무명입니다. 수고로운 노동력에 비해 쓰임새가 거의 없어서 이제는 구하기도 어려운 소재죠. 그러나 무명은 담백하고 고상합니다. 무명의 올곧음은 기계적이지 않아 부드러우면서도 위엄이 있습니다. 인격에 비유한다면 수수하고 믿음직한 사람에 댈 수 있겠지요.'

무명처럼 한결같은 사람들의 드맹 사랑

디자이너가 대책 없이 한결같은 사람이어서일까. 드맹 옷을 입는 이들도 지난 50년 동안 어느덧 디자이너를 닮아갔다. 2017년 9월에 열린 50주년 쇼에는 디자이너처럼 드맹 옷만 고집했다는 손님 200여 명이 한데 모였다. 이들은 이날 약속이라도 한 듯 옷장 가장 좋은 곳에 모셔놓고 평생 아껴왔다는 드맹 옷을 입고 모였다. 쇼가 끝나고 한옥 마당에 서서 어떤 이는 지금 입고 있는 옷이 10년 된 것이라고 자랑했고 또 다른 누군가는 30년 전 맞춘 옷인데 입을 때마다 새롭다고 했다.

쇼 직전 문광자는 관객에게 책자를 하나씩 나눠줬다. 드맹 열혈 고객 65명을 인터뷰하고 이들을 공들여 사진 찍은 것이었다. 책자에 소개된 이들에겐 하나같이 이야깃거리가 넘쳐났다. 조선대 음대 박계 교수는 드맹 옷을 입고 결혼했고 그 후 공연에서도 드맹 옷만 입었다고 했다. 주부 배정금 씨는 몸이 아프고 힘들 때마다 드맹 옷을 걸어놓고 보기만 해도 기운이 났다고 했다. 바이올리니스트 양은혜는 스무 살이 넘자 어머니가 손을 끌고 가서 제일 처음 맞춰준 옷이 드맹 것이었다고 했다. 쇼가 끝날 무렵엔 200명 손님이 문광자의 손을 일일이 잡고 50년 동안 곁에 있어줘서 행복했다고 인사했다. 그 곁에 서서 이들 말을 듣던 이에스더는 결국 왈칵 눈물을 터뜨렸다. "고맙습니다, 고맙습니다."

서울 종로에 있는 한국현대의상박물관에는 문광자의 의상 50여 점이 보관돼 있다. 그중에는 30년 된 드맹 고객이 매년 자신의 옷을 잘 손질해서 간직했다가 기증했다는 옷 일곱 벌도 있다. 문광자는 말했다.

"대책 없는 50년이었어요. 그저 좋아서, 그저 행복해서, 숫자 같은 건 맞춰볼 생각조차 안 하고 달려온 50년이었고요. 하지만 돌아보면 그래서 여기까지 올 수 있었던 것 같아요. 대책 없고 무모하고 순수해서. 사랑에 빠진 것처럼 그렇게 만들기만 해서. 다시 돌아간다 해도 나는 똑같이 살 것 같아요. 말했잖아요. 처음부터 나는 한 방향으로만 흘러가는 배를 탄 거였다고요."

강이연

●

회화에서 미디어아트로 장르를 바꾼 미디어 아티스트 강이연은 한국
인 최초로 165년 역사를 자랑하는 영국 런던 빅토리아앤드앨버트 미술
관V&A의 레지던시 작가로 선정됐다. 400킬로그램 넘는 작품에 깔리는
사고로 다리뼈가 으스러지기도 했지만, 휠체어를 끌고 목발을 짚고 다
니며 영국 생활을 버텼다. 영국인들마저 두 손을 들게 한 그녀의 극성
은 여전히 진행중이다.

06

공간에 얽매이지 않듯
한계도 훌쩍 뛰어넘는 열정

빗방울이 후드득 떨어지던 2013년 9월 새벽이었다. 당시 미디어아트 작가이자 대학 강사로 일하던 서른두 살 강이연은 영국왕립예술학교_{RCA} 박사 과정에 입학 허가를 받고 이삿짐을 싸고 있었다. 서울 이태원동 작업실에는 그가 전시 때 썼던 LED와 강화유리로 만든 400킬로그램짜리 설치작품이 있었다. 인부들이 끙끙거리며 화물차에 겨우 작품을 실었다. 그들은 나머지 짐을 가지러 들어가면서 강이연을 불러 화물차 옆에서 짐을 보고 있으라고 했다. 그때였다. 화물차 위에 묶여 있던 작품이 거짓말처럼 강이연 머리 위로 떨어져내렸다. 느슨하게 묶여 있던 끈이 풀린 것이다.

정신을 차렸을 때 그는 설치물 아래 깔려 비명을 지르고 있었다. 온 동네 주민이 소리를 듣고 뛰쳐나왔고 119 대원이 출동했다. 남자 서너 명이 달라붙어 겨우 설치물을 들어올렸다. 사람들이 그를 황급히 꺼내 앰뷸런스로 옮겼다. 다리뼈가 으스러져 걸을 수 없는 상태였다. 대원 중 누군가가 강이연에게 쉴 새 없이 이름, 나이, 주민등록번호를 물었다. 까무러쳐 혼절할까 걱정됐기 때문이다. 강이연은 이렇게 외쳤다. "저 괜찮아요! 5일 뒤에 비행기 타야 돼요. 가서 해야 할 일이 있어요!" 그러나 예정된 비행기는 타지 못했다.

2년 뒤, 165년 역사를 자랑하는 영국 런던 빅토리아앤드앨버트 미술관V&A은 강이연을 레지던시 작가Samsung Korean Digital Art Residency로 선정했다. 미술관 소장품을 마음껏 찾아보고 새 작품을 만들 수 있도록 도와주는 한편, 연구와 작업에 필요한 비용을 지원하는 제도다. 한국인이 V&A 레지던시 작가가 된 건 처음이었다. 2016년 V&A는 강이연의 작품을 구입해 영구 소장키로 했다.

이탈리아 의류회사 막스마라도 2017년 11월 말부터 12월 중순까지 2주 동안 서울 동대문디자인플라자DDP에서 여는 전시 '코츠!'Coats!에서 강이연에게 미디어아트 기획을 맡겼다. 작품에 깔려 다리뼈가 으스러졌던 강이연에게 어떤 일이 일어난 걸까.

2017년 11월 말 서울에서 강이연을 만났다. 이틀 전 영국 RCA에서 박사학위를 따고 돌아오는 길이라고 했다. '노코렉션'No correction 을 받았다고 했다. 말 그대로 수정할 것 하나 없는 완벽한 논문을 냈다는 뜻이다. 최고 점수로 박사학위를 따낸 것이다. 이날 강이연은 치마를 입고 있었다. 치맛자락 아래 드러난 다리엔 흉터가 있었다. 2013년 9월, 그렇게 앰뷸런스를 타고 병원에 실려 간 날, 다리뼈가 으스러진 날 생긴 흉터라고 했다.

400킬로그램 LED 덩어리에 깔리다

돌아보면 거짓말 같기만 하다. 그날 강이연은 바로 다리에 철심을 박는 수술을 해야 했다. 수술은 고통스러웠다. 병원에서 나와선 집에 갇혀 지냈다. 휠체어에 앉기도 쉽지 않았다. 재활치료를 할 시간이 필요했다. 그런데도 강이연은 아픈 몸보다는 차마 떠나지 못한 유학 생각을 했다. 공부가 하고 싶었다. 답답한 나머지 화가 치밀었다. 엄마를 붙들고 하고 싶은 공부 못 하고 집에 갇혀 지내는 게 아픈 것보다 더 힘들다며 투정을 했다.

출판사 편집장을 지낸 엄마였다. 어릴 때부터 강이연 응석을 잘 들어주지도 않은 사람이다. 엄마는 강이연의 투정을 듣더니 이렇게 말했다. "이연아, 그럼 지금 가." 그 순간 정신이 번쩍 났다. 그는 그 순간을 돌아보며 이렇게 말했다. "엄마 말이 맞았어요. 투정 부릴 시간에 움직여야 했어요. 유학 못 가서 답답하다고 화낼 게 아니라 어떻게든 떠나야 했던 거예요." 강이연은 곧바로 영국행 비행기를 탔다. 휠체어에 탄 채였다. 숙소를 제대로 알아볼 시간조차 없었지만 신경 쓰지 않았다. 그렇게 유학 생활이 시작됐다.

휠체어 타고 목발 짚고 시작한 영국 유학

서둘러 계약한 아파트는 3층이었다. 영국 런던 아파트는 보통 낡은데다 엘리베이터도 없다. 어쩔 도리가 없었다. 3층까지 계단을 기어서 다녔다. 가끔은 눈물이 났다. '이렇게까지 해서 살아야 하나.' 강이연은 입술을 다시 깨물었다. '무슨 소리야, 이럴 시간에 움직이자.'

입학하자마자 학교 유명 인사가 되었다. 영국 RCA에서도 미디어아트는 동양인 학생이 그다지 많이 찾지 않는 전공이다. 흔치 않은 한국인 여학생이었다. 게다가 매일 휠체어 끌고 목발 짚고 학교를 휘젓고 다니니 뜰 수밖에 없었다. 수업 듣고 작업하려면 도리가 없었다. 건물 사이를 이를 악물고 다녔다. 그렇게 1년쯤 지났을까. 강이연은 놀랍게도 다리가 금세 나았다고 했다.

"1년 뒤 잠시 한국 가서 만난 의사 선생님이 그동안 대체 뭐 하고 왔느냐고 하더라고요. 다리가 더 나빠질 줄 알았는데 좋아졌다, 회복이 놀랍도록 빠르다면서요. 혹독하게 걷고 움직였더니 그게 곧 재활치료가 된 거였어요. 사고 1년 후에는 철심도 뺐죠."

영단어도 못 읽었던 예원학교 학생

강이연의 이 지독한 학교 생활은 뜻밖에도 처음이 아니다. 스펙만 보면 강이연은 '엄친딸'이다. 예원학교-서울예고-서울대 미대 출신이다. 소위 말하는 잘나가는 미대생의 정통 코스를 밟았다. 우아하게 학원 다니고 공부해서 서울대 들어간 학생이겠거니 싶다. 그런데 강이연은 "내 인생은 알고 보면 늘 맨땅에 헤딩이었다."고 했다.

어머니는 강이연을 학원에 잘 보내주지 않았다. 중학교 전에는 선행학습을 해본 적이 없다. 독학으로 예원 입시를 준비했다. 예원학교에 입학하고 나서야 'tiger', 'lion' 영어 철자를 못 읽는 게 자기뿐이라는 걸 알았다고 했다. 잘난 친구들 사이에서 강이연은 결코 기죽지 않았다. 꿋꿋하게 공부하고 틈만 나면 신나게 놀았다. 재수 끝에 서울대 미대를 갔다.

서울대에 가서도 강이연은 좌충우돌했다. 어느 순간부터 새하얀 사각 평면에 그림을 그리는 것이 갑갑하게 느껴지기 시작했다. 한정된 공간에 얽매이지 않고 자유롭게 작업하고 싶다는 욕구가 차올랐다. 그 무렵 알게 된 게 바로 영상 작업이었다. '이거구나' 싶었다. 카메라로 사물을 찍고 이를 컴퓨터로 편집하면 온갖 작품을 만들 수 있었다. 평면 사각을 벗어나 갖가지 공간을 캔버스로 활용해 작품을 만들 수 있는 작업이었다. 강이연은 "내가 공부할 건 바로 이것이라는 확신이 생겼다."고 했다.

그러나 당시 서울에는 영상 작업을 제대로 가르치는 수업이 많지 않았다. 유학을 가야겠다는 생각이 들었다. 문제는 돈이었다. 때마침 관정 이종환 교육재단에서 장학금을 받았다. 그 돈을 쥐고 2007년 미국 UCLA 미디어아트 석사 과정에 입학했다. 영어 몇 마디 제대로 말하지 못하던 시절이었다.

영어 때문에 호흡곤란까지 겪던 유학 시절

'용감무식'하게 떠난 미국 유학은 역시나 쉽지 않았다. 미국 유학 시절 스트레스로 종종 호흡곤란까지 겪어야 했다. 전공 학생 여덟 명 중 네 명이 미국인, 세 명이 캐나다인, 한 명이 강이연이었다. 강이연만 영어를 못하는 상황이었다. UCLA 미디어아트 석사 과정에선 단순히 작품을 설계하고 만드는 과정만 가르치지 않았다. 아티스트가 되려면 자기 작품을 직접 말로 설명할 수 있어야 한다면서 종종 전 학과생을 모아놓고 대강당에서 프레젠테이션을 시켰다. 영어도 안 되는데 발표까지 하라니 강이연에겐 죽기보다 괴로운 시간이었다.

이 없으면 잇몸으로 버텨야 했다. 방법이 없었다. 며칠 밤을 새워 미리 대본을 써서 외우고 또 외웠다. 그래도 대강당에 서면 식은땀이 났다. 숨이 제대로 안 쉬어졌다. 툭하면 위경련도 일었다. 강이연은 마치 자맥질하는 심정으로 그 시간을 건넜고, 터널을 지나는 심정으로 버텼다. 그는 돌아보면 어떻게 그걸 다 해냈나 싶기도 하다고 했다.

"그렇게 힘들게 스스로를 몰아붙인 덕에 이젠 공부할 때 필요한 영어, 일할 때 필요한 영어는 어느 정도 하는 거죠. 그 덕에 지금껏 일하고 먹고살고 있고요. 그래도 솔직히 말하면 여전히 술집이나 파티에서 사람 만날 때 주고받는 영어social English는 쉽지 않아요. 누가 말 걸면 아직도 그냥 도망치고 싶죠."

석사학위를 따고 한국으로 돌아와선 대학에서 학생 가르치는 일을 했다. 한창 땐 한 학기에 대여섯 개씩 강의를 맡았다. 다들 잘 적응하고 있다고 했다. 그런데 또다시 갑갑했다. 앞에 놓인 길이 평탄하지만 뻔하게 느껴졌다. 남들이 걷지 않는 길을 가보고 싶었다. 그동안 번 돈을 모아 다시 유학을 준비했고 영국 RCA 박사 과정에 합격했다. 그렇게 떠나려 할 때 다리뼈가 으스러진 것이었다. 강이연은 그래도 그 덕에 인생관이 바뀌었다고 했다. 살아 있는 것만으로도 정말 감사하다는 생각이 들었을 것이다. 그날을 돌아보면 자칫 죽을 수도 있었고, 살아서 기어 다니는 게 어디고, 그러다 좀 더 나아져 걷게 되니 또 이게 어디냐 싶었다.

"생각해보면 그야말로 감사할 일뿐인 거죠. 공부하기 힘들다, 영어 못해서 왕따다, 동양인이라서 비주류다, 이런 건 다 '그래도 나는 살아 있다'는 명제 앞에선 하찮은 핑계일 뿐인 거예요."

영국인들도 두 손 들게 만든 극성

휠체어에서 벗어나 슬슬 목발만 짚고 다닐 때쯤 V&A 미술관에서 레지던시 작가를 모집한다는 공고를 보게 됐다. V&A는 영국인이 가장 사랑하는 미술관 중 하나로 꼽힌다. '이건 꼭 해야겠다' 싶었다. 레지던시 작가로 뽑히려면 V&A 미술관을 위해 어떤 연구 성과를 내거나 창작을 할지 발표해야 했다. 매일 V&A 곳곳을 뒤졌다. 보던 곳도 다시 보고 또 봤다. 그러던 어느 날 '서양 모조품 방'The Cast Court Gallery이 눈에 들어왔다. 그전에도 숱하게 지나친 방이었다. 미켈란젤로의 다비드 상 같은 14~16세기 르네상스 시대의 유명 작품과 건축물의 모조품을 모아놓은 곳이다. 교육 목적으로 모조품을 모아놓은 방이지만 한때 V&A 명성에 걸맞지 않는다는 논란 때문에 사라질 뻔한 곳이기도 하다.

강이연은 이곳에서 잠시 걸음을 멈췄다. 문득 이런 생각이 들었다. '내 디지털 미디어아트 작품도 따지고 보면 오리지널이라는 게 따로 없는 복제품 아닌가. 복제품과 복제품이 만나 누구도 보지 못한 진짜가 되는 장면을 보여주면 어떨까.' 강이연은 이 아이디어를 토대로 V&A 관계자를 설득하는 자료를 책으로 엮어 제출했고 결국 레지던시 작가로 뽑혔다.

레지던시 작가로 뽑혔다고 끝난 게 아니다. 제대로 작품을 만들고 전시를 해야 했다. V&A에 매일같이 뻔질나게 드나들었다. 강이연의 작업은 프로젝션매핑projection mapping이다. 어떤 건물이나 공간에 그가 디지털로 작업한 영상이나 이미지를 비춰 전혀 새롭게 보이도록 하는 것이다. 마치 문이 다시 생기고 창문이 돋아나는 식의 환영幻影을 구현하는 작업이었다. 강이연이 이런 걸 미술관에서 하겠다고 나서자 큐레이터들은 흥미롭다고 좋아했지만 정작 방을 오래 관리해온 다섯 개 부서 사람들은 '그 과정에서 작품이 상하면 어쩌냐', '그 안에 기계는 어떻게 들여놓느냐'며 난색을 표했다.

강이연은 포기하지 않았다. 일일이 돌아다니면서 이들을 만나 안심시키고 또 설득하자고 결심했다. 매일 출근 도장을 찍었다. 아침마다 만나는 사람들 모두에게 인사했고, 눈만 마주치면 그가 이곳에 무슨 일을 하러 왔는지 붙들고 줄줄 소개했다. "다들 나중엔 제 얼굴만 보면 도망갈 정도였어요. '어우, 쟤 또 와서 말 건다. 그냥 일하게 해주고 도망가자' 한 거죠."

6개월 작업 끝에 모조품 방에서 전시를 열었다. 첫날에만 1,000여 명이 몰렸다. 모조품 방에 놓인 건축·조각 복제품 위에 강이연이 작업한 이미지를 투영하자 건축물이 와르르 무너졌다가 다시 일어서는 착각이 절로 드는 장면이 눈앞에 펼쳐졌다. 관람객들은 "이런 건 처음 본다."고 했다. V&A 측은 결국 이런 강이연의 작품을 사들여 영구 소장하기로 결정했다.

세상은 그렇게 납작하지 않다

2017년 11월 말부터 12월 중순까지 열렸던 서울 DDP 막스마라 '코츠!' 전시에서도 강이연 전시는 단연 화제였다. 거대한 전시장 한가운데엔 모형으로 쌓아올린 돔 형태의 공간이 있었다. 강이연은 이 돔 형태 천장에 디지털 이미지를 쏘아 차원이 다른 착시 효과를 보여줬다. 천장이 무너질 듯 떨어지는 것처럼 보이기도 하고, 때론 돔 표면 뒤로 사람이 튀어나올 듯 보이기도 한다. 전시를 본 관객들은 강이연의 작품 아래 놓인 소파에 누워 오래도록 이 디지털 이미지가 명멸하는 것을 바라보았다.

많은 이들이 이를 스마트폰 카메라로 찍어 기록했고, SNS엔 #강이연 #막스마라 해시태그가 수도 없이 출몰했다. 강이연은 "'당신이 보고 믿는 것이 꼭 정답이 아닐 수도 있다'는 메시지를 주고 싶었다."고 했다.

"저는 평면에 그림을 쏘는데 어떤 공간과 만나면 3D나 4D처럼 보이거든요. 평면이 평면이 아닌 거죠. 실제 사람이나 사물을 영상으로 찍어서 벽에 쏴도 환상처럼 보여요. 실제와 환상의 경계가 모호한 거죠. 세상일이 다 그렇지 않은가요. 좌우도, 위아래도, 참과 거짓도. 어느 한쪽만이 답이고 저쪽은 아니고 그럴 수가 없는 거죠. 저는 제 작업을 통해 세상이 그렇게 납작하지 않다는 얘기를 하고 싶어요."

죽다 살아난 사람만이 할 수 있는 말인 거냐고 물었다. 강이연은 싱긋 웃으며 이렇게 대답했다. "덤으로 주어진 인생을 살게 된 사람이 하는 말이겠죠. 제 인생도 제 작업도 그러니 이제부터 시작인 거예요."